अराजक उल्लास

(विशिष्ट ललित निबन्ध)

अराजक उल्लास

कृष्ण बिहारी मिश्र

वाणी प्रकाशन ग्रुप
भारतीय ज्ञानपीठ

वाणी प्रकाशन : भारतीय ज्ञानपीठ की पुस्तकों के एकमात्र प्रकाशक एवं वितरक

लोकोदय ग्रन्थमाला : ग्रन्थांक 160

पहला संस्करण : 2007
दूसरा संस्करण : 2010
तीसरा संस्करण : 2025

वाणी प्रकाशन : भारतीय ज्ञानपीठ की पुस्तकों के एकमात्र प्रकाशक एवं वितरक

वाणी प्रकाशन

4695, 21-ए, दरियागंज, नयी दिल्ली-110 002
दूरभाष : 011-23273167, 23275710
ईमेल : sales@vaniprakashan.in
www.vaniprakashan.com

ISBN : 978-93-7112-457-7

मूल्य : ₹ 395

अराजक उल्लास

(हिन्दी निबन्ध)

कृष्ण बिहारी मिश्र

ARAJAK ULLAS
(Hindi Essays in elegant style)
by Krishna Bihari Mishra

आवरण-चित्र : वाजदा ख़ान

मुद्रक : आर. टेक ऑफ़सेट प्रिंटर्स, दिल्ली-110 032

काशी-प्रवास की अपनी महाराजिन माँ और छोटी
बहन रमा की पुण्य स्मृति में...
राधा गोविन्द पाण्डेय
और
दीनानाथ पाण्डेय को,
जिनसे भरपूर भाव-पोषण मिलता रहा है...

ललित निबन्ध और मेरे निबन्ध

गद्य की निहायत आत्मीय और रम्य विधा है—व्यक्तिव्यंजक निबन्ध। यह 'व्यक्ति की स्वाधीन चिन्ता की उपज' है। इसकी उन्मुक्त प्रकृति में लालित्य का सहज उल्लास होता है। कदाचित् इसी विशिष्ट प्रकृति-लक्षण के आधार पर इस विधा को ललित निबन्ध कहा जाने लगा है। परिणामत: रचना की मूल शक्ति तथा विधा-वैशिष्ट्य क्षत हो जाता है। शिल्प-कौशल के लालित्य को आयासपूर्वक वरीयता दी जाने लगती है। यह बात प्राय: भुला दी जाती है कि उन्मुक्तता लालित्य का श्रेष्ठ रूप है। इसलिए जहाँ सहज उन्मुक्तता है, वहाँ लालित्य का अतिरिक्त आग्रह अनावश्यक ही नहीं, अनुचित है। संवेदना की गत्वर दीप्ति में जो लालित्य है या जो भाव-पोषण सहज बतकही में, नैसर्गिक बतरस में मिलता है, वह आरोपित ज्ञान-गुमान और कृत्रिम बात-व्यवहार में दब जाता है। अतिसामान्य प्रसंगों से, आत्मीय रस्म-रिवाज की लोक-परिचित मुद्रा से, मन के तह में बैठी निजी कमजोरियों से और जगत के बहुरंगी उल्लास तथा शहरी स्वकेन्द्रित जीवन-चर्या से जन्मी उदासी की डरावनी मुद्रा से बड़े सत्य की ओर प्रभावी संकेत करना, अनुभव-लोक की स्वकीयता को वैश्विक चेतना से सहज शिल्प द्वारा जोड़ना कला-सिद्धि है। यह सिद्धि व्यक्तिव्यंजक निबन्धकार को आयत्त होती है। कहा जाता है और एक अंश तक ठीक भी है कि बहुज्ञता निबन्धकार की विशिष्ट ऊर्जा है, मगर इससे बड़ी बात है निबन्धकार के सन्दर्भ में, प्रकृति की उन्मुक्तता और ऋजुता। जहाँ उन्मुक्तता और ऋजुता का अभाव है, वहाँ लालित्य का सहज उन्मेष नहीं दिखाई पड़ता।

बतरस की प्रकृति-जैसी स्वच्छन्द प्रकृति होती है ललित निबन्ध की। ऊपर से अर्गलाविहीन, मगर महीन अर्गला से शृंखलित और अनुशासित। गपशप की ललित मुद्रा प्रज्ञा को आलोकित करनेवाले कोण की रचना करती रहती है, और तभी बतकही मक्खी मारने जैसा कार्य-व्यापार न होकर विशिष्ट आस्वाद से सम्पन्न होती है। उस विशिष्ट आस्वाद से जुड़ने के लिए हर सहृदय व्याकुल रहता है। केवल समय काटने के लिए नहीं, मानसिक स्फूर्ति अर्जित करने की सहज आकांक्षा से आदमी सरस संगति

के सन्धान में रहता है। मगर ऐसी संगति विरल है। और फिर बीसवीं शताब्दी की उपसंहार-वेला और इक्कीसवीं शती के उदयकाल में, जब पैसे की प्रभुता जीवन में शीर्ष स्थानीय बन बैठी है, रस के पीछे सारी दुनिया लाठी लेकर पड़ गयी है, सामाजिक सद्भाव का दायरा सिकुड़ गया है और खेत-खलिहान की नैसर्गिक उन्मुक्तता तथा मैदानी उल्लास पर बन्द कमरे की धूमायित संस्कृति हावी होने लगी है, खुलकर और दिल खोलकर बोलना-बतियाना लोग पूरी तरह भूल तो नहीं गये हैं, भूलने की कोशिश में हैं, क्योंकि आज की सभ्यता इसी राह से चलने लगी है और सभ्यता के साथ कदम मिलाकर न चलने पर किनारे फेंक दिये जाने और पिट जाने का डर है। सभ्यता के आतंक से अपने में सिमटकर लोग मुँह लटकाये निसर्ग के उच्छल उल्लास का गला घोंटने पर आमादा हो गये हैं। दुर्लभ हो गयी है रससिक्त बैठकी और बतरस का आस्वाद। लगता है, बीसवीं शताब्दी की विदाई और नयी सदी की अगुआनी के साथ ही उल्लास की बलि चढ़ाने का आज के आदमी ने संकल्प कर लिया है। अलाव-चौपाल से लेकर अन्तरंग साहित्यिक महफिलों तक में कूट बुद्धि क्रियाशील रहती है। इसलिए बतरस का आस्वाद विरल ही नहीं, अप्रासंगिक जान पड़ने लगा है। संस्कृति के अचूक नाड़ी-पारखी इसे मनुष्य का चरम दुर्भाग्य मानते हैं कि संस्कृति की प्राण-नाड़ी को पुष्ट करनेवाली संवेदना-ऊष्मा को ही आज का आदमी अप्रासंगिक समझने लगा है। निरन्तर श्रीहीन होता भाव-लोक और क्षयिष्णु सामाजिकता का धरातल मनुष्य के बन्धन-बोझ का कारण बन गया है, इस तथ्य के त्रासद परिणाम से आज का आदमी उदासीन है।

और ऐतिहासिक तथ्य यह है कि व्यक्तिव्यंजक निबन्ध, जिसकी भारतीय भाषा में आज रम्य रचना, ललित निबन्ध इत्यादि नामों से विशिष्ट साहित्य-विधा के रूप में अपेक्षित गुरुता के साथ चर्चा की जाने लगी है, तब जन्मा था जब हर प्रकार के बन्धन से मुक्ति की स्पृहा का वेग लोक-मन में तीव्र हुआ था। इस सच्चाई की प्रामाणिकता की जाँच मांतेन, चार्ल्स लैम्ब, भारतेन्दु हरिश्चन्द्र, प्रतापनारायण मिश्र और बालमुकुन्द गुप्त जैसे निबन्धकारों की परिस्थिति और उनकी प्रातिभ सक्रियता की विशिष्ट मुद्रा के सन्दर्भ में की जा सकती है। प्रेरणा-प्रभाव की दिशा चाहे जो रही हो, रचना का कारक तत्त्व मुक्ति-स्पृहा थी।

व्यक्तिव्यंजक निबन्ध शिल्प की दृष्टि से साहित्य में एक नया प्रस्थान था। पुरानी मर्यादा और प्रतिमान से हटकर सर्वथा स्वच्छन्द सरणि की यात्रा बन्धन-विरोध ही जागरूक इंगिति थी और साहित्य के नये निकष पर इसे विशिष्ट विधा के रूप में स्वीकृति मिली तो वह भी साधार थी, इसकी शक्तिमत्ता का प्रमाण थी। चार्ल्स लैम्ब, बालमुकुन्द गुप्त, सैयद मुस्तफा अली (बांग्ला) और हजारीप्रसाद द्विवेदी के प्रातिभ आवेग की अभिव्यक्ति की सर्वथा उपयुक्त विधा यही थी। साम्राज्यशाही जुल्म का

प्रतिरोध 'भँगेड़ी शिवशम्भु' इसी विधा की उन्मुक्त प्रकृति द्वारा कर सकते थे। भंग की तरंग जैसी ही स्वच्छन्द और एक हद तक निरंकुश प्रकृति होती है ललित निबन्ध की। 'भँगेड़ी शिवशम्भु' (बालमुकुन्द गुप्त) का लक्ष्य-विवेक, भंग के प्रभाव में ऊँची उड़ान का आस्वादन लेते हुए भी, कभी शिथिल नहीं होता, ठीक वैसे ही ऊपर से कोरा वाग्-विलास प्रतीत होनेवाली रम्य रचना कभी विचार का आधार नहीं छोड़ती। भँगेड़ी भंग-प्रभाव का अनुभव बताते हैं कि नशे में जो विचार-सूत्र पकड़ लेता है, उसी को लिये आदमी जहाँ-तहाँ और दूर-दूर तक उड़ता रहता है और बालमुकुन्द गुप्त के निबन्धों के पाठक इस तथ्य से परिचित हैं कि 'भँगेड़ी शिवशम्भु' जिस विचार-सूत्र के प्रभाव में ऊँची उड़ान भरता है, वह साम्राज्यशाही के प्रति तीव्र युयुत्सा है। नशे की गहराई और विचार-धरातल की ऊँचाई का निर्वाह शिल्प-सिद्ध निबन्धकार बालमुकुन्द गुप्त बड़ी जागरूकता से करते हैं।

हिन्दी के श्रेष्ठ निबन्धकार पं. हजारीप्रसाद द्विवेदी ने निबन्धकार की रचना-प्रक्रिया पर टिप्पणी करते लिखा है; "व्यक्तिगत निबन्ध का लेखक किसी एक विषय को छेड़ता है, किन्तु जिस प्रकार वीणा के एक तार छेड़ने से बाकी सभी तार स्वयं झंकृत हो उठते हैं, उसी प्रकार उस विषय को छूते ही लेखक की चित्त-भूमि पर बँधे हुए सैकड़ों विचार बज उठते हैं।" और विचार की उस ललित गूँज में प्रच्छन्न अनुशासन-शृंखला होती है, जो दूसरे विधा-विधान से सर्वथा भिन्न और नमनीय होती है। महत्त्वपूर्ण बात यह है कि विचार-विवर्जित वाग्-विलास चाहे जितना चटक और ललित क्यों न हो, रचना की बुनियादी शर्त और गुरुतर लक्ष्य से विच्छिन्न होने के कारण साहित्य के आँगन का बहुमान नहीं पा सकता। विवेक नहीं, अन्यथा भाव के प्रभाव में कुछ लोग व्यक्तिव्यंजक निबन्ध को कोरा वाग्-विलास मान लेते हैं, इतना ही नहीं, दोयम दर्जे के ऊपर का सम्मान-स्तर इस रचना-विधा को देना नहीं चाहते। ऐसे समीक्षकों के आतंक का दुष्परिणाम भी दिखाई पड़ता है कि ऊँचा पीढ़ा के लोभ में निबन्धकार सायास भारी-भरकम मुद्रा अपनाने लग जाते हैं और उनकी स्वकीय सहजता क्षत हो जाती है। अभिज्ञता के आरोपण और वैदुष्य-प्रदर्शन की प्रवृत्ति रम्य रचना के विधा-वैशिष्ट्य को ही दबा देती है। पर यह धारणा भी कोरी भ्रान्ति है कि ललित निबन्ध से लालित्य और रंजन से अधिक अपेक्षा नहीं की जा सकती। वैचारिक विपन्नता ललित निबन्ध की पहचान नहीं हो सकती। अभिज्ञता-समृद्धि और गतिमान वैदुष्य श्रेष्ठ निबन्धकार की रचना में सर्वत्र मुखर रहता है। यह सवाल रचनाकार के व्यक्तित्व से जुड़ा है। निबन्धकार का व्यक्तित्व यदि ज्ञान-समृद्ध है तो उसकी सहज बतकही में भी उसकी दीप्ति दिखाई पड़ती है जो विचार-लोक को प्रेरणा-स्फूर्त कर देती है। न केवल भारतीय भाषा के निबन्धकार, बल्कि दुनिया के श्रेष्ठ निबन्धकारों की उद्भावना इस धारणा की पुष्टि करती है। विश्वविख्यात निबन्धकार चार्ल्स लैम्ब

के निबन्ध लेखक की अनुभव–समृद्धि, तीव्र संवेदना और असाधारण अभिज्ञता के परिचायक हैं। निबन्ध को गप्प कहनेवाले हजारीप्रसाद द्विवेदी के निबन्ध न केवल मुद्रा–लालित्य में अप्रतिम हैं, बल्कि उनके वैचारिक धरातल तक पहुँच पाना साधारण प्रतिभा के लिए सम्भव नहीं है। इसी प्रकार मांतेन, चार्ल्स लैम्ब और गुलेरीजी के निबन्धों का भरपूर आस्वाद लेने के लिए विशिष्ट विद्या–संस्कार जरूरी है। अज्ञेय के निबन्धों का व्यंग्य और लालित्य बहुश्रुत और अधीत व्यक्ति के लिए आस्वाद्य है। और प्रतिष्ठित निबन्धकार पण्डित विद्यानिवास मिश्र के निबन्ध में माटी–महिमा का जैसा उच्छल उल्लास और गतिमान वैदुष्य का जैसा सहज लालित्य दिखाई पड़ता है, पूरे भारतीय भाषा–परिदृश्य में विरल है।

कुछ लेखक पांडित्य–प्रदर्शन के व्यामोह में पड़कर यह विवेक गँवा बैठते हैं कि विद्या–विशेष की पहचान को सुरक्षित रखते हुए सही सरणि से यात्रा करना ही रचनाकार के लिए विधायक होता है। यह जागरूकता जरूरी है कि ललित निबन्ध रचते कहीं लालित्य की हत्या न कर बैठें और रचना को उद्धरण–भार से श्लथ देखकर रसज्ञ रचना को 'ललित' की जगह 'लदित' कहकर उपहास न करने लगें। बेकन, गुलेरी और रामचन्द्र शुक्ल की गम्भीर मुद्रा अपनाने के चक्कर में कुछ लेखक अपनी जमीन से उखड़ जाते हैं और न चाहते हुए भी अपनी रचना की सहज मुद्रा को ही विरूप कर देते हैं। अनावश्यक महत्त्वाकांक्षा का परिणाम अशोभन और क्षतिकर होता ही है। भले ही क्षत स्वकीय धरातल–धर्म से अपरिचित निबन्धकार आत्ममुग्ध होकर कहता रहे कि वह 'आगम' की रचना कर रहा है यानी अपने हिसाब से रचना से बड़ा काम कर रहा है।

अक्षत सहजता, व्यक्तिव्यंजक निबन्ध की प्रमुख पहचान है। रचनाकार की मुखर मुहर रम्य रचना में ही दिखाई पड़ती है। आयास से व्यक्तित्व की गूँज और स्वकीय संवेदना का आवेग म्लान पड़ जाता है। रचनाकार के बीहड़ आवेग के सर्वथा अनुरूप विधा है ललित निबन्ध, जो बैराये बाग की तरह लालित्य–सौभाग्य से सम्पन्न होकर प्रकृत्या निरंकुश होता है। निरंकुश होकर भी वन–प्रदेश नैसर्गिक अनुशासन से छन्दित होता है। निसर्ग–अनुशासन का प्रीतिकर परिणाम है हरीतिमा का उल्लास, सुरभि–समृद्धि और मोहक मसृणता, जो काठ को भी लालित्य–आपूरित कर देती है। विशृंखला में संवेदना–शृंखला की रचना ललित निबन्ध की विशिष्ट पहचान है। अराजक मुद्रा में मुखर होकर भी निबन्ध में रचना का बुनियादी अनुशासन होता है और तभी निबन्धकार अपनी रचना द्वारा सहृदय की संवेदना को समृद्ध करता है, जैसे पुष्पित पल्लवित वन–प्रवेश अपनी शोभा–शक्ति से लोक–मन को भरपूर पोषण देता है।

रचनाकार की निजता के धरातल पर खड़ी यह विधा निजी परिधि से उत्तीर्ण होकर वैश्विक संवेदना की सजातीय गूँज नहीं बन जाती तब तक समष्टि चित्त का

बहुमान उसे नहीं उपलब्ध होता। इसलिए रचना के सन्दर्भ में अनासक्त कृती दृष्टि को ही महत्त्वपूर्ण माना जाता है। प्रख्यात निबन्धकार हजारीप्रसाद द्विवेदी ने महत्त्वपूर्ण बात कही है, ''कोई व्यक्ति केवल भावावेगों का गट्ठर नहीं होता। वह वस्तु को देखते हुए यथाशक्य निस्संग बुद्धि से उसका याथार्थ्य भी निर्णय करता है। इसलिए वैयक्तिक आसक्ति के भीतर से देखना वैज्ञानिक के देखने की प्रक्रिया का विरोधी नहीं हैं, बल्कि उसी का भावावेगों से सना हुआ कार्य है।'' समष्टि-संवेदना के पक्ष में वैयक्तिक आग्रह-दुराग्रह का बलिदान करने का साहस रचनाकार में जरूरी है। विषयी-प्रधान विधा होकर ललित निबन्ध की संवेदना लोक-चित्त और समष्टि सत्य के प्रति सुमुख होती है। रचना का उपजीव्य निजी लोक का अदना विषय हो सकता है; जैसे—भौं, दाँत, नाखून, पर रचना वह तब बनती है जब निजी कोण से बड़े सत्य को रचनाकार स्पर्श करता है, संस्कृति के अन्त:स्पन्दन को उकेरता-आँकता है। और रचना मूल्य-संवर्द्धन की मृदु-मुद्रा व्यंजित करती है, संवेदना-लोक को सहज लालित्य से आलोकित करती है। मगर इस रचनात्मक लक्ष्य के लिए, व्यक्तिव्यंजक निबन्ध-विधा के सन्दर्भ में, भारी-भरकम मुद्रा विजातीय मानी जाती है। दार्शनिक भाषा-मुद्रा का अतिरिक्त आग्रह इस विधा के मूल रूप को शिथिल कर देता है। हलके अन्दाज में, गपशप की अन्तरंग शैली में व्यंग्य-परिहास की उन्मुक्त उद्‌भावना में भी दर्शन-दीप्ति दिखाई पड़ती है। ललित निबन्ध की सजातीय मुद्रा यही है।

इसी मुद्रा-शैली में दुनिया-भर के निबन्धकारों ने बड़ी संवेदना का रूपायन किया है और साहित्य का इतिहास निबन्धकार की कृती भूमिका की गुरुता-महत्ता को स्वीकार करता है कि अपने समय को ही नहीं, परवर्ती काल की शीर्ष प्रतिभा-संवेदना को भी निबन्धकार के गहन संस्पर्श ने, प्रत्यक्ष-परोक्ष प्रभाव ने प्रेरित किया था। अँग्रेजी साहित्य का मर्मज्ञ, विचक्षण साहित्य-विचारक और प्रख्यात इतिहास लेखक एल. कजामिया व्यक्तिव्यंजक निबन्ध के आदि पुरुष मांतेन के निबन्धों का प्रभाव शेक्सपियर जैसी विराट प्रतिभा पर देखता है। अँग्रेजी साहित्य के स्वच्छन्दतावादी युग के विश्वविख्यात निबन्धकार चार्ल्स लैम्ब को फ्रांस के पुनर्जागरणकालीन निबन्धकार मांतेन का सगोत्री माना जाता है। विज्ञप्त तथ्य है कि पुनर्जागरण की संवेदना स्वच्छन्दतावादी चेतना के लिए विजातीय नहीं है और कई कोण से बहुत समीप पड़ती है। स्वत्व-सजगता और स्वातन्त्र्य-स्पृहा की दृष्टि से दोनों काल की मानस-भूमि में समता देखी जा सकती है। हिन्दी के सन्दर्भ में कौन कह सकता है कि भारतेन्दु काल के निबन्धकारों की स्वच्छन्द चेतना ने छायावादी कवियों के अनुकूल आबोहवा नहीं तैयार की ? ध्यातव्य तथ्य है कि हिन्दी कविता में प्रवेश करने के पूर्व स्वच्छन्द चेतना का आवेग भारतेन्दुकालीन निबन्धों के माध्यम से अभिव्यक्ति पा चुका था। यह भी ध्यातव्य है कि नयी कविता के प्रमुख पुरस्कर्ता और श्रेष्ठ निबन्धकार, चिन्तक अज्ञेय

अपने समानधर्मा रचनाकार निबन्धकार हजारीप्रसाद द्विवेदी के ललित निबन्धों और रचना-संवेदना के न केवल प्रशंसक रहे हैं बल्कि अपनी चेतना-दृष्टि के बहुत निकट मानते रहे हैं। और यह तथ्य है कि द्विवेदीजी की प्रातिभ संवेदना की जितनी सहज अभिव्यक्ति उनके निबन्धों में दिखाई पड़ती है, दूसरी विधा में नहीं। इसलिए यह निराधार नहीं है कि छायावादोत्तर युग के सर्वश्रेष्ठ ललित निबन्धकार के रूप में द्विवेदीजी सम्मानित रहे हैं। अपनी पीढ़ी द्वारा भी और परवर्ती रचनाकार पीढ़ी द्वारा भी। यह स्थिति अलग है इस धारणा की पुष्टि के लिए कि ललित निबन्ध दोयम दर्जे की विधा नहीं है।

भारतीय भाषा के सन्दर्भ में ललित निबन्ध की परम्परा पर विचार करते निबन्ध को संस्कृत, प्राकृत और अपभ्रंश की 'आख्यायिका' का आधुनिक रूप भी माना जाता है। यह ठीक है कि उच्छल रम्य मुद्रा भारतीय साहित्य की पूर्व परिचित मुद्रा और सजातीय भाव रहा है। पर संस्कृत के निबन्ध नामक साहित्यांग और आख्यायिका से भिन्न विधा-प्रकृति है भारतीय भाषा के आधुनिक निबन्धों की। आधुनिक भारतीय भाषाओं में रचित निबन्धों का शिल्प-विधान संस्कृत निबन्ध और आख्यायिका के उतना ही निकट है जितनी संस्कृत, प्राकृत और अपभ्रंश से भारतीय भाषाओं की निकटता है, और यह अन्तरंगता काफी प्रगाढ़ है। तथापि आधुनिक भारतीय भाषाओं का स्वतन्त्र व्यक्तित्व और स्वकीय प्रकृति है। प्रेरणा-प्रभाव की परिस्थिति भिन्न है। रचनाकार की चुनौती भिन्न है। रचनाकार के सामने उतनी जटिल चुनौती उस दिन नहीं थी जिस काल में आख्यायिका की रचना हो रही थी। आधुनिक भारतीय निबन्धकारों को उतनी ही विकट चुनौती का मुकाबला करना पड़ा है जितनी जटिल परिस्थिति का सामना, अपने जातीय सन्दर्भ में, मांतेन और चार्ल्स लैम्ब को करना पड़ा था। प्रभाव की बात उतनी महत्त्वपूर्ण नहीं है, जितनी सादृश्य की बात। यद्यपि न तो यह सिद्ध किया जा सकता है और न ही यह सिद्ध करना किसी विवेकशील व्यक्ति का लक्ष्य हो सकता है कि उर्दू की दुनिया से हिन्दी में आये बालमुकुन्द गुप्त और संस्कृत के पंडित ज्योतिषाचार्य हजारीप्रसाद द्विवेदी ने मांतने और चार्ल्स लैम्ब से निबन्ध लिखने की कला सीखी। पर यह सत्य स्मरणीय है कि पुनर्जागरण और उसकी परवर्ती परिस्थिति स्वच्छन्दतावादी आन्दोलन की जिस आबोहवा ने मांतने और लैम्ब को स्वत्व-चेतना तथा आत्मसन्धान के लिए प्रेरित किया था और अपने मनोमन्थन की रचनात्मक अभिव्यक्ति के लिए उपयुक्त विधा उपलब्ध हो गयी थी, उसी प्रकार की उद्वेलित परिस्थिति भारतीय भाषा में व्यक्तिव्यंजक निबन्ध-रचना का कारण बनी। इस सादृश्य को स्मरण रखना जरूरी है कि फ्रांस, इंग्लैण्ड और भारत में पुनर्जागरण के पहले व्यक्तिव्यंजक निबन्ध नहीं लिखे गये। मांतेन के निबन्ध पुनर्जागरण के बीज से सम्पन्न हैं। पुनर्जागरण से अनुप्रेरित ही नहीं, मांतेन के निबन्ध पुनर्जागरण की चेतना प्रेरणा को

समृद्ध भी करते हैं, और हिन्दी के सन्दर्भ में यह ध्यातव्य तथ्य है कि खड़ी बोली गद्य के आदि पर्व की सर्वाधिक समर्थ विधा निबन्ध ही है। उत्तर उन्नीसवीं शताब्दी भारतीय पुनर्जागरण का उत्तरकाल है और यही भारतीय साहित्य में श्रेष्ठ निबन्ध-रचना का आदि पर्व है। जागरूक रचनाकार का विवेक समझता है कि 'संक्रमण काल में परम्परा का पुनरुज्जीवन भी परम्परा से हटके ही सम्भव होता है।'

प्रभाव के प्रश्न को अतिरिक्त गुरुता न देकर विचार करें तो स्पष्ट धारणा बनती है कि निबन्ध रचना की प्रेरणा पुनर्जागरण की आबोहवा रही है—स्व-सन्धान की व्याकुल प्रेरणा। जातीय अस्मिता के प्रति किंचित् अतिरिक्त आग्रह। व्यक्तित्व की खोज की कृती प्रचेष्टा। स्वच्छन्दतावादी युग के चार्ल्स लैम्ब और उत्तर छायावादी युग के हजारीप्रसाद द्विवेदी की चेतना, व्यक्तित्व की खोज की उद्दाम स्पृहा और आत्मज्ञान की उन्मुक्त प्रातिभ साधना-संवेदना वही है जो पुनर्जागरणकालीन मांतेन और प्रतापनारायण मिश्र और बालमुकुन्द गुप्त के निबन्धों के प्रमुख लक्षण हैं।

प्रत्येक भारतीय भाषा में निबन्ध की रम्य मुद्रा आज भी प्रसन्न है, जो प्रमाण है इस विधायक स्थिति का कि व्यक्तित्व की खोज की प्रवृत्ति और आत्मज्ञान की उन्मुक्त चेतना क्षीण नहीं हुई है। पाखण्डरत साम्प्रतिक भारतीय परिस्थिति-परिदृश्य की वेदना-संवेदना निबन्धकार की प्रतिभा के लिए चुनौती भी है और प्रेरणा भी। मनुष्य की अस्मिता पर निरन्तर आघात करनेवाली वर्तमान देश-दशा-आजाद देश की जटिल विडम्बना, चारित्रिक स्खलन, पाखण्ड-प्रभुत्व और पाप-प्रवीणता के दंश से तहस-नहस हो रहे मानव-मूल्य निबन्धकार की प्रातिभ ऊर्जा को आमन्त्रित-प्रेरित कर रहे हैं। यों तो 'व्यक्तित्व की खोज साहित्य की सभी विधाओं में होगी, किन्तु निबन्ध अपनी मूल प्रतिज्ञा से ही सबसे सीधा माध्यम हो सकता है।' और इस माध्यम से जुड़े कृती पुरुष अपनी रचना द्वारा अपनी जागरूद ा का प्रमाण दे रहे हैं। परिवर्तित परिस्थिति और स्वकीय परिदृश्य से संसक्त रचनाकार अपने समय की संवेदना को अनेकमुखी मुद्रा में रूपायित कर इस महत्त्वपूर्ण साहित्य-विधा को समृद्ध कर रहे हैं। हिन्दी ललित निबन्ध की परम्परा पर विचार कर` श्रेष्ठ निबन्धकार और विचारक डॉ. रमेशचन्द्र शाह ने सटीक टिप्पणी की है कि "पत्रकार प्रतिभा से लगातार पंडित प्रतिभा तक जिन सभी श्रेणियों और स्वभावों का योगदान हिन्दी निबन्ध को समृद्ध करता रहा है, उन पर हम निगाह दौड़ाएँ तो पाएँगे कि हमारे सभी प्रमुख निबन्धकार निरपवाद रूप से उन्मुक्त संवेदना और व्यापक दृष्टि के धनी हैं।"

कथा रचने और बात बनाने की कला-कुशलता गाँव के आदमी में नैसर्गिक रूप में होती है। व्यक्तिव्यंजक निबन्धकार में यह दक्षता बुनियादी शर्त के रूप में स्वीकार की गयी है। मेरा जन्म गंगा के प्रतिवेशी गाँव में हुआ है। मेरी गँवई संवेदना गंगा में डुबकी लगाते सयानी हुई है। और चार दशकों से महानगर में प्रवास करने के बावजूद

अपने गाँव–जवार की सुधि मरुआई–मरी नहीं है। महानगर की गाँवनुमा बस्ती के पड़ोसी श्रमजीवी वर्ग के कण्ठ से होली–चैता के राग का कोई टुकड़ा, सारे शोर को चीरते, मेरे कान में पड़ता है तो संवेदना एकाएक रोमांचित हो उठती है और चित्त में खलिहान की सुरभि थिरक–थिरक कर रोशनी रचने लगती है।

साहित्य के आँगन में मेरा प्रवेश कहानी–रचना की राह से हुआ था। पहली रचना कहानी थी, जो 'कल्पना' में छपी थी और तब 'कल्पना' में छपने का विशेष अर्थ था। तब हिन्दू विश्वविद्यालय में एम.ए. का छात्र था। काशी–यात्रा पर आये तत्कालीन 'कल्पना' सम्पादक रघुवीर सहाय से शिव प्रसाद सिंह के घर भेंट हुई थी। उन्होंने स्नेहपूर्वक रचना–सहयोग का आग्रह किया था। मेरी दूसरी कहानी भी 'कल्पना' में छपी थी। फिर श्रीपत राय की पत्रिका 'कहानी' में, और दूसरी पत्रिकाओं में। रचना–सहयोग के लिए पत्रिका–सम्पादकों के पत्र आने लगे थे। पर इस राह से कुछ दूर चलने के बाद मेरे विवेक ने टोका कि यह मेरी राह नहीं है, अपनी नहीं हो सकती। और मैंने यह राह छोड़ दी। सम्पादकों की माँग का जवाब देना भी उचित नहीं लगा। चुप लगा गया।

मगर सिसृक्षा रचना का रूप लेने के लिए व्याकुल थी। व्यक्तिव्यंजक निबन्ध, जिसे ललित निबन्ध कहा जाने लगा है, मुझे अपनी प्रकृति के लिए सजातीय विधा जान पड़ी। और इस राह से मेरी रचना–यात्रा क्रियाशील हो गयी। प्रीतिकर संयोग था कि मेरी कहानी की तरह मेरे आरम्भिक दो निबन्ध 'कल्पना' में ही छपे। पर इस राह से यात्रा शुरू करते मन में गहरा असमंजस था कि इस क्षेत्र के शिखर पर मेरी ही भोजपुरी धरती के दो प्रख्यात प्रातिभ पुरुष खड़े हैं, इस जमीन पर मेरी अपनी जगह कैसे बनेगी। पं. हजारीप्रसाद द्विवेदी और पं. विद्यानिवास मिश्र की महत्ता—उनकी बहुज्ञता, विशिष्ट वैदुष्य और असाधारण प्रतिभा से परिचित था, उनकी साधना और मूल्यवान अवदान के प्रति श्रद्धानत था। दुविधा सहज थी। पर अपनी स्वकीय मुद्रा में क्रियाशील रहा। हारकर राह नहीं छोड़ी। 'कल्पना' में पहला निबन्ध छापते बदरी विशाल पित्ती ने अपने हाथ से प्रेरक पत्र लिखा था और लेखकीय सहयोग का स्नेहभरा नेवता दिया था।

जब पहला निबन्ध–संग्रह प्रकाशन की तैयारी में था, अपने समय के शीर्षस्थ रचनाकार और चिन्तक अज्ञेयजी से मैंने पुस्तक की भूमिका लिखने का अनुरोध किया। कनिष्ठ पीढ़ी के प्रति सहज उदार वात्स्यायनजी ने मेरे आग्रह को मान देते मेरे निबन्ध को पढ़कर लम्बी 'संस्तुति' लिख भेजी। इसी प्रकार दूसरे संग्रह के लिए शीर्षस्थ निबन्धकार और प्रख्यात मनीषी पं. विद्यानिवास मिश्र ने सहज भाव से छोटी, किन्तु मार्मिक, भूमिका लिखी। वात्स्यायनजी, पं. विद्यानिवास मिश्र, डॉ. प्रभाकर माचवे और डॉ. शिवप्रसाद सिंह जैसे पांक्तेय लेखकों ने गहरी रुचि से मेरे निबन्धों पर

दृष्टिपात किया और मेरी निजता तथा विशिष्टता को रेखांकित करते बड़े बल के साथ निबन्धों की आशंसा की, जो मेरे रचनाकार के लिए प्रेरक थी। अन्ततः इस विधा के साथ ही मेरी परिचिति जुड़ गयी। डॉ. रामचन्द्र तिवारी, डॉ. रामस्वरूप चतुर्वेदी और डॉ. रमेशचन्द्र शाह जैसे विशिष्ट विचारकों ने मेरे निबन्धों पर समीक्षा टिप्पणी लिखी, जिसने मुझे अपने सर्जन-कर्म की सीमा-शक्ति का बोध कराया।

मेरी गँवई संवेदना ही नाना व्याजों से मेरे निबन्धों में विभिन्न मुद्राओं में व्यंजित हुई है। महानगर में दीर्घकाल से प्रवास करते भी गाँव से, उस माटी और आबोहवा से, जिसने मुझे रचा है, आँखफोर बनाया है, मेरी संवेदना का अन्तरंग नाता अक्षत है। जन्म-गाँव और पड़ोसी गाँव के चेहरे-चरित्र, साँवली मिट्टी की शोभा सुरभि, जातीय तीज-त्योहार के उल्लास की उद्दाम लहरों का आस्वाद और अपनी धरती के जुझारू पौरुष तथा संघर्षप्रियता का विरल तेज मेरे मन में हर वक्त बसा रहता है। मेरी प्राण नाड़ी गाँव ने रची है। यही मेरी संवेदना है, गाँव की संवेदना, जो मूल्यों और समष्टि से संसक्त होती है। यही मेरी शक्ति है, यही मेरी सीमा है, जो मेरे लेखन में और पूरी जीवनचर्या में, स्वकीयता के रूप में, पहचानी जा सकती है। न केवल गाँव, बल्कि प्रवास-महानगर तथा देश-दुनिया से जुड़े प्रसंगों-प्रश्नों को अपनी रचना और विमर्श का जब भी उपजीव्य बनाया है, सर्वत्र गँवई संवेदना ही मुखर है; विमर्श-कोण भारत के गाँव के आदमी का विमर्श-कोण रहा है। गाँव का विचार-कोण मूल्य-भित्तिक होता है, और विज्ञप्त तथ्य है कि मूल्य का धरातल सदा विधायक होता है।

आज के गाँव ने अपना मूल धरातल छोड़ दिया है। इसलिए तमस् अपने डरावने रूप में खेत-खलिहान, आँगन-बगीचे और राह-घाट में हर क्षण चीत्कार करता रहता है। अपने गाँव को पहचानना कठिन हो गया है। कूट मुहावरों की व्यंजना पकड़ में नहीं आती। और जब खुलती है तो डर लगता है। अपनी ही माटी परायी लगती है। भारत के गाँवों में ग्राम्य संस्कृति-संवेदना जैसे सदा के लिए मर गयी है और गाँव के आँगन-खेत बगीचे में व्यवसाय-सभ्यता अपनी सबसे अन्तरंग बान्धवी उपभोक्ता सभ्यता को साथ लेकर उद्दाम अश्लील मुद्रा में नाचने लगी है। आज का गाँव सूचना-सभ्यता के प्रति बेहद सतृष्ण हो गया है। अपने गाँव का वर्तमान चेहरा-चरित्र देख-पढ़कर मैं भारत के गाँवों का अन्दाज लगाता हूँ, क्योंकि बोली-भाषा, रस्म-रिवाज और पर्व-त्योहार की आंचलिक स्वकीयता तथा भिन्नता के बावजूद भारत के गाँव का चरित्र और संवेदना एक है। मेरे समय के गाँव में जन्मे और वहाँ की संवेदना से सयाने हुए संवदेनशील लोग कैसे पहचानें अपने आँगन और गाँव को।

हमारे समय के गाँव की बातों पर आज के नवही विश्वास नहीं करते, बल्कि विद्रूप करते हैं कोई-कोई। आज के गँवई दाँव-पैंतरे और कूट कौशल से जो घायल हैं, उन्हें भी आज का गाँव ही रुचता है और रातों-रात अपने गाँव को शहर बनाने का

सपना देखते वे एक रंगीन तरंग के साथ जी रहे हैं, और वह तरंग हमारे जैसे पुराने गँवई आदमी के लिए डरावनी है। गाँव की मूल संवेदना की मृत्यु का दर्द उन्हें नहीं स्पर्श करता, पीड़ित हम हैं। यह दर्द मेरे निबन्धों में अज्ञेय, विद्यानिवास मिश्र और कृष्णनाथ जी जैसे पांक्तेय विद्याकर्मियों ने ही नहीं लक्ष्य किया है, सहृदय पाठकों को भी इसने संवेदित किया है। और संवेदना रोशनी रचती है। आश्वस्ति मन में जगती है कि आज के संवेदनहीन युग में भी संवेदनशील लोग हैं भारत में, जिन्हें दूसरे का दर्द स्पर्श करता है। अपने गाँव के ऐसे निपढ़ ठेठ देहाती चरित्रों का जिक्र अपने निबन्धों में मैंने प्रसंगवश किया है, जो इतने संवेदनशील हैं कि अपनी सहज छोह-भरी बतकही से चित्त को आलोकित कर देते हैं। आज के आयातित अनेकमुखी प्रदूषण का अपनी जातीय आस्था और जीवन से मुकाबला करनेवाले चरित्र गाँवों, जंगलों और पहाड़ों के अँधेरे कोने-अँतरे में छिपे-दबे हैं, और उनके साथ भारतीय संवेदना की आग दबी-जीवित है। मन आश्वस्त होता है कि गाँव मरा नहीं है कि भारत की जातीय पहचान और आग आहत होकर भी अभी जीवित है। सर्जनशील स्पर्श उसे पुनर्नवा कर सकता है। इसी सोच की हाँक मेरे निबन्धों में मुखर है। आश्वस्ति की वह सम्भावनापूर्ण आवाज भी जिसे महानगर के नाचीज समझे जानेवाले चरित्रों से मैंने अर्जित किया है। प्रीतिकर आश्वासन यह भी है कि एक अन्तराल के बाद बौद्धिक कण्ठ से विमर्श-मंच पर महात्मा गाँधी और 'हिन्द स्वराज' का सबल उच्चारण जगने लगा है। इस मूल्यवान बिन्दु को भी मेरे निबन्ध स्पर्श करते हैं।

मित्रों और विदग्ध रसज्ञों का आग्रह था कि मेरे प्रतिनिधि निबन्धों का एक संकलन प्रकाशित होना चाहिए। उस आग्रह से प्रीत-प्रेरित होकर यह चयन तैयार किया गया। मेरे पुराने प्रकाशक भारतीय ज्ञानपीठ के प्रकाशन-आनुकूल्य से यह पुस्तक आपके हाथों में पहुँच रही है। ज्ञानपीठ के अधिकारी विशेषत: श्री रवीन्द्र कालिया एवं मुख्य प्रकाशनाधिकारी डॉ. गुलाबचन्द्र जैन के प्रति, जिन्होंने गहरी रुचि के साथ, मेरी अन्य पुस्तकों की तरह ही स्तरीय ढंग से इस संकलन को प्रस्तुत किया, आभारी हूँ।

मेरा भार अपने कन्धे पर उठाने को सदा प्रस्तुत मेरे आत्मीय छात्र आयुष्मान रामनाथ महतो ने इसकी प्रेस कॉपी तैयार की। मेरे अत्यन्त प्रीतिभाजन श्रीराम तिवारी ने दूसरी पुस्तकों की तरह इसका भी प्रूफ पूरी जागरूक निष्ठा से देखा। परिणत वय में आत्मीयजन का सक्रिय सहयोग न मिलने पर हिलना-डुलना कठिन हो जाता है। यह सम्बल कायम रहे, यही मन:कामना है।

—कृष्ण बिहारी मिश्र

कोलकाता
बुद्ध पूर्णिमा, 2 मई, 2007

अनुक्रम

बेहया का जंगल और नयी-नयी घेरान

दुबहँड़ से कुछ ही आगे बढ़कर मेरी बस एक विशेष मुकाम पर रुकी। मेरे सहयात्री ने मुझे बताया, "यह बसरिकापुर मिडिल स्कूल है। यहीं पढ़ते थे हजारीप्रसाद द्विवेदी जो बहुत भारी विद्वान हैं।"

मैंने उस विद्यापीठ को मन-ही-मन प्रणाम किया।

"अपना जिला मामूली नहीं है। यहाँ बड़े-बड़े लोग हुए हैं। आज भी हैं, लेकिन आज इन फरेबी नेताओं के सामने कौन किसको पूछता है!" अपने सहयात्री की अंचल-निष्ठा के प्रति मैंने सहमति प्रकट की तो किंचित् उत्साहित होकर वे उस क्षेत्र का भूगोल, इतिहास और संस्कृति का मर्म अपने ढंग से समझाने लगे।

गायघाट-कटान। गंगा की ढाही का भयंकर दृश्य। बस कुछ दूर ही रुक गयी। छाता उठाते हुए मेरे सहयात्री ने बड़े उदास स्वर में कहा, "लगता है, गंगाजी की कोख में पूरा इलाका ही समा जाएगा। और होगा भी क्या महाराज! जहाँ पाप की बाढ़ में सारा जवार डूब गया है, वहाँ गंगाजी का इतना उग्र होना बेजा क्या है? पोंछ दे गंगा मइया पूरे जवार को एक ही चपेट में तो कलजुग का पाप ही दह-बह जाए।"

बस की सीढ़ी से नीचे पैर रखते मेरे सहयात्री को एक दूसरे अधेड़ यात्री ने टोका, "का पाँड़ेजी, यही भाखते हैं।"

"हमारे भाखने-ओखने से क्या होता है कुँवरजी। दीघारवाला परसों का मामला आपने सुना कि नहीं? पता नहीं, ई जमाना क्या-क्या दिखाएगा!"

बाढ़ की वजह से गायघाट-कटान के सामने कुछ दूर पैदल चलकर दूसरी बस पकड़नी पड़ती है। और गाँव जाने के लिए रामगढ़ ढाला पर बस छोड़नी पड़ती है।

गाँव के रास्ते इतने बदल गये हैं कि कदम-कदम पर रुकना पड़ता है। प्रत्येक दरवाजे के सामने नयी-नयी घेरान घिर जाने की वजह से सहज रास्ते का अस्तित्व मिट गया है। मेरे प्रणाम के जवाब में विश्वामित्र भाई मुझे रास्ता दिखाते हैं,

"पिछवारे से जाना पड़ेगा। इधर की राह बन्द हो गयी है।"

मुझे थोड़ी असुविधा होती है। पिछवाड़ बेहया के सघन उल्लास में डूब गया है। किंचित् खीजते हुए मैं अपने दरवाजे पर पहुँचता हूँ।

पिछले पाँच-छः वर्षों से बेहया नामक वनस्पति का जगह-जगह जंगल उग आया है। इसे रोपना नहीं पड़ता और न तो सींचना ही पड़ता है। बेहया की एक दुबली डाल कहीं फेंकते ही जंगल खड़ा हो जाता है। बिना तप और बिना साधना के लहकनेवाली इस वनस्पति का नाम बहुत सोच-समझकर किसी ने रखा है। सावन-भादों तो दूर, बैसाख-जेठ में इसकी हरीतिमा ऐसी उल्लसित होती है कि आँख की पुतली जुड़ा जाए।

बेहया दूसरे की बाढ़ को रोकनेवाली वनस्पति है। जहाँ एक बार इसकी जड़ जम जाती है, वहाँ दूसरी वनस्पति का अस्तित्व खतरे में पड़ जाता है। बड़ी त्वरित गति से फैलनेवाली यह वनस्पति दूसरे को पाँव पसारने की जगह नहीं छोड़ती। ऐसी है बेहया।

मेरे जवार में यह धारणा है कि बेहया का जंगल हरे साँप का आवास है। इसका धुआँ आँख की ज्योति को मन्द करता है और इसकी लकड़ी से पकाया गया भोजन कुष्ठ को जन्म देता है। चारों धाम की तीर्थ-यात्रा से लौटे रामाधार बाबा अपने यात्रा-संस्मरण सुनाते यह सूचना देते हैं कि देश के अधिकांश हिस्से में बेहया के जंगल उग आये हैं।

विश्वामित्र भाई उन्मथित चित्त से कहते हैं, "दिन-भर की खटनी के बाद घर पहुँचकर जब आगे-पीछे ताकता हूँ, अँधेरा ही अँधेरा दिखाई पड़ता है। पुत्र के बिना गृहस्थ की गति नहीं होती, लोक-परलोक दोनों अकारथ जाता है।"

विश्वामित्र भाई की उदासी मन को छूती है।

'लूक! लूक!! लूक!!!' गाँव में हल्ला उठा है, 'मनेरिया ने 'लूक' लगवाया है।' लोग हँसी करते हैं, 'बाप रे बाप! पहले लूक लगता था तो लोग झुलस जाते थे, अब लोग लूक लगवाते हैं।' बेटा के लिए दीघार के बाबा के यहाँ की भीड़ और बलिया-बैरिया बाँध पर दौड़नेवाली परिवार नियोजन विभाग की सरकारी गाड़ियाँ। एक ओर सरकारी 'लूक' के आकर्षण में उलझते लोग हैं, दूसरी ओर बेटा की साध पूरी करने के लिए दीघार के बाबा के यहाँ धरना देनेवाली महिलाओं की भीड़ है। पूरा जवार अन्धकार में डूबता दिखाई पड़ रहा है। मन गहरी उदासी में डूब जाता है। क्या यह अन्धकार ही पचीस वर्षों की स्वाधीनता की उपलब्धि है? मन में बार-बार प्रश्न घुमड़ता है—परिवार-नियोजन को अभावग्रस्त लोग थोड़े पैसे के प्रलोभन में, और मनचले लोग अन्य सुविधाओं के आकर्षण में स्वीकार कर रहे हैं। इसी तरह एक दिन संसार-सुख के आकर्षण में

लोगों ने अँग्रेजियत और ईसाई धर्म के चोंगा को स्वीकार किया था। बिना समझे-बूझे तब भी हमारे अज्ञान और अभाव से सौदा किया गया था और आज भी लोगों की गरीबी का अन्यथा उपयोग किया जा रहा है—नाना रूपों में, नाना वर्गों-व्यक्तियों द्वारा। समझ नहीं दी जा रही है। गलत प्रलोभनों द्वारा लोगों को बहकाया जा रहा है। समझ को बहकाना आसान नहीं होता, इसलिए तिकड़मी लोग नासमझी को जिलाये रखना चाहते हैं ताकि ज्योतिहीन जनता उन्हें 'गुणी व्यक्ति' समझती रहे। यही आज की समझ है, जिसके नीचे दबकर लोकमानस निष्प्रतिभ होता जा रहा है।

मैंने इस बार लक्ष्य किया, मेरे गाँव में लोग गाय-बैल को भी ताला में बन्द करने लगे हैं। जैसे ये जीवन्त प्राणी न हों, हल-कुदाल की तरह निर्जीव पदार्थ हों! बड़े खिन्न मन से मैं सोचता हूँ, अन्नपूर्णा की हरीतिमा जो सरेह में उल्लसित है, उसका पहरेदार कौन है? ईंट की पक्की दीवार काटकर जब मवेशी को लोग हाँक ले जा रहे हैं तो फिर सरेह को ताला में बन्द करके सुरक्षित रखना क्या सम्भव है?

अपने गाँव के कुछ खास लोगों से बतियाने में मुझे विशेष सुख मिलता है। ऐसे ही 'मन के मानुष' हैं कप्तान साहब। कप्तान साहब कुछ दिन बंगाल में भी रहे हैं। बंगाल से उन्होंने 'ठेका' (बोली) उपलब्ध किया है, जो बात-बात में ठोकते रहते हैं। 'कष्टो बिना किष्टो पावा जाए ना।' हमारे जवार में कष्ट उठानेवालों का यानी श्रम-रुचि का दिनोंदिन अभाव होता जा रहा है, इसलिए 'किष्टो' को पाना कठिन होता जा रहा है। किष्टो यानी कृष्ण। कृष्ण, जो गाँव से भागनेवाली अन्नपूर्णा को घेर लेता था और कृष्ण, यानी भागवत विश्वास की वह मूर्ति जिसके भरोसे बड़ी से बड़ी विपत्ति को मनुष्य सह लेता था और अपनी इस आस्था के बल पर त्रास की लहरों को पराजित कर देता था। स्थिति बदल गयी है। न रही श्रम-रुचि और न रही आस्था। न कष्ट, न किष्टो। न अन्नपूर्णा को जगानेवाली साधना रही और न गाँव से भागनेवाली अन्नपूर्णा को घेरनेवाले कृष्ण जैसे सजग-सशक्त चरित्र रहे। इसलिए अन्नपूर्णा के पाँव गाँव से उठे ही रहते हैं और गाँव त्रास में डूब-उतरा रहे हैं। आज अकसर ऐसे लोग मिलते हैं जो पसेरी-भर का मुँह लटकाये रहते हैं और जब उनकी गम्भीरता टूटती है तो कुटिल हँसी हँसकर वातावरण की सहजता को मुँह बिराने लगते हैं। कप्तान साहब दूसरे तरह के हैं। मर्दानगी उनके व्यक्तित्व का एक आकर्षण है। चेहरे पर न कभी मुर्दनी, न एक भी कुटिल रेखा। अपने फक्कड़ स्वभाव के चलते नाना प्रकार के अभाव को हमेशा-हमेशा के लिए आमन्त्रित कर लिया है। लेकिन उन्हें उदास आज तक किसी ने नहीं देखा। इतना ही नहीं, दूसरों की उदासी तोड़ने के लिए सदा अपना घर फूँकने को उद्यत रहते हैं। कप्तान साहब से बात कर मन स्फूर्त होता है। बेहया

का जंगल देखकर और उसकी चारित्रिक महिमा सुनकर मन उदास है। कप्तान साहब भजन में मगन हैं। मैं उनसे पूछता हूँ, "बाबा, बेहया जाति की वनस्पति पहले तो नहीं दिखाई पड़ती थी?"

कप्तान साहब चमककर उत्तर देते हैं, "बेहया नहीं तो अब क्या तुलसी उपजेगी? जस-जस कली तप रहा है तस-तस बेहया का वन लहक रहा है। कली तप रहा है जेठ की दुपहरिया जैसा। 'कलिकाल बेहाल किये मनुजा, नहिं मानत कोउ अनुजा-तनुजा।' मेरा छिहत्तरवाँ लगा है। पहले के लोग लँगोटा के पक्के होते थे। बेटी-पतोहू का विचार रखते थे।

"बेहया तो तब से उपजने लगी है जब से तुलाराम बाबा की मठिया में लोग रास रचाने लगे हैं! न लाज, न हया। भला ऐसा ढीठ जमाना होता है! किसी के चरित्र और बात का कुछ एतबार ही नहीं रहा। रात-भर घूम-घूमकर गवाह ठीक करो। कचहरी तक तुम्हारे खेवे-खर्चे से जाएँगे और वहाँ उल्टी गवाही देकर सारा मामला बिगाड़ देंगे। हमारा तो शिवाजी का रास्ता है—न किसी लालच में पड़ना, न किसी के बहकावे में आना। मर्द क्या जो किसी के बहकावे-फुसलावे में आ जाए! लेकिन अब तो न मर्द रहे, न मर्दानगी रही।"

कप्तान साहब भगत सिंह की जीवनी सुनाने का आग्रह करते हैं। "किशन सिंह, भगत सिंह, बाप रे बाप! ऐसा वीर परिवार सबके सब 'मरता'। मसल है, 'मरता क्या न करता।' देश के लिए जो 'मरता' नहीं होगा, वह क्या खाक देश-सेवा करेगा? मैं तो 'मरता' हूँ शिवाजी, सुभाष बाबू और भगत सिंह की तरह। लालावाला खेत पर अकेले चढ़ गया था। इज्जत का मामला था। कुलबोरन लोग देह और जान के फेर में रहते हैं।" भगत सिंह की जीवनी का एक मार्मिक प्रसंग सुनकर कप्तान साहब अपने सहज उत्साह में बोल रहे हैं।

बेहया के जंगल में बसे लोगों के तरह-तरह के बोल हैं। 'जब जइसन, तब तइसन, इहे ना बूझल से मरद कइसन।' अवसरवाद की दक्षता ही मर्दानगी की पहचान होती जा रही है। यह मर्दानगी आज अधिकांश लोगों में दिखाई पड़ रही है। मेरे गाँव-जवार में ही नहीं, पूरे देश में, कहूँ, पूरी दुनिया में। अवसरवाद की दक्षता अविरोध की साधना की प्रेरणा दे रही है। दुनिया के अधिकांश साधक, चाहे वे राजनीति के हों या साहित्य के, बेहया के जंगल में अविरोध की साधना में लीन दिखाई पड़ रहे हैं। दुनिया में उग्र होनेवाली हिंसा की हवा और देश की वर्तमान दशा विरोध की वाणी की आतुर प्रतीक्षा कर रही है, किन्तु वाणी के साधक अविरोध की साधना में लगे हैं। यह सच है कि जो अविरोध की साधना से सिंहासन का सुख उपलब्ध करते हैं, उन्हें समष्टि-चित्त का सम्मान नहीं मिलता। आज चूँकि सिंहासन का सुख भोगने की भूख बेकाबू हो गयी है, इसलिए लोग

अविरोध की साधना में लग गये हैं; विरोध की साधना को नासमझी समझ रहे हैं। आचार्य कृपलानी अपनी सहज व्यंग्य-शैली में कहते हैं, "कितना नासमझ है कृपलानी। काँग्रेस जब आजादी का जंग लड़ रही थी, कृपलानी उसके साथ था और काँग्रेस जब कुर्सी पर बैठी, कृपलानी उससे अलग हो गया।" ऐसे नासमझ! देशभक्त आज कम हैं। लोग समझदार हो गये हैं, इसलिए अविरोध की साधना में लग गये हैं।

अविरोध की साधना उन्हें सुहाती है जिनमें अतिरिक्त स्वार्थ-सजगता होती है, यानी जिनमें सरकारी-गैरसरकारी अलंकार-पुरस्कार पाने की प्रबल स्पृहा होती है या फिर जीवन-भर कुर्सी से चिपके रहने की चिन्ता से उनका चरित्र निस्तेज हो जाता है, वे ही अविरोध की साधना के आग्रही होते हैं। यह आग्रह मनुष्य को कहीं का नहीं रखता। सबको प्रीत करके सबसे मीठ बने रहने की हमारी स्पृहा हमें विरूप और प्रकाशहीन बना देती है।

किसी जमाने में 'अलख' की साधना करनेवाले का जोर था, लोक-मन पर 'मसान' जगानेवालों की धाक थी। आज बेहया की धुँई रमानेवाले और अविरोध की साधना करनेवाले को लोग अधिक पसन्द करने लगे हैं। किन्तु अपने चहेतों की भीड़ बढ़ाने के लिए और रोज-रोज बढ़नेवाली अपनी लोकेषणा को सुगम तरीके से बुझाते रहने के लिए गलत राह पर सरपट दौड़ना उचित नहीं माना जाएगा। इस दौड़ में ययाति की तरह जब हारकर हम मुँह के बल गिरेंगे तो कोई उठानेवाला नहीं मिलेगा।

मन उदास है कि पूरा देश बेहया-वन के उल्लास में डूब गया है और लोग अपने चारों ओर नयी-नयी घेरान की रचना करने को आकुल-व्याकुल हो उठे हैं। बेहया की बाढ़ बढ़ती जा रही है, घेरान छोटी होती जा रही है। भय बढ़ता जा रहा है, मन अधिक उदास हो जाता है। सोचता हूँ, मेरे गाँव-जवार के साथ ही क्या सारे देश का ग्रामीण परिवेश इतना अभिशप्त हो गया है कि वहाँ अब केवल बेहया का जंगल ही उगेगा? क्या गाँव में जन्मे मनीषियों को यह प्रातिभ-ज्योति प्राप्त हो गयी है कि भारतीय गाँवों में अब अन्नपूर्णा और मनीषा का वास नहीं होगा, प्रकाश का आविर्भाव नहीं होगा? मुझे लगता है कि गाँव में जन्मे मनीषियों की अपनी जन्मभूमि के प्रति उदासीनता ही प्रकाश-रचना में सबसे बड़ा अवरोध है।

गाँव की मनीषी-सन्तान गाँव से उतना ही सम्बन्ध रखें जितने से उनका स्वार्थ सिद्ध हो तो गाँव में लहरानेवाले बेहया-वन पर बसन्त की मादकता हमेशा-हमेशा के लिए छा जाए तो अचरज क्या है? मुझे बार-बार चिन्ता होती है कि इन गूँगों को वाणी कौन देगा जब वाणी के देवता इनसे उदासीन हो गये हैं? इनके

म्लान मुखों पर नयी आशा की रचना कौन करेगा जब आशा के ज्योतिधर शहरों में सिमट गये हैं? 'महावीर स्वामी की जै' बोलनेवाली मेरे अंचल की ग्रामीण जनता को महावीर हनुमान और जैन ऋषि महावीर स्वामी के अन्तर का सांस्कृतिक बोध कौन देगा? संस्कृति का मर्म समझनेवाली मेरे जवार की मनीषी-सन्तान अपने गाँव-घर के सम्पर्क को निछोह धक्का मारकर नगरोन्मुख हो गयी है। और मेरा पूरा जवार जाने कब से संस्कृति का 'बटगाना' गा रहा है और जाने कब तक गाता रहेगा।

'बटगाना' यानी रास्ते का गाना। राह के एकाकीपन के भय से मुक्त होने के लिए राही अनेक गानों की अनेक बेमेल कड़ी मिलाकर अलाप लेता है। उसकी 'टाँसी' से सरेह गूँजती है और राह कटती है। सरेह से खलिहान की ओर जाते या फिर खलिहान से घर जाते ग्रामीण किशोर अकेलेपन के भय के भूत को बटगाना से मारते हैं। असल में बटगाना बाल-स्वभाव की व्यवस्था है, जो अकेले में अकेला पड़ जाने पर मुखर होती है। मेरे गाँव के बड़े-बूढ़े भी जब सांस्कृतिक 'बटगाना' गाते हैं तो यह मात्र उनकी अबोधता-अनभिज्ञता का द्योतक नहीं है, बल्कि इस बात का भी संकेत है कि वे अकेले पड़ गये हैं।

मुझे कभी-कभी ऐसा लगता है कि मेरे जवार के अबोधजन ही नहीं, जिन्हें अपने बोध का बड़ा गुमान है, देश के वे नेतागण भी आज समाजवादी बटगाना गा रहे हैं। यह समाजवादी बटगाना अलग-अलग बेमेल कड़ियों को एक में मिलाकर बनाया गया है या बना लिया जाता है। मार्क्स, गाँधी, धर्मनिरपेक्षता, भारतीय संस्कृति, परिवार-नियोजन, व्यवसायीकरण, गृह-उद्योग, सहकारी खेती, लोकहितैषी राज्य, लोकतन्त्र, राष्ट्रीयकरण, समाजवादी बटगाना में जाने क्या-क्या और जाने कितनी-कितनी कड़ियाँ सुनाई पड़ती हैं। लोकतन्त्र की रक्षा और उन्नयन की गुहार भी और न्यायपालिका तथा प्रेस की स्वतन्त्रता को कुण्ठित करने का कुटिल अभियान भी! जैसे 'रॉक ऐन रॉल' शैली में कोई भोजपुरी बिरहा गाने लगे। यही बटगाना आज ऊपर से नीचे तक लोकप्रिय होता जा रहा है। मेरे गाँव के किशोर या किशोर मन के प्रौढ़ अकेले में बटगाना गाते हैं। देश के नेता भरी सभा में बटगाना गाते हैं, जैसे गरीब जनता की भीड़ से उन्हें डर लगता हो और भय के भूत से बचने के लिए समाजवादी बटगाना की टाँसी मारते हैं। मुझे लगता है, भय का यह सही उपचार नहीं है, क्योंकि बटगाना क्षणिक समाधान देता है। और जिसने हया-तत्त्व से मुक्ति पा ली है, बेहया की उल्लसित हरीतिमा से सुरक्षा का आश्वासन महसूस कर रहा है, वह अपने चारों ओर साँप की पलटन पाल रहा है। वह बटगाना गाकर अपने को आश्वस्त भले ही कर ले, उसके सामने खड़ी भीड़ की नंगी छाती उसके समाजवादी घूसे से छलनी होती जा रही है।

समाजवाद का नारा इतना मोहक है कि अन्धकार में धँसी जनता ही नहीं, उसके जनार्दन यानी आज के अधिकांश राजनीतिक नेतागण समाजवादी ढोंग के शिकार हो गये हैं। और गाँधीजी की दृष्टि में समाजवाद के जो श्रेष्ठ आचार्य थे, जयप्रकाश नारायण, उन्होंने घोषणा की कि समाजवाद गलत है, बीते युग का दर्शन है। गाँधीवाद में ही आज की समस्या का सही समाधान है। सर्वोदय में ही मनुष्य का वर्तमान और भविष्य सुरक्षित है। उक्त घोषणा की प्रतिक्रिया बड़ी तेज हुई। लोगों ने कहा, 1942 की अगस्त क्रान्ति का अग्रदूत जयप्रकाश पागल हो गया। उसने कहा, जिसके हाथ में सत्ता थी और उन तमाम लोगों ने कहा, जो सत्ता हथियाने को आकुल-व्याकुल थे। जयप्रकाश पागल हो गया कि उसने अपनी प्रतीति बदल दी, दर्शन बदल दिया और उस फकीर का साथ पकड़ लिया जिसने गाँधी के व्यक्तिगत सत्याग्रह का नेतृत्व किया था, जो सत्ता के विरुद्ध है और जो बेलाग कहता है, 'भारत पराधीन गाँवों का स्वाधीन देश है।' सो जयप्रकाश राष्ट्रपति की कुर्सी नहीं पा सकता, भारतरत्न का सरकारी अलंकार उसे नहीं मिल सकता। छोड़िए आसन-अलंकार की बात, तटस्थ भूमि पर खड़ा होकर जब वह लोकतान्त्रिक मूल्यों की रक्षा की गुहार लगाता है तो लोकतन्त्र का ढोल पीटनेवाले उसका मुँह दाबने दौड़ते हैं।

अपने मन की कमजोरी कहूँ, जो देश को उठाने का हल्ला करते, अपनी करनी-करतूत से देश को नीचे ले जानेवाले हैं। उनके बारे में—चाहे वे व्यक्ति हों या दल—मेरे मन में ऊँचा खयाल नहीं उठता। इसलिए मन उदास होता है जब देश-सेवा के नाम पर लोगों को स्वार्थ के सैलाब में डुबकी लगाते देखता हूँ, और उदासी तब और अधिक गहरी हो जाती है जब इन तिकड़म-कला-निष्णात राजनीतिकों की जयजयकार करती अपने जवार की और पूरे देश की दिशाहारा जनता के म्लान मुँह पर मेरी नजर पड़ती है।

इतनी राजनीतिक पार्टियाँ बेहया के जंगल की तरह बढ़नेवाली! इतनी घेरानें! प्रदेश, जाति, भाषा! बोलियों को भाषा की मान्यता का आग्रह-आन्दोलन! भाषा के आधार पर नये प्रदेश की कल्पना! जाति के आधार पर नये-नये कुनबों की रचना! अरे बाबा, इतनी संकीर्ण घेरानों की कल्पना-रचना न करो, अकेले पड़ जाओगे और दम घुट जाएगा। स्वाधीन देश के इतिहास को सँवारने-समृद्ध करने की जिम्मेदारी जिसके ऊपर थी, कैसा दुर्भाग्य है कि वह समाजवाद का सब्जबाग दिखाता रहा। उसका समाजवादी सब्जबाग बेहया का जंगल सिद्ध हुआ, जो सारे देश में छा गया है और जिसमें हरे साँप की पलटन है, कुष्ठ के कीटाणु हैं, आँख की ज्योति को मारनेवाला सघन धुआँ है। हमारी पीड़ा बहुत कुछ आज वैसी है जैसी उस गुरु-शिष्य की थी जिनमें से एक अन्धा था और दूसरा बहरा। अन्धा जब

गुड़ माँगता था, बहरा ढेला पेश कर देता है। जनता रोटी माँगती है, स्वदेशी सरकार उसे पंचवर्षीया योजना देती है। जनता गरीबी से उबरने का रास्ता पूछती है, सरकार उसके हाथ में 'निरोध' का पैकेट थमा देती है। जनता ज्ञान का प्रकाश माँगती है, सरकार समाजवादी नारे रटाती है। विवेकानन्द ने यूरोप के ईसाई धर्म-प्रचारकों से कहा था, जो रोटी का भूखा है उसके सामने धर्म-पोथियाँ पेश करना उसका अपमान करना है। आज भारत की जरूरत रोटी है, धर्म नहीं।' मुझे लगता है कि देश की वर्तमान जरूरत समाजवादी बटगाना गाने से नहीं पूरी होगी—पूरी होगी स्वदेशी चिन्ता-चेतना के सहज राग से, अन्याय, अनौचित्य के प्रति मीठ न बनकर विरोधी मुद्रा मुखर करने से, हया तत्त्व को जगाने से। वर्तमान त्रास से त्राण पाने की यही राह है।

मेरी प्रतीति है कि मनुष्य की विकास-यात्रा जब कभी अवरुद्ध हुई है, कारण उसका बेहया मन रहा है। आदमी में जब तक हया रहती है, वह अपनी संकीर्णता के अनुसार आचरण करने में हिचकता है। उसकी यह हया-हिचक धीरे-धीरे उसकी संकीर्ण धारणाओं को कमजोर बना देती है। किन्तु जब आदमी बेहया बन जाता है, कोई अपकर्म-कुकर्म करते उसे संकोच नहीं होता और धीरे-धीरे उसमें उस ढीठ संस्कार का जन्म होता जो उसे जंगली कानून के राज्य में ले जाता है, जहाँ नाना प्रकार का अन्धकार और संकीर्णताएँ फलती-फूलती हैं। हया मनुष्य को उदार, नमनीय और संस्कृत बनाती है। उसके मन की घेरान को तोड़ती है। जब भीतरी घेरान टूट जाती है तब बाहरी घेरान के टूटते समय नहीं लगता। और जब बाहर-भीतर की घेरान टूट जाती है तो मनुष्य को सहज रास्ता मिल जाता है। इस सहज रास्ता को पाने के लिए घेरान को तोड़ना जरूरी है। जरूरी है, हया तत्त्व को जगाना और विरोध की साधना को दीप्त करना ताकि उस भय से हम मुक्त हो सकें जो छोटे-छोटे वर्गों में सिमटने-घुसने के लिए हमें मजबूर करता है। गाँव से भागती अन्नपूर्णा और मनीषा की रक्षा के लिए श्रीकृष्ण के चरित्र का आह्वान जरूरी है। कप्तान साहब कहते हैं, 'कष्टो बिना किष्टो पावा जाबे ना।' किष्टो को पाने के लिए कठोर साधना करनी पड़ेगी। साधना से ही हया-बोध जगेगा। जब तक यह बोध नहीं जगता तब तक समाजवादी बटगाना बन्द नहीं होगा और संस्कृति-चेतना इतनी बहक जाएगी कि वह हमारे अन्धकार और त्रास का समाधान नहीं दे सकेगी, बेहया का जंगल इतना सघन हो जाएगा कि फिर उसका उच्छेद कठिन हो जाएगा। और तब न तो खोयी आस्था को पुनः पाना आसान होगा और न ताला की चिन्ता से मुक्त होना सम्भव होगा। सचमुच तब बड़ा कठिन होगा ढाही से बचने का रास्ता पाना।

सइयाँ के जाए न देबों बिदेसवा

बचपन में सयानों के मुँह सुना था कि कमरूकमच्छा की औरतें जन्तर-मन्तर की मार से पुरुषों को भेड़ा बना देती हैं। पता नहीं, तब की देहाती औरतों पर इस धारणा का क्या असर होता था, मेरा शिशु-मन मन्तर के आतंक से काँप जाता था। आदमी को भेड़ा बना देनेवाली शक्ति सचमुच डरावनी शक्ति थी। राग-स्वर समझनेवाली उम्र में जब प्रवेश किया तो सोहनी करते नारीसमूह-कण्ठ से गूँजता प्रथम राग 'सेर भरि सतुआ बरिस दिन खइबों, सइयाँ के जाए न देबों बिदेसवा' मेरे कानों में पड़ा और ग्राम-ममत्व की व्याकुल लहर ने मुझे बाँध लिया। राग-मर्म कुछ-कुछ पकड़ में आया था कि प्रिय का अपने गाँव-घर से दूर जाना कमरूकमच्छा के उस वातावरण में जाना था, जहाँ पुरुष को भेड़ा बनानेवाली मोहिनी मुद्रा का उल्लास थिरकता रहता है, और भीतर-भीतर जादू-मन्तर की बंकिम शक्ति बराबर सक्रिय रहती है, जो पुरुष के स्वरूप-बोध पर सीधे चोट मारकर उसे अपनी धरती और आत्मीय परिवेश के ममत्व से विच्छिन्न कर देती है। शायद इसी आशंका-आतंक ने इस राग को जन्म दिया था।

धरती के मोह-ममत्व का बन्धन इधर कुछ शिथिल हो गया है। आज 'परदेस' करने जानेवाले के प्रति किसी के मन में आशंका नहीं होती कि 'परदेसी' माया से मोहविद्ध होकर वह भेड़ा बन जाएगा। गाँव से हमेशा के लिए नाता तोड़कर अन्यत्र जानेवाले को भी कोई टोकता-रोकता नहीं। मेरे गाँव की आबोहवा एकदम बदल गयी है।

गाँव के उदास चेहरे, खामोश दरवाजे, सूना खलिहान और मूक गलियों पर नजर पड़ती है, और मेरा देहाती मन उदास हो जाता है। बारी की साँवली मोहिनी शोभा, फगुआ का उच्छल उल्लास और चैता का मादक राग कहाँ चला गया, बहुत ढूँढ़ता हूँ, मेरा गाँव नहीं मिलता। माटी के लिपे-पुते बोलते मकानों और अरहर के डण्ठल की हँसती अधिकांश दीवारों को ईंटा की पक्की गूँगी दीवारों ने मार दिया है और इन नयी दीवारों पर परिवार-नियोजन और उपज बढ़ानेवाली खादों के

विज्ञापन-बोर्ड लटक रहे हैं। समूह छितरा गया जान पड़ता है और गाँव का सहज उल्लास बिखरकर बुझ गया है। लगता है, नसबन्दी के अन्धड़-आवेग में पूरे गाँव की जबानबन्दी हो गयी है। कुछेक कच्चे मकान हैं, जिनकी दीवारें खदरकर बेपहचान हो गयी हैं। कैसे पाऊँ अपने गाँव को!

मेरी पीढ़ी के लड़के जाने किसके संकेत से सनकूर मिसिर को देखते ही 'मउँसा-मउँसा' कहकर पुकारने-चिढ़ाने लगते थे। भीतर से 'अगराकर' मउँसा हम लोगों को दाँत पीसते दौड़ाते थे। फगुआ में जोगीरा उच्चारने में सबसे बुलन्द आवाज थी उनकी। गाँव की गन्ध से इतनी ममता कि दूर की बारात तक में न जाते, हितई-नतई और 'परदेस करना' तो दूर रहा। बाँस की मचान पर बैठे खैनी मलते मउँसा की शिथिल त्वचा में धँसी आँखों की ओर ताकता हूँ तो कहीं वह पानी नहीं दिखाई पड़ता जिसमें उनकी स्नेहिल आकृति छलकती रहती थी। मउँसा शायद मर गये हैं। मेरा पूरा गाँव ही जैसे मर गया है। शायद मैं दूसरे गाँव में आ गया हूँ। पराहू कुर्मी, दहारी कमकर, राम बालक चमार, सुबहान मियाँ और अपने गाँव के भूगोल पर दृष्टि पड़ती है। मेरी उजड़ी बारी के दरवाजे पर स्थित कुआँ अपनी निष्ठुर अवमानना से श्रीहीन हो गया है। राह-घाट में जो चेहरे-चरित्र दिखाई पड़ते हैं, वे अपरिचित लगते हैं। उनका बात-व्यवहार समझ में नहीं आता। लगता है, किसी दूसरे गाँव के लोगों ने मेरे गाँव पर कब्जा कर लिया है और गाँव के मूल बाशिन्दे कहीं अन्ते चले गये हैं। जो परिचित चेहरे दिखाई पड़ते हैं, वे अपनी बूढ़ी साँसों को समेटकर जाने की तैयारी में हैं। मैं अपने भूगोल के आँगन में अजनबी बना भटक रहा हूँ—आत्मीय आवाजों की तलाश में। मनन भइया ने इलाहाबाद में घर बना लिया, मालवी काका बेटा-बेटी का विवाह गोरखपुर से करने लगे, मदन भाई ने बुन्देलखण्ड की आकर्षक रातों के मोह में पड़कर अपने गाँव से मुँह फेर लिया, कामता लखीमपुर में बस गये, मेरे टोले की खुशी फुलकेशिया अपने गाँव के दुर्व्यवहार से रूठकर दूसरे गाँव में चली गयी। मेरे बाल-सखा अपनी रोटी की तलाश में गाँव से दूर जाने कहाँ-कहाँ भटक रहे हैं। मगर भटकना कैसे कहूँ। भटक तो मैं रहा हूँ। जो अपने गाँव के आकर्षण से मुक्त होकर कहीं रस-बस गये हैं, वे मेरी तरह त्रिशंकु-दशा में नहीं हैं। मनीषी यायावर राहुलजी से उनकी भेंट हुई होती तो 'घुमक्कड़शास्त्र' के प्रणेता ने उनकी पीठ ठोकी होती। राहुलजी का विश्वास था कि 'जन्मभूमि का प्रेम और सम्मान पूरी तरह से तभी किया जा सकता है, जब आदमी उससे दूर हो। तभी उसका सुन्दर चित्र मानस-पटल पर आता है, और हृदय तरह-तरह के मधुर भावों से ओत-प्रोत हो जाता है।' गाँव से वियुक्त सबके हृदय में क्या गाँव-प्रेम जीवित रहता है? शायद नहीं। महानगर में रहते मेरा गाँव-प्रेम अभी जीवित है। महापण्डित का हृदय धरती-प्रेम से ओत-प्रोत था।

दुनिया के अनेक अपरिचित क्षेत्रों की यात्रा कर, असंख्य अज्ञात जर्रे और पन्नों की मर्मकथा का उद्‌घाटन करने के बाद भी राहुलजी की बोली-बानी और धरती-ममत्व में परिवर्तन नहीं आया था। 'आजमगढ़ की पुरातात्त्विक यात्रा' करते महापण्डित ने अपनी धरती की समृद्ध कोख में छिपी संस्कृति-सम्पदा का संकेत किया है। कवि श्री नागार्जुन जब सिन्ध में प्रवासी थे, धूल-धुआँ और हरीतिमा में डूबे अपने 'तरौनी' गाँव के प्रति उनके हृदय में ऐसी ममता और अपने आँगन की शोभा के 'सिन्दूर तिलकित भाल' की याद ऐसी उमड़ी कि एक अच्छी कविता का जन्म हुआ। अपने गाँव से दूर रहकर विद्या-साधना करनेवाले आचार्य हजारीप्रसाद द्विवेदी के साहित्य में उनकी धरती की मुखर शोभा, माटी-महिमा का उल्लास और उससे जुड़ी ज्वलन्त समस्याओं को देखता हूँ। मुझे उनके मूल में स्वरूप-सन्धान के अभीप्सा-आवेग की बलवती प्रेरणा दिखाई पड़ती है। निराला का 'चतुरी चमार' और 'कुल्ली भाट' दिखाई पड़ता है और सोचने लगता हूँ, राहुलजी की धारणा बहुत कुछ ठीक है। नागर जिन्दगी के विविध रूपों-स्तरों को देखने-भोगनेवाले 'उग्र' के मन से चुनार की आत्मीय आबोहवा कहाँ निकली। मैं अपनी दशा सोच रहा हूँ कि मेरा देहाती मन शहर में नहीं रमता, मगर मेरी पीड़ा है कि मेरा अपना गाँव ही मेरे लिए अपरिचित हो गया है। मेरे लिए किसी आँगन का दरवाजा नहीं खुलता, मुझसे मिलने की सहज ललक कहीं नहीं दिखाई पड़ती। कुछ पढ़वइये हैं, जो मुझे टेढ़ी दृष्टि से देखते हैं। कुछेक अध्यापक भी हैं। प्रबुद्ध एक ही हैं जो मुझे अपने गाँव-घर का समझते हैं, खुलकर देश-दुनिया की, गाँव-घर की, साहित्य-राजनीति की बात करते हैं और मेरा समय कटता है। कितना पीड़क है सचमुच कि जहाँ के हवा-पानी और धूल-धुआँ के संस्पर्श से मेरा उल्लास छलकता था, आज वहीं अजनबी की तरह समय काटना पड़ रहा है। वह बूढ़ा कुआँ भी समय काट रहा है। इससे मेरा पारिवारिक सम्बन्ध है। मेरे वृद्ध प्रपितामह की यह रचना है। पीढ़ियों की प्यास बुझानेवाला यह बूढ़ा जलाशय आत्मीय आवाज की बाट जोहते थक गया है। इसके जल से जीवन ग्रहण कर जो साँवली बारी खड़ी थी इसके सामने, वह चूल्हे की आँच बन गयी। नंगी परती अपनी सूखी छाती खोलकर कुएँ के सामने खड़ी अपना दुर्भाग्य निवेदित कर रही है, और वह अपनी बुढ़ौती झेल रहा है। मउँसा की पीढ़ी के बचे-खुचे लोग भी मन मारकर अपरिचित आबोहवा को झेल ही रहे हैं। गाँव के मोह ने जिन्हें सिवान नहीं लाँघने दिया, अब बुढ़ौती में उन्हें पंख कहाँ से मिले कि शहर में जा बसें!

गाँव की ममता खींचती है तो मउँसा की पीढ़ी की तरह दीन या अजनबी बनकर रहिए, जरा उतान हुए कि गाँव की नयी आबोहवा शहर की राह पकड़ने को मजबूर कर देगी। अपनी शक्ति के गुमान पर जो जरा टाँठ होकर जीना चाहता

है, गाँव के नये सरगना उसे नरम करने पर तुल जाते हैं। शायद मजबूरी ही लोगों को शहरों की ओर भगा रही है, और गाँव खाली होता जा रहा है। आत्मीय चेहरों से रिक्त मेरा गाँव मुझे अपना गाँव नहीं, परदेस लगने लगा है। साहित्य-प्रेमी अध्यापक महोदय मेरे गँवई प्रवास से प्रीत होकर कहते हैं, 'आप आते हैं तो मानसिक खुराक मिलती है। और कितने दिन रह गये हैं आपकी नौकरी के?' उन्हें विश्वास है कि नौकरी पूरी कर मैं अपने गाँव लौट आऊँगा। मैं उनकी मानसिकता और अकेलेपन की पीड़ा को कुछ-कुछ समझता हूँ और उदास मन से सोचता हूँ, मेरी पीड़ा को इस गाँव में समझनेवाला कौन है? मेरे गाँव के जो लोग अन्यत्र जाकर बस गये, उसके पीछे क्या केवल शहरी सुविधा का आकर्षण ही था या कोई दूसरी अभाव-पीड़ा थी? मेरे टोले की मुखर खुशी फुलकेशिया किस आकर्षण से अपने बूढ़े बाप को लेकर दूसरे गाँव में जा बसी? दूसरे गाँव का आकर्षण नहीं, अपने गाँव की अश्लील हवा के हलके स्पर्श के गहरे आघात ने उसे अपना गाँव छोड़ने को मजबूर कर दिया। मुझे लगता है, साधारण सुविधा के प्रलोभन में अपनी जन्मभूमि से कोई अपना प्रगाढ़ रिश्ता नहीं तोड़ सकता। गाँव की स्वकीयता का टूट जाना ऐसी अभाव-पीड़ा है, जिसे झेल पाना सबके लिए सम्भव नहीं है। इसलिए परिचित राह-घाट से जहाँ तक जाना सम्भव है, लोग गाँव छोड़कर जा रहे हैं, और गाँव सूना होता जा रहा है।

मुझे याद है, बाहर से आते ही गाँव का सिवान अपनी आत्मीय अँकवार में भर लेता था! आज ऐसा मुँह लटकाकर खड़ा है जैसे पहचानता ही न हो। ऐसी बेरुखी क्यों दिखा रहे हो सिवान बाबा! किस अपराध के लिए यह ब्रह्मदण्ड? सोचता हूँ, सिवान बाबा मुझे शायद उस दल का आदमी समझते हैं जो गाँव को जननी मानकर उसे पूजने नहीं, भोग्या मानकर भोग-उपकरण बटोरने शहरों से साल में एकाध बार आते हैं। मेरे मन में सहज सवाल उठता है, जिस धरती से हम नेह-छोह जोहते हैं, उसे अपनी शहरी मुद्रा दिखाने के सिवा देते क्या हैं? ऐसी मुद्रा को देखते ही सिवान बाबा मुँह लटका लेते हैं। गाँव के राह-घाट में अभी कुछ उदारता बच गयी है, अन्यथा मेरे जैसे सुविधाभोगी शहराती लोगों को सिवान में प्रवेश ही न मिलता, लाठी लेकर सिवान बाबा शहर की सीमा तक दौड़ाते। उदार हैं, जो केवल मुँह बिदकाते हैं।

मेरे एक साहित्यिक मित्र मेरे गाँव-मोह को टोकते हैं, "पढ़ा आपने रेणु की डायरी? उनकी ऐतिहासिक कलम और उसकी नयी सृष्टि चोरी चली गयी। बड़ा प्रेम जागा था गाँव का। आप जानते नहीं, वहाँ के पत्ते-पत्ते में साँप चिपटे बैठे हैं, जो डँसने के लिए जीभ लपलपाते रहते हैं।" अपने मित्र से बहस नहीं करता। उनकी बातें सुनता हूँ और सोचता हूँ कि रेणु की कलम चोरी चली गयी और देश-

दशा से उन्मथित उनके हृदय में एक चोट दे गयी। सचमुच गाँव-प्रेम की ऐसी सजा ठीक नहीं है। जानता हूँ, प्रेम में व्यावहारिक घाटा तो होता ही है, क्योंकि प्रेम के पीछे व्यवहार-बुद्धि नहीं होती। कौन-सा व्यावहारिक समाधान-सुख दिया था लमही और उनवास ने प्रेमचन्द और शिवपूजन सहाय को, मगर बम्बई, कलकत्ता, लखनऊ, पटना और काशी में काम करते जरा-सा अवकाश पाते ही वे अपने गाँव भागते थे। घर बनाने की साध उन्होंने पूरी की अपनी जन्मभूमि लमही और उनवास में। पसीने के पैसे को शहर में खर्च कर वे अपने देहाती चरित्र पर शहराती जिन्दगी नहीं ओढ़ना चाहते थे। मेरे मित्र का आक्रोश ठीक ही है कि गाँव-प्रेम ने रेणु की कलम छीन ली। और पीड़क सचाई है कि देश-प्रेम ने उन्हें दहका-दहकाकर मार दिया। मगर ग्राम-संसक्ति और देश-प्रेम न होता तो रेणु की कलम बाँझ होती, गाँवों से जुड़ी विराट सक्रिय संवेदना न होती तो इतना बड़ा रचना-संसार खड़ा न हो पाता। शायद तब उस कलम का चोरी जाना कोई घटना न होती। मगर वह कलम थी, जो अपने ग्रामांचल के अन्धकार से जूझती थी, रोशनी की रचना करती थी और रोशनी पर अन्धाधुन्ध लाठी चलानेवालों को ललकारती थी। लाठी के प्रतिरोध में रेणु सड़क पर, राजनीतिक मुकामों पर छाती खोलकर खड़े हो जाते थे। नगरों-महानगरों की नफीस जिन्दगी जी रहे, बार और रेस्तराँ की मेज पर क्रान्तिकारी मुक्का मारनेवाले कितने बुद्धिजीवियों ने गँवई रेणु की भाँति रिवॉल्वर का मुकाबला अपनी खादी से किया? कैसे मान लूँ कि उनका गाँव-प्रेम गलत था? गलत है, गाँव का अपनी शोभा-शक्ति से उदासीन हो जाना; ग्रामीण मानस का अपनी स्वरूप-चेतना से रिक्त हो जाना; भयावह दशा का संकेत है कि गाँव की अपनी चाल छूटती जा रही है कि गाँव अन्धकार से घिरकर सांस्कृतिक शून्य में डूबते जा रहे हैं। गाँव की बेटी की शोभा को अश्लील मुद्रा में निहारना गँवई चाल नहीं है।

अपने मकान के पिछवाड़े के नीम गाछ की उदास मुद्रा को देखता हूँ तो श्यामवर्णा फुलकेशिया की याद हो आती है। अपने मुखर उल्लास से नहला-नहलाकर इसे हरी-भरी रखनेवाली फुलकेशिया आन गाँव में जा बसी। एक युवक के ढीठ आचरण ने उसकी भावना पर ऐसी चोट की कि अपना नेह-छोह समेटकर वह दूसरे गाँव की राह पकड़ने को विवश हो गयी। गाँव क्या छोड़ा, अपने साथ गाँव की सारी खुशी उजाड़कर लेती गयी। नीम की वह डाल, जिस पर वह समवयस्क लड़के-लड़कियों के साथ झूला झूलती रहती थी, अनाथ हो गयी और पूरे गाछ पर उदासी का धुआँ छा गया। फुलकेशिया मेरे टोले की हँसी थी। हथेली के ऊपरी हिस्से में रेंड़ी का बीज रखकर हमउम्र लड़के-लड़कियों से रेंड़ी लड़ाती और अपने सहज कौशल से सबकी रेंड़ी चट्-चट् तोड़कर जब खिलखिलाकर

हँसती तो सावन की मुखर श्याम छटा उसके अंग-अंग से छलकने लगती। अधेड़ औरतों के साथ गोटी खेलती और अपनी किशोर कला से सिद्ध हाथों को लज्जित कर देती। मेरे गाँव की वह निर्मल शोभा मेरे गाँव से रूठ गयी। लगता है, गाँव में मँडरा रही अश्लील गन्ध ने मेरे गाँव के सौन्दर्य का गला घोंट दिया। गाँव की हरिअरी से जन्मे गीतों पर फिल्मी धुन चढ़ रही है और गँवई कण्ठ की पहचान लुप्त होती जा रही है। मुझे कभी-कभी शंका होती है कि गाँव की बेटी के शील को छोड़कर गाँव ने अदृश्य छिन्नमस्ता चण्डी को आमन्त्रित कर लिया है और उसकी विध्वंस-लीला ने गाँव की सौम्य मुद्रा को मार दिया है। फुलकेशिया के शाप की छाया में मेरा गाँव डूब गया जान पड़ता है। अश्लील मुद्रा से आहत होकर फुलकेशिया ने गाँव क्या छोड़ा, अपने साथ गाँव की उल्लासमुखर आत्मीय आवाज उजाड़कर लेती गयी और गाँव गूँगा हो गया। इन्द्र के मन में भी एक बार अश्लील भाव जागा था, जिसकी कठोर सजा उन्हें भोगनी पड़ी थी कि पूरे व्यक्तित्व की शोभा विरूप हो गयी थी। अभिशप्त इन्द्र की ओर ताकते ही लोगों का चेहरा लाज से लाल हो जाता था। बड़ी बुरी दशा थी इन्द्र की। मेरे गाँव की दशा कम बुरी नहीं है। प्रकृति माता अश्लील मुद्रा को बरदाश्त नहीं करतीं, शाप देती हैं। इन्द्र को शाप लग गया था और व्यक्तित्व विरूप हो गया था। मेरे गाँव के उल्लास को अश्लील मुद्रा-स्पर्श ने बुझा दिया है। ग्रामीण मन से भक्ति-भावना बड़ी तेज़ी से उठती जा रही है। स्वभाव जहाँ म्लान हो गया है, वहीं भक्ति का अभाव है। कमच्छा की और अपने गाँव की और नारी-कण्ठ-समूह से गूँजे अपने धरती-राग की बात सोच रहा हूँ। देवी के आँगन में भक्ति-रिक्त हृदय से जो जाएगा, उसके भेड़ा बन जाने में अचरज क्या है? शंकराचार्य ने भक्ति को संक्षेप में समझाया है कि अपने स्वरूप का अनुसन्धान ही भक्ति है, 'स्वस्वरूपानुसन्धानं भक्तिरित्यभिधीयते।' और उन्होंने भगवती से आर्त स्वर में प्रार्थना की है, 'माँ! जहाँ-जहाँ मेरा मन जाए, वहाँ-वहाँ तुम्हारा रूप दिखाई पड़े और जहाँ-जहाँ मेरा सिर नमित हो, वहाँ-वहाँ तुम्हारे चरण कायम रहें—

'यत्रैव यत्रैव मनो मदीयं
तत्रैव तत्रैव तव स्वरूपम्।
यत्रैव यत्रैव मनो मदीयं
तत्रैव तत्रैव पदद्वयं ते॥'

सम्पूर्ण सृष्टि में देवी-दर्शन की कामना-स्वरूप को पाने की स्पृहा है और पराशक्ति के चरणों के सामने ही झुकने की साध अपने स्वभाव की सही समझ और उसके ही गति-संकेत से चलने की आकांक्षा का संकेत है। शंकराचार्य की

कामना-प्रार्थना में स्पष्ट आग्रह है कि स्वरूप-अनुसन्धान-स्पृहा से हमारा मानस कभी रिक्त न हो, स्व+भाव-सजगता कभी खण्डित न हो। इस चेतना को गँवाकर हमारा मन किसी दिशा में धावन कर सकता है और साधारण प्रलोभन के सामने हम लेट सकते हैं। अपनी अस्मिता-चेतना गँवाकर कहीं लेट जाना ही तो भेड़ा बन जाना है। हमारे गाँव का मानस स्वरूप-बोध से रिक्त होता जा रहा है, गँवई स्वभाव टूट-बिखर रहा है। कमरूकमच्छा के आँचल-स्पर्श से बहुत दूर रहते अपने घर-आँगन में ही लोग भेड़ा बनते जा रहे हैं।

आज सोचता हूँ कि कमरूकमच्छा की उच्छल सौन्दर्य-राशि को इन्द्र की नजर से निहारनेवाले पुरुषों को जरूर शाप लग गया होगा और हरी घाटी के अँधेरे अँतरे में वे भटकते रह गये होंगे; जिन्हें अपने गाँव-घर की राह मिली भी होगी, वे अपना पुरुष-भाव गँवाकर लौटे होंगे। 'परदेस' करनेवाले नासमझों की जरा-सी अनवधानता के चलते सौन्दर्य की बाढ़ में बराबर डूबी रहनेवाली कमच्छा की जाग्रत भूमि की औरतें नाहक बदनाम हो गयीं। सौन्दर्य शक्ति-स्फूर्ति देता है शंकर जैसे भोला मन को। शंकर ने अपनी पात्रता सिद्ध की थी, तभी सौन्दर्य की अधिष्ठात्री देवी उनके बउड़म व्यक्तित्व पर रीझकर उनकी वामांगना बनी थी। शक्ति के पाणिग्रहण का सद्यःफल शंकर को मिला कि उन्हें स्वरूप-साक्षात्कार हुआ। आगमवेत्ता बताते हैं कि आद्याशक्ति ही शिव के स्वरूपज्ञान के प्रकाश के लिए निर्मल दर्पण रूप हैं। इस दर्पण के टूटते ही शिव आत्मज्ञान से विच्छिन्न हो गये। पत्नी-वियोग में विक्षिप्त शंकर प्रिया-शव को कन्धे पर लादे जब आँधी की तरह पूरे भूमण्डल में दौड़ रहे थे, कमच्छा की चुम्बकीय सौन्दर्य-शक्ति ने शक्ति के कोमलांग (योनि-प्रदेश) को अपनी ओर खींच लिया था। और तभी कमच्छा शक्ति-पीठ बन गया। शक्ति-पीठ को अपनी प्रणति निवेदित करने एक बार आचार्य शंकर भी कमच्छा गये थे। शंकराचार्य के मोहक व्यक्तित्व की ओर कमच्छा की कामिनी-कटाक्ष-मुद्रा जरूर लपकी होगी, मगर उनके ऊपर किसी का जादू-मन्तर नहीं चल सका। आत्म-प्रतीति से दीप्त व्यक्तित्व को मोहित करना खेल नहीं है। सो शंकराचार्य की गैरिक चादर बेदाग रह गयी। कमच्छा से सटे पूर्वोत्तर पार्श्व में तन्त्र-साधना की जाग्रत भूमि ज्ञानगंज है, जो साधक-दृष्टि को ही दिखाई पड़ती है और जिसके स्पर्श मात्र से साधक की कुण्डलिनी शक्ति में जागरण-भाव शुरू हो जाता है। असंख्य साधकों को सिद्ध बनानेवाली भूमि शक्ति के जाग्रत प्रभाव से स्फूर्त है। महापण्डित राहुल सांकृत्यायन ने विपुल संस्कृति-सम्पदा के उद्धार के लिए इसी प्रदेश से तिब्बत में प्रवेश किया था। शक्ति-पीठ-प्रदेश के धूलि-संस्पर्श की महिमा से ही शायद राहुलजी के मार्ग के विकट प्रत्यूह ढह गये थे और अपना सारस्वत मनोरथ पूरा कर वे मारुति की जयी-मुद्रा में अपने मुकाम लौटे थे। उस

दिन भी वह अंचल औरतों से खाली नहीं था, जब प्रिया-वियोग में पागल होकर शंकर वहाँ पहुँचे थे। मन्त्र-शक्ति भी उस काल में कमजोर नहीं रही होगी, मगर शंकर पर उसका असर नहीं दिखाई पड़ा। शंकर को कमरूकमच्छा की औरतें भेड़ा नहीं बना सकीं, शायद भोला को भेड़ा नहीं बनाया जा सकता। देवराज की कुटिलता ही अभिशाप को निकट बुलाती है। कुरूप मन ही व्यक्तित्व को विरूप बनाता है। देवराज गद्दीनशीन थे। उनके मन में दुश्चक्र और विलास-वेग का उठना स्वाभाविक था। आज मेरे गाँव में जो शंकर की तरह दिगम्बर है, वह भी देवराज इन्द्र की मानसिकता-मुद्रा में जीता है। जिन्हें अपनी सौन्दर्य-अस्मिता की चिन्ता है, वे फुलकेशिया की राह चुन रहे हैं, गाँव से नाता तोड़कर धूल-धुआँ और विषैले प्रदूषण से आक्रान्त शहरों के अनात्मीय परिवेश को आत्मीय बनाने को विवश-विकल दिखाई पड़ रहे हैं। और मेरे मन में आज फिर वह आत्मीय धरती-राग, जो अपने गाँव के नारी-कण्ठ से सुना था—'सेर भरि सतुआ बरिस दिन खइबों, सइयाँ के जाए न देबों बिदेसवा'—गूँज रहा है। सोचता हूँ, सइयाँ को परदेस न जाने देने का आकुल आग्रह क्या स्वभाव से अवियुक्त होने का आग्रह है? सइयाँ का परदेस जाना शायद स्वरूप-बोध से विच्छिन्न होना है। उदास मन से सोचता हूँ, मेरे गाँव में इस जाति का धरती-राग अब क्यों नहीं सुनाई पड़ता? गाँव की स्वकीय बानी-बोली और स्वभाव कहाँ चला गया? स्पष्ट दिखाई पड़ रहा है कि स्वरूप-प्रतीति जगाने में जिनकी कृती भूमिका हो सकती है, वे गाँव छोड़ रहे हैं और गाँव संस्कारहीन होते जा रहे हैं। अपनी शोभा-शक्ति के प्रति गाँव इतना उदासीन हो गया है कि आशंका होती है, कहीं गँवई चाल-चरित्र हमेशा के लिए अदृश्य न हो जाए। गाँवों से अपना सम्बन्ध तोड़कर शहर की ओर जानेवाले लोगों को कोई नहीं टोकता कि अपनी जन्मभूमि से, गाँव-घर से नाता तोड़कर परदेस की राह पकड़ोगे तो भेड़ा बन जाओगे। ग्रामीण नारी-कण्ठ से गूँजनेवाला आत्मीय राग—'सइयाँ के जाए न देबों बिदेसवा'—अब सुनाई नहीं पड़ता। ●

खोंइछा गमकत जाइ

छठि घाट पर अपने गाँव के एक अधेड़ को भीख माँगते देखता तो मेरे शिशु मन पर अनेक प्रतिक्रियाएँ होतीं। हँसी आती और उन्हें चिढ़ाने की इच्छा होती। लेकिन न जाने किस प्रेरणा से उनका अनुकरण करने लगता। माँ मेरा आचरण देख खुशी से खिल उठती। दादी गद्‌गद चित्त से शाबाशी देती, झोली बनाकर प्रोत्साहित करती। व्रत करनेवाली पाँच महिलाओं से भीख माँगनी पड़ती, बात की बात में मेरी झोली छठि माता के प्रसाद से भर जाती। मन-ही-मन खुश होता। माँ की खुशी देखकर और सुख मिलता।

कार्तिक मास के शुक्ल पक्ष की सप्तमी को मेरा जन्म हुआ था। कार्तिक शुक्ल षष्ठी को छठि माता का पर्व मनाया जाता। व्रत करनेवाली औरतें फल और पकवान से अपना दउरा सजाकर अपने घर के छोटे-बड़े सदस्यों के साथ सूर्यास्त के कुछ पहले ही गाँव की छोटी नदी के निश्चित घाट 'लँहुरी' पर छठि के गीत गाती एकत्र हो जातीं। नदी की मिट्टी से वे स्वयं छठि मैया की रूप-रचना करतीं, उसे नानाविध सँवारतीं, घी का दीप जलातीं और अस्त होते सूर्य को दूध और जल से पाँच-पाँच अर्घ्य निवेदित करतीं। गीत गाते कुछ देर घाट अगोरा जाता। चौबाइन गीत कढ़ातीं, 'कलऽपी कलऽपी बोलेली छठिअ माता, मोरे घाटे दुबिया उपजि गइली हो।' छठि माता विलाप-स्वर में कहती हैं कि मेरे घाट पर दूब उग आयी है। उन्हें आश्वासन दिया जाता है कि बेटा सकुशल रहा तो आपकी शोभा बिगड़ने न देगा। गीत में आगे अर्घ्य जूठा करनेवाले सुग्गे की कहानी चलती। दूसरे दिन बाल रवि को दूसरा अर्घ्य निवेदित करके छठि माता का प्रसाद ग्रहण करना पड़ता। मुझे शुरू में इस पर्व से यह शिकायत रही कि इससे अन्तरंग सम्बन्ध होने के कारण मुझे अपने जन्मदिन को बासी मुँह भीख माँगनी पड़ती। यह सिलसिला काफी समय तक चला यानी माँ के पूरे जीवन-काल तक, अपने गाँव से महानगर कलकत्ता पहुँचने के बहुत समय बाद तक। शुरू में अड़ोस-पड़ोस के हमउम्र बच्चों का वर्षगाँठ-समारोह देखता तो अपनी नियति पर खीज उठता। मगर माँ के हठ के

चलते झोली बनाकर परिचित-अपरिचित से भीख माँगनी पड़ती। व्रतधारिणी महिलाएँ आशीर्वाद से मेरी झोली भर देतीं। माँ का हृदय मेरे अभिनय से तृप्त हो जाता। सयाना होने पर मुझे इस बात से सुख मिलने लगा कि जन्मदिन पर अनायास मुझे मेवा-मिष्टान्न उपलब्ध हो जाता है। मेरे लिए कठोर व्रत करनेवाली मेरी माँ को मेरे जन्मोत्सव के लिए कुछ विशेष आयोजन नहीं करना पड़ा और न व्रतबद्ध पत्नी को मेरे लिए अलग से कुछ करना पड़ता है। छठि पर्व के दिन हुगली के बाबूघाट पर गान-वाद्य से उल्लसित भीड़ देखकर कभी-कभी सुखद अनुभूति होती है कि भोजपुर और मिथिला का पूरा संसार मेरा जन्मदिन मना रहा है। मेरे जैसे और भी बड़भागी होंगे जिनका छठि पर्व के दिन जन्म हुआ होगा। मैं केवल अपना ही इतिहास जानता हूँ और लोक-उल्लास को अपने पक्ष में मानकर अगरा उठता हूँ। माँ का व्रत फलप्रसू था कि पर्व के दिन ही मेरा जन्म हुआ और जन्मदिन पर मेवा-मिष्टान्न और उल्लास-भोग का सहज सौभाग्य मिल गया।

अपने गाँव की छोटी नदी के तट पर छठि माता को निवेदित जगमगाते माटी के दीये की लव यानी मूर्त पुत्र-स्पृहा की शोभा मेरे मन में आज भी बसी है। आज महानगर कलकत्ता में मातृत्व-महिमा को अर्जित करने की आकुल आकांक्षा से हुगली के तट की ओर धावन करती निर्जला व्रत करनेवाली हजार-हजार नारी मूर्तियों को देखता हूँ। चौरंगी की छाती को चीरते हुए, बड़ा बाजार की वाणिज्य-भीड़ को धकियाते हुए और व्यावसायिक क्षेत्रों के सड़ाँध और प्रदूषण-धूमायित चेहरे पर अपने गीत-मुखर कण्ठ से उल्लास की वर्षा करते हुए छठि माता का व्रत करनेवाली भीड़ हुगली के तट पर छा जाती है। व्यावसायिक आपाधापी से आहत-उदास हुगली की लहरें हुलास से थिरकने लगती हैं कि उन्हें आत्मीय स्पर्श देनेवाला हृदय अभी भारत में जीवित है। बिहार और पूर्वी उत्तर प्रदेश के इस पर्व की ठेठ देहाती मुद्रा को मुँह बिराते शहराती लोगों पर मेरी दृष्टि पड़ती है और अनास्था के धक्के से उखड़ी उनकी जिन्दगी की भयावह रिक्तता एकाएक मेरे सामने खड़ी हो जाती है। मन खिन्न हो जाता है। तभी नारी कण्ठ से गूँजनेवाला छठि-गीत का एक टुकड़ा मेरे कानों से होकर मानस पर छा जाता है, 'पहिरना सामा देई पिअरिआ चल आदित दुआर।...जीरवा से बान्हबी खोंइछवा, खोंइछा गमकत जात।...खोंइछा गमकत जाइ।' उल्लास-मुखर मांगलिक अनुगूँज मेरी खिन्नता को चट से तोड़ देती है और चौरंगी की चमक को अँगूठा दिखाता मेरा देहाती मन उतान हो जाता है। पर्व की गत्वर शोभा में डुबकी लगाने मैं व्रती भीड़ के साथ बाबूघाट की ओर धावन करने लगता हूँ, जैसे भारतीय लोकजीवन के साथ पर्व धावन करते आ रहे हैं। मनुष्य के रसलोक की रक्षा में पर्वों की अखण्ड यात्रा की विधायक भूमिका रही है। भारतीय पर्व भारत की स्वकीय पहचान को उजागर करते हैं। पर्वों

के साथ जुड़ा तपोल्लास भारतीय संस्कार-बीज की रक्षा की आकुल अभीप्सा का संकेत देता है। संस्कार-बीज सुरक्षित रह सके तो हमारी पहचान मिटाने को सक्रिय विजातीय लोक के अन्धड़ का औद्धत्य हार जाएगा। भारत मर नहीं सकता। कदाचित् इसी आस्था-प्रेरणा के चलते मेरे जैसे हजार-हजार लोग महानगर में प्रवास करते हुए भी गँवई वातावरण को जिलाये जा रहे हैं, अपनी नाना दिक्कतों के बावजूद ग्रामीण तीज-त्योहार से मुँह नहीं फेर रहे हैं। मगर पीड़क तथ्य यह है कि गाँवों में तीज-त्योहार का रूप उदास होता जा रहा है, जैसे ग्रामीण रिश्ते म्लान होते जा रहे हैं। ग्रामीण पर्वों को शहरों में उल्लसित देखकर मुझे एक विचित्र दशा का ध्यान हो आता है कि शहरों में प्रवास कर रहे गाँव के लोग ठेठ गँवई अन्दाज में खुलकर मिलते-बतियाते हैं जबकि गाँवों में व्यवहार की सहज ऋजुता बिला गयी है। नागर जीवन की कृत्रिमता और आपाधापी के बीच गँवई वातावरण को जगाकर हम अपने जीवन के मूल आस्वाद से जुड़े रहना चाहते हैं जबकि गाँव अपना मूल स्वरूप छोड़ता जा रहा है। माँ के इशारे पर मुझे गमछे की झोली बनाकर छठिघाट पर भीख माँगते कभी संकोच नहीं हुआ, मगर ऐसे बहुत सारे लोगों को जानता हूँ जिन्हें अपने हवा-पानी और बोली-बानी से इतना परहेज है कि विशिष्टता-ग्रन्थि से आक्रान्त होकर विजातीय भाषा को चबा-चबाकर बोलते हैं। मेरा विश्वास है कि जो अपने हकीकत से कतराता-लजाता है, उसे लोक-यात्रा का सुख नहीं मिलता।

आज सुख दुर्लभ हो गया है। मुझे लगता है, क्षेत्र एक अंश तक अभिशप्त हो गया है। संस्कार-सम्पन्न क्षेत्र काँट-कुश से भर गया है। लगता है, छठि माता के रूप में मातृशक्ति विलाप कर रही है कि मेरे घाट पर दूब उग आयी है। नारी अपनी शोभा बिगाड़ रही है कि मातृत्व की गरिमा से दूर भागती जा रही है; अर्थात् अपनी महिमा से, शक्ति से उदासीन होकर गलत राह पर चलने लगी है। प्रदर्शन की नंगी होड़ के चलते नारी श्रीहीन होती जा रही है। नयी जीवन-शैली के चाकचिक्य से वंचित ग्रामीण नारी अपने नाना अभावों के कारण अनलंकृत और फूहड़ लग सकती है, किन्तु उसके हृदय में आस्था का एक बड़ा अंश अभी भी जीवित है और भारत की पुरानी धारणा कि मातृत्व-गौरव से मण्डित होने में ही नारी की सार्थकता है, उसे विजातीय विकृति की अन्धी अनुकृति और चारित्रिक ढाही से बचाये हुए है, वह आस्थापूर्वक अपने तीज-त्योहार से जुड़ी है। भारत में नारी का निपूती होना, जननी न बन पाना, चरम दुर्भाग्य समझा जाता है। इसीलिए सनातन काल से भारत में सौभाग्यार्जन की कठोर साधना चल रही है। छठि माता का व्रत उसी का एक रूप है। मानवीय प्रवाह को गतिशील बनाये रखने के लिए, व्यष्टि को समष्टि में विस्तारित करने के लिए भारतीय नारी सनातन काल से दैवी

सत्ता को श्रद्धा-दीप निवेदित करती आ रही है। इस महत् मातृ-क्षेत्र की एक दिशा को आधुनिकता की विकृति के स्पर्श ने श्रीहीन बना दिया है, लेकिन छठिव्रत की तप-निष्ठा संकेत देती है कि क्षेत्र की धवलता अभी सुरक्षित है।

छठि माता का व्रत सूर्योपासना का व्रत है। सूर्य सृष्टि की आदि कुक्षि है। मुझे लगता है, सूर्योपासना के माध्यम से मातृत्व-स्पृहा आदि कुक्षि की आराधना करती है। सृष्टि की आदिशक्ति सूर्य जीवन की वर्द्धमानता और जीवन्तता का भी मूल आधार है। भारतीय मनीषा ने सूर्य की महत्ता को शुरू में ही समझ लिया था। भारतीय वाङ्मय के प्राचीनतम अध्याय में सूर्य-महिमा की विवृति है, और सनातन काल से भारत में सूर्योपासना की परम्परा चल रही है। लोक-मानस में यह आलोक समा गया है कि जन्म और जीवन का मूल आधार सूर्य ही है। सूर्य जाग्रत देवता है। यह कुल-देवता, ग्राम-देवता, जनपद-देवता, प्रदेश-देवता और देश-देवता से बहुत ऊँचा देवता है। अपनी विराट् व्याप्ति में विश्व-देवता से भी बड़ा है। सूर्योपासना उस विराट् अग्नि की उपासना है, जिसके स्पर्श से कुल, जाति, धर्म, सम्प्रदाय, देश, प्रदेश का सारा अभिमान जलकर क्षार हो जाता है। बच जाती है एक देव-अग्नि जिसका नाम है सविता। निरुक्तकार यास्क ने इसे स्पष्ट करते कहा है, 'सविता सर्वस्य प्रसविता'। सविता अर्थात् सबका प्रेरक। इसलिए मुझे लगता है, सूर्योपासना का सीधा अर्थ है—हर प्रकार की लघुता से मुक्त होने की सक्रिय आकांक्षा और विराटता से जुड़ने की आकुल अभीप्सा। छठि व्रत इसी महत् दिशा की ओर इंगित करता है।

मत्स्य पुराण में वर्णित सूर्य-सन्दर्भ से सूर्य-मण्डल में निवास करनेवाले जीव-जन्तुओं की जानकारी होती है। भिन्न काल और ॠतु में भिन्न-भिन्न देवता, ॠषि और जीव-जन्तु सूर्य-मण्डल में उपस्थित रहते हैं। शरद् ॠतु में अर्थात् आश्विन और कार्तिक में सूर्य-मण्डल में पर्जन्य और पूषा नामक देवता निवास करते हैं। महर्षि भरद्वाज और गौतम इसी काल में सूर्यमण्डल में पड़ाव डालते हैं। चित्रसेन और सुरुचि नामक गन्धर्व, विश्वासी और घृताची नामक दो शुभ लक्षणा अप्सराएँ, ऐरावत और धनंजय नामक नागराज, सेनजित तथा सुषेण नामक सारथि तथा नायकचार और बात नामक दो राक्षस शरद् ॠतु में सूर्यमण्डल में निवास करते हैं। इन विविध शक्तियों की उपस्थिति से सूर्य-मण्डल सम्पन्नता-दीप्ति से दमकता रहता है। छठि व्रत का यही काल है। मुझे लगता है, छठि माता का व्रत करनेवाले कार्तिक शुक्ल षष्ठी और सप्तमी को सूर्यार्घ्य द्वारा सूर्यनारायण की इसी अनेकमुखी शक्ति-दीप्ति का आह्वान करते हैं।

लाख-लाख रंग-रूपों में गत्वर प्रकृति-शोभा सूर्य का ही प्राणोच्छ्वास है। सूर्योपासना के द्वारा भारतीय मानस बहुधा धाराओं में प्रवाहित शोभा-शक्ति की

समग्रता की कामना-प्रार्थना करता है। छठि माता का व्रत केवल कुक्षिजागरण का ही नहीं, बल्कि मातृ-महिमा के आह्वान का व्रत है। भारतीय नारी केवल जननी बनकर ही सन्तुष्ट नहीं हो जाती, वह सृष्टि के अनेकमुखी सौन्दर्य और शक्ति से अपनी रचना को सँवारने, सम्पन्न करने के लिए व्याकुल रहती है। वह जानती है, इस स्पृहा की पूर्ति के लिए क्षेत्र का केवल उर्वर होना ही पर्याप्त नहीं है, उसे मातृ-संस्कार से पुनीत रखना भी जरूरी है। क्षेत्र के दोषग्रस्त होने पर फसल दूषित हो जाती है। आज की निस्तेज फसल से खिन्न लोग और आबोहवा के दोष को न देखकर फसल को ही कोसने लग जाते हैं। विचार का यह सही तरीका नहीं है। सही ढंग से विचार करने पर स्थिति सही रूप में सामने खुलेगी कि क्षेत्र एक अंश तक दूषित हो गया है, कि संस्कार को पोषण देनेवाला मुख्य केन्द्र परिवार और समाज प्रदूषित हो गया है। अपनी फसल की बहुविध समृद्धि के लिए माता ने एक अंश तक तपना छोड़ दिया है। घर-आँगन को विद्वेष की तीव्र लहरें अपने प्रहार से तोड़ने लग गयी हैं। कुसंस्कार को सामाजिक सम्मान मिलने लग गया है। संस्कार-सजग लोगों की व्यावहारिक दुर्दशा मूल्य-विमुखता को उत्तेजना दे रही है। मूल्यों के पोषक और प्रहरी दुनिया के तमाम महापुरुषों की जीवन-कथा इस तथ्य का उद्घाटन करती है कि वे पुनीत क्षेत्र की फसल हैं, उनके चरित्र-निर्माण में माता की सर्वोच्च भूमिका रही है। भगवान बुद्ध, शंकराचार्य, ईसा मसीह, मुहम्मद साहब, रामकृष्ण देव और महर्षि रमण जैसे दैवी पुरुषों की माता ने छठि माता का व्रत नहीं किया था, लेकिन छठि माता का व्रत करनेवाली मेरी माँ और असंख्य लोगों की माँ से बढ़कर उन्हें अपने पुत्र की बढ़न्ती के लिए तपना पड़ा होगा। उनकी रचना और तपस्या महत् थी, इसलिए ऐसे विशिष्ट आलोक को खड़ा कर सकीं, जिसने मनुष्य जाति को घेरे अन्धकार को पराजित कर दिया। जिसकी तपस्या बड़ी होती है, उसकी रचना महत् होती है। आज अच्छी फसल नहीं उग रही है तो इसका मुख्य कारण है कि तप घट गया है, क्षेत्र को किसी अशुभ बयार का स्पर्श लग गया है। छठि माता का व्रत आश्वासन देता है कि तप क्षीण भले ही हो गया है, मर नहीं गया है। और उसे दीप्त करने के लिए हजार-हजार लोग सक्रिय हैं। छठि व्रत के रूप में क्षेत्र-शोधन की क्रिया चल रही है। साधना जब परिपक्व होगी तो निर्मल फसल उगेगी। सच्चाई और साधुता को तब सामाजिक मान्यता मिलेगी अर्थात् गलत राह छोड़कर समाज सही राह पकड़ लेगा और अन्तर्वैयक्तिक सम्बन्धों की संवेदना पुनर्जीवित होगी और तभी समाज की संस्कृति-यात्रा गत्वर होगी। मातृ-महिमा शीर्ष महत्त्व प्राप्त करेगी। मातृत्व सार्थक होगा। तब छठि माता को विलाप नहीं करना पड़ेगा।

छठि माता मुझे सूर्य-जननी अदिति माता जान पड़ती हैं। लगता है, छठि

माता की पूजा अदिति माता की पूजा है। मार्कण्डेय पुराण में कथा आती है कि महर्षि कश्यप की पत्नी, देवताओं की जननी अदिति ने आसुरी शक्ति के औद्धत्य-उत्पात से विपन्न अपने पुत्रों की दीन-दशा देखी तो उनका मातृत्व बेचैन हो उठा। अपने पुत्रों के मंगल अर्थात् दैवी सम्पदा की सुरक्षा के लिए अदिति ने सूर्य का कठोर व्रत किया। अदिति की तप-निष्ठा से प्रीत होकर सूर्यनारायण ने अनुग्रह किया कि सूर्य की सुषुम्ना किरण, जिसमें सहस्र किरणें अन्तर्भुक्त थीं, देव-माता अदिति की कोख में प्रविष्ट हुईं और यथासमय अदिति ने 'मार्तण्ड' को जन्म दिया, और दैवी सम्पदा का उद्धार हुआ। माता अदिति से ही मातृ-तपस्या की परम्परा आविर्भूत जान पड़ती है। दैवी और आसुरी भाव का संघर्ष बराबर चलता रहता है। दैवी सम्पदा यानी मानव-मूल्य जब कमजोर पड़ने लगता है, तब मातृ-तपस्या के रूप में अदिति भाव जाग्रत होता है। और असुरवाहिनी उसके ताप से विचलित होकर घुटने टेक देती है। अदिति माता ही छठि माता हैं। छठि माता का व्रत करनेवाली माता आसुरी शक्ति के प्रतिरोध में तपस्यारत हैं।

मुझे छठि व्रत दैवी सम्पदा के आह्वान का व्रत लगता है। छठि पर्व के धवल रूप में अदिति माता की तप-परम्परा जीवित है, तभी खोंइछा की गमक जीवित है। मातृ-शक्ति तप-विरत हो गयी होती तो अब तक हम पूरे के पूरे पशु बन गये होते। हमारे पाशव-आवेग को मातृ-तपस्या शमित और संस्कृत करती रही है। माता अदिति की तप चेतना जहाँ म्लान हो गयी है, वहाँ मातृत्व घट गया है, क्षेत्र दूषित हो गया है और दैवी सम्पदा के जागरण की सम्भावना कमजोर हो गयी है। तप व्रत में तपनेवाली हजार-हजार नारी-मूर्तियों को देखता हूँ तो मन आश्वस्त होता है कि अदिति-भाव अभी जीवित है। निरवलम्ब और निरुपाय लोगों के हृदय में अपनी सहज अनुग्रह-वर्षा द्वारा आशालता का उल्लास रचनेवाली माता टेरेसा मुझे मार्तण्ड-माता अदिति की ही प्रतिमूर्ति लगती हैं। महाराष्ट्र के वन में जाग्रत मानव-मूर्ति के विकृति मोचन यज्ञ के पुरोधा करुणामूर्ति बाबा आमटे और वाराणसी के गंगा-तट पर कुष्ठ-रोगियों की सेवा में समर्पित औघड़ महात्मा अवधूत भगवान राम मुझे सूर्यनारायण की भूमिका में सक्रिय दिखाई पड़ते हैं।

महानगर की भीड़ में रहता हूँ, गाँव से आत्मीय सम्बन्ध है। गाँव-नगर की आज की जिन्दगी को बहुत करीब से देखता-समझता हूँ कि अनास्था-अभिशाप ने अपने अशुभ स्पर्श से हमारे उल्लास-छन्द को लँगड़ा बना दिया है। खोंइछा की गमक मन्द हो रही है। एक वर्ग है जिसका खोंइछा खाली ही रहता है और एक वर्ग है जो कृत्रिम जीवन-शैली में जीने का अभ्यासी होने के कारण खोंइछा का अर्थ ही भूलता जा रहा है। यह वह वर्ग है जो अदिति-चेतना से विच्छिन्न है और अपनी जीवन-चर्या द्वारा सन्त्रास की लहरों को निरन्तर नेवता देता रहता है। मुझे

छठि मैया का वह गीत याद आता है जिसमें अर्घ्य जुठियानेवाले सुग्गे का वृत्तान्त है। छठि व्रत करनेवाली माता द्वारा श्रद्धया रचित सूर्यार्घ्य को ढीठ सुग्गे ने जुठिया दिया था। सुग्गे को कठोर सजा भोगनी पड़ी थी। मनुष्य जाति के रस-लोक पर धावा बोलनेवाले अभाव और अनास्था-अभिशाप को भी दण्ड मिलना चाहिए। छठि व्रत करनेवाली माताओं को आदित्य-पूजन करते जब मैं देखता हूँ, मुझे लगता है, वे उस ज्योति की मन:कामना से तप रही हैं जो आस्था-आलोक का बीज-वपन कर हमें नाना अभावों और क्षुद्रताओं से उबारेंगी और हमारा लँगड़ा उल्लास स्वस्थ होकर सहज नृत्य शुरू करेगा। खाली खोंइछा भरेगा। खोंइछे की गमक मरेगी नहीं। ●

पिंजड़े में बन्द बनैली आवाज

मेरे पड़ोसी को कोयल पोसने का शौक न जाने कैसे चर्राया! शहराती लोगों की व्यवहार-बुद्धि की लोग नाहक तारीफ करते हैं। मुझे लगता है, देहाती विवेक ही ठीक है कि साँड़ को खूँटे में नहीं बाँधा जाता और न आग गमछे में गठियायी जाती है। जंगल, झाड़ और धरती की नैसर्गिक कठोरता-श्यामता से जिनका आत्मीय रिश्ता है, कोयल से उनकी दुश्मनी नहीं है। उनके हृदय को भी कोयल की कूक बेकाबू कर देती है। मगर उन्हें यह विवेक है कि कोयल पालतू पक्षी नहीं है। मेरे पड़ोसी में यह विवेक नहीं है। अपने विलास के लिए उसे पिंजड़े में बन्द करना सचमुच अपराध है। आदमी कितना निष्ठुर हो जाता है स्वार्थ के आवेग में! प्रकृति-लीला के सारे उल्लास को मूल छन्द से नोंचकर अपने कब्जे में करने को व्याकुल रहता है। मेरा पड़ोसी पहला अपराधी नहीं है। पहले भी काठ-संस्कार के लोग हुए हैं, जो समाज के हक को छीनकर अपना घर-आँगन सजाते, समृद्ध करते धरती की शोभा बिगाड़ते रहे हैं। कोयल ही ठीक है, जो पिंजड़े में कैद होकर भी अपना कण्ठ-माधुर्य बड़े जोर से समाज को बाँटती रहती है। कोयल समझती है, 'अधिकार-सुख कितना मादक और निःसार होता है।'

अपने पड़ोस की पालिता कोयल के विवेक और औदार्य का मैं प्रशंसक हूँ, मगर मुझे कभी-कभी लगता है कि तुलसीदास के युग की कोयल में स्वाभिमान और लज्जा-बोध अधिक था। बेंग की टर्र-टर्र के साथ कूकना उसे अपमानजनक लगता था, इसलिए पावस की फुहार पड़ते ही वसन्त की स्वर-गर्विता रानी चुप हो जाती थी। कॉमनसेंस का यही तकाजा था कि बेंग के कर्कश हल्ले से कोयल अपने को बाइज्जत विरत कर ले—

तुलसी पावस के समय धरी कोकिला मौन।
अब तो दादुर बोलिहैं हमें पूछिहैं कौन॥

ज्ञान-गुमानियों में कॉमनसेंस और विनोदप्रियता का बराबर अभाव रहा है।

उद्धव उन्हीं के नेता थे, जिन्हें गँवार गोपियों ने चित कर दिया था। इधर पशु-पक्षियों की सामान्य समझ में भी स्खलन आया है। मौसम की गन्ध के अनुसार आचरण करना अब वे भूल रहे हैं। आदमी की तरह वे भी ऋतु-बोध की उपेक्षा कर अनाचारी होते जा रहे हैं। शायद उन पर भी बुद्धि का बोझ चढ़ गया है और नैसर्गिकता बुरी तरह घायल होती जा रही है। तभी तो मेरी पड़ोसिन बारहों महीने दिन-रात चिल्लाती रहती है। शायद विज्ञान-बल के जोम में मदमत्त आदमी ने प्रकृति की ऊर्जा को मैले हाथों छूकर उसकी सहज लीला को विरूप कर दिया है और मौसम सनकी की तरह नैसर्गिक विधान की उपेक्षा कर चल रहा है, मौसम की पहचान धूमिल हो गयी है। शायद इसीलिए पशु-पक्षी की प्रकृति के अनुशासित आचार-व्यवहार में गोलमाल शुरू हुआ है। सोचता हूँ, जब कोयल की आवाज आदमी के मन को आन्दोलित करती है तो कोयल भी आदमी का इशारा कुछ-कुछ जरूर समझती होगी। उसे कोई क्यों नहीं समझाता कि मोहक होते हुए भी बेमौसम की शहनाई पेरना कला की अवमानना है। शहराती आदमी में यह विवेक नहीं है कि कोयल पालतू पक्षी नहीं है, लेकिन वन-प्रदेश को अपनी कूक से सौन्दर्य-समृद्ध करनेवाली कोयल को तो इतना समझना चाहिए कि स्थान, काल, पात्र की सामान्य समझ गँवाकर जब-तब, जहाँ-तहाँ सौन्दर्य परोसते रहने से उसका मूल्य घट जाता है। 'लाज-भरा सौन्दर्य' जिसे अप्रासंगिक राग लगता है, उसे उनकी नवीनता से कुछ लेना-देना नहीं है जो सघन आम्रमंजरी और पल्लवों की ओट से गूँजनेवाले कोकिल के मादक राग पर आज भी पागल हो जाते हैं। आरोपित आधुनिकता के जोम में कोई आँख मूँदकर सौन्दर्य पर गोली चलाने लगे तो सौन्दर्य-तृषा से व्याकुल मनुष्य की संवेदना मर नहीं जाती। मानवीय संवेदना के मूल स्वभाव को ठीक से समझे बिना सबकुछ को खारिज कर देने का औद्धत्य कभी फलप्रसू नहीं होता। वर्तमान जिन्दगी की डरावनी रिक्तता को भरने के लिए आदमी जाने क्या-क्या बटोर रहा है। मेरे पड़ोसी ने बनैली आवाज को अपने पिंजड़े में कैद कर लिया है। राम जाने, उसकी यन्त्रणा का कितना समाधान हुआ! बन्धन में जकड़ी कोयल की तड़प से मेरी संवेदना तड़पती रहती है। यह आवाज मुझे कभी-कभी अजीब अनीहा भाव में डुबो देती है। माइक से गूँजती रफ़ी साहब की आवाज़ एकाएक मुझे सचेत करती है :

'पाखीटार बुके जेनो तीर मेरो ना, ओके गाइते दाओ,
ओर कण्ठ थेके गान केड़ो ना, ना ना ना।
देखो भेबे, पाखीटा मरे गेले, फागुन बिदाय नेबे।'

पाखी के हृदय में तीर मत मारो, उसे गाने दो। ना-ना-ना, उसके कण्ठ से

गान मत छीनो। सोच लो, पक्षी मर गया तो पृथ्वी से वसन्त की गन्ध मर जाएगी। फागुन बिला जाएगा। फागुन के विदा होते ही आदमी का भरोसा मर जाएगा। फिर जीने का कोई मतलब नहीं रह जाएगा। इसलिए दुनिया में वसन्त को जीवित रखना जरूरी है, पाखी-कण्ठ की उन्मुक्त लीला को बनाये रखना जरूरी है। अपनी दुर्बलता से आतंकित होकर आदमी उन्मुक्त कण्ठ की आवाज को मारने के लिए व्याकुल रहता है। और जहाँ आवाज की स्वच्छन्दता को बलात् मारने का अभिनय चल रहा है, वहाँ वसन्त की आबोहवा मर रही है। भौतिक उपकरणों से बहुविध सम्पन्न होकर भी हम वसन्त से दूर हैं, जैसे वसन्त की सम्राज्ञी को कैद करके भी मेरा नादान पड़ोसी वसन्त की मूल गन्ध से छूँछ है। अपने खोये वसन्त की तलाश में उसने वसन्त की कूक को कैद कर लिया है शायद।

प्रकृति का सहज सौन्दर्य-राग और पशु-पाखी के नैसर्गिक मुद्रा-बोल मनुष्य की हिंसा को शान्त करते उसके स्वनिर्मित रीतेपन को देवत्व-ज्योति से आपूरित करते रहते हैं, मगर पशुता को दिन-रात कोसते रहनेवाला आदमी अपनी हिंसा की निष्ठुर लीला से प्रकृति के सौन्दर्य को घायल करता रहता है। देवता को भी अलग-अलग पिंजड़े में कैद कर रखना चाहता है। अपने अहंकार की तुष्टि और अनियन्त्रित भोग-स्पृहा के पोषण के लिए सारी सृष्टि को अपने कैदखाने में बन्द करने को व्याकुल रहता है। सारी सृष्टि के राग को उजाड़कर अपने राग को समृद्ध करने की सनक आदमी की अहंता का ही लक्षण है। कोयल कहाँ यह आग्रह करती है कि हमारे ही राग में सारी दुनिया राग मिलाये। राग की नकल से वह चिढ़ती-चिल्लाती है। आदमी के बच्चों-किशोरों को ऊँची आवाज में डाँटती है, अपनी बोली छोड़कर मेरी नकल करते हो, लाज नहीं आती! मैं कहाँ तेरी नकल करती हूँ। पिंजड़े में बन्द करके भी मेरे राग को तुम तोड़ कहाँ सके, मेरी बोली-बानी का पानी कौन मार सकता है! आदमी मेरे पंख नोच सकता है, गला घोंट सकता है, आवाज नहीं मार सकता, बोली नहीं बदल सकता। अपनी असमर्थता से आदमी लजाए या दम्भ के मारे छाती उतान किये रहे, अपनी कमजोरी को लाख तिकड़म करके भी छिपा नहीं पाता। उसका स्वभाव कच्चे रंग में रँगा होता है। धुलता-पुँछता और नये-नये रंग में रँगता रहता है। पशु-पक्षी का स्वाभिमान इतना कमजोर नहीं होता कि चटक प्रलोभन के फन्दे में पड़कर आदमी की तरह अपनी स्वकीयता छोड़ दे और दूसरे की बोली बोलने लगे। आदमी की बोली उच्चारनेवाले तोता और मैना अपनी आशुग्राही प्रकृति-क्षमता का प्रमाण जरूर देते हैं, मगर वे दूसरे की पूँजी हड़पकर अपनी समृद्धि का ढोल नहीं पीटते। मैना-तोता अपनी बोली छोड़कर आदमी की बोली नहीं बोलते। अपने तात्कालिक सुख के लिए अपने मूल राग को छोड़ने की निर्लज्जता आदमी में ही दिखाई पड़ती है। पशु-पक्षियों को पिंजड़े

में कैद करने की कला जाननेवाला आदमी नैसर्गिक कला-विधान को समझने में अकसर भूल करता है। वह प्राय: यह भूल जाता है कि गुलाम वह है जिसके कण्ठ की उन्मुक्तता और बोली-बानी की स्वकीयता नष्ट हो गयी है। क्या खाकर आदमी कोयल को गुलाम बना सकता है, जो पिंजड़े में बन्द होकर भी पूरी प्रकृति-शोभा को अपनी उल्लसित आवाज में सम्बोधित करती रहती है। और तो और, अपने मुद्दई के दरवाजे भी बारहों महीने वसन्त की खुशबू बिखेरती रहती है। मनहूस आदमी सौन्दर्य की उच्छल रोशनी में नहाने की कला नहीं जानता या शायद प्रयोजन-प्रेत के आतंक से भूल गया है, जो पशु-पक्षी को सहज ही आयत्त है। मेरे पड़ोसी के पिंजड़े में कैद कोयल पावस में भी वसन्त का राग गाती है। पता नहीं, पिंजड़े का मालिक सुन पाता है या नहीं! मैं सुनता हूँ।

कभी-कभी मुझे चिन्ता होती है, ऊँची आवाज में दिन-रात गानेवाली यह पिंजड़ेवाली कोयल कहीं पगला तो नहीं गयी है? ऐसी अविराम गति से कूकना और कहीं नहीं सुना। प्रकृति-व्यापार से जुड़े अनुभवी लोग बताते हैं कि आवाज फट जाती है तो कोयल-कण्ठ का आकर्षण घट जाता है। मेरी पड़ोसिन का माधुर्य अक्षत है। उसकी सुरीली आवाज, लगता है, कभी फटनेवाली नहीं है। मगर लगातार गाते रहने के बावजूद वह थकती क्यों नहीं? लगता है, उसके दिमाग में जरूर कुछ गड़बड़ है। स्वर-सिद्धि का अर्थ पगलाना तो नहीं होता। दुनिया कवियों, दार्शनिकों और कलावन्तों को पागल क्यों कहती है? मगर पूछूँ किससे? मेरा पड़ोसी मेरी बात सुनता-समझता तो उससे निहोरा करके कोयल को बन्धन से मुक्ति दिला देता। उसके स्वक्षेत्र चले जाने से मेरी पल्ली उदास होती हो तो हो। जानता हूँ, पड़ोसी की पीड़ा पर ध्यान देनेवाले लोग अब नहीं हैं अन्यथा अपनी सनक के चलते अपनी-अपनी मनोरंजन-मशीन को ऊँची आवाज़ में चढ़ाकर पड़ोसी की शान्ति पर दिन-रात धावा न बोलते रहते। वीडियो पर रात-रात-भर कर्कश आवाज़वाली अपराधभित्तिक फिल्म देखने का शौक मेरे गाँवनुमा मुहल्ले में तेज हुआ है। कौन लड़ाई करने जाए। ध्वनि-प्रदूषण और उत्पात को चुपचाप झेलता रहता हूँ। मगर कोयल चुप नहीं रहती। मनुष्य की क्षुद्रता ने उसके रस-लोक को जैसे क्षुब्ध कर दिया है। मनुष्य के निष्करुण रूप से आहत होकर वह पगला गयी जान पड़ती है। मेरे पड़ोसी के पिंजड़े में पड़ी-पड़ी देश में लगी आग को और पड़ोस में सघन होते हिंसा के विषैले धुएँ को शायद आदमी से अधिक तीव्रता से महसूस करती है और अपनी परवशता पर तड़पती रहती है। संवेदना के छन्द को क्षत करनेवाले साम्प्रदायिक औद्धत्य को देखकर वह विक्षिप्त जान पड़ती है। पक्षी का रिश्ता सम्प्रदाय से नहीं, उस सम्प्रदायातीत राग से होता है जो रूप-अरूप को एक छन्द में बाँधता है। वह मनुष्य द्वारा रचे गये छोटे-बड़े पिंजड़े के स्तवन में

अपनी ऊर्जा नहीं खर्च करता। परमहंस की तरह सारी वर्जनाओं-बन्दिशों को अतिक्रान्त कर ऊर्ध्वमुखी सुदीर्घ उड़ान भरता है। अपने निष्ठुर सहयात्री को ऊपर उठने की हाँक लगाते दरवाजे-दरवाजे फुदकता है। ओसारे से पुकारता है, मुँडेरे से जगाता है, वन-प्रदेश की शोभाश्री का नाच-नाचकर ढोल पीटता है, संवेदना के समृद्धि-आयोजन में उल्लासपूर्वक तपता रहता है। इस नैसर्गिक कविता की रचना विधाता ने न की होती तो आदमी का संवेदना-लोक कब का भूसा से भर गया होता, उसके उद्धत जोम पर पानी फिर गया होता! पशु-पक्षी की उल्लास-मुद्रा ने आदमी को कविता-रचना की प्रेरणा दी, धर्म का मर्म समझाया, सत्याग्रह की कला सिखायी, योग की बुनियाद रची। विपत्ति से जूझना और विपत्ति-दंश को अपने सहज राग में रँगकर हँसना-गाना कोई सीखना चाहे तो अपनी सहज वदान्यता की प्रेरणा से अपनी कला सिखाने की पशु-पक्षी मनुष्य का मुँह जोहते रहते हैं। पिंजड़े के प्रतिरोध की आवाज टेरनेवाली मेरी पड़ोसिन कोयल मनुष्य की पथरा रही संवेदना को यदि प्रसन्न नहीं कर पा रही है तो उसे कुजात मान लेना ठीक नहीं होगा। मनुष्य की अधिकार-लिप्सा की गिरफ्त में आकर भी उसने अपना धर्म नहीं छोड़ा है। कूक रही है सहज तरन्नुम में। पिंजड़े में बँधकर भी बाँधनेवाले की बोली नहीं बोलने लगी है और न तो कौवे की तरह काँव-काँव करते मनुष्य का रस भंग करती है। ना, वह ध्वनि-प्रदूषण की जननी नहीं है। मशीन नहीं है। वसन्त की वाणी है। और अपना नैसर्गिक राग भूल गयी होती तो उसे कैद करनेवाला उसे पोसता नहीं, बहुत पहले उसका पिंजड़ा सूना हो गया होता। भारत ने अपनी जिस कवयित्री को 'भारत कोकिला' के विरुद से अलंकृत-सम्मानित किया था, वह अपनी उदग्र वाणी से साम्राज्यशाही कलुष पर आजीवन प्रहार करती रही, मनुष्य के श्रेष्ठ प्रतिनिधि की हैसियत से मनुष्य को छोटा बनानेवाली मनुष्य-विरचित आबोहवा को निछोह धक्का मारती रही। मेरी पड़ोसिन भी स्वेच्छाचारी मनुष्य के निष्करुण कार्य-व्यापार के प्रतिरोध में ऊँची आवाज टेर रही है। सुनने-समझनेवाले समझ रहे हैं कि सत्याग्रह-निष्ठा पूरी शक्तिमत्ता के साथ मेरे पड़ोसी के पिंजड़े में मुखर है। पिंजड़े की लघुता के प्रतिरोध की यह गूँज पूरे प्रतिवेश को आन्दोलित करती रहती है।

और मुझे यह सवाल परेशान किये रहता है कि कोकिल की जिस कूक पर दुनिया की प्रतिभा मुग्ध होती रही है, उस मादक आवाज को पिंजड़े में बन्द करना कहाँ का न्याय है? शायद मनुष्य की स्वार्थ-लिप्सा को न्याय से कुछ लेना-देना नहीं है। अपने पक्ष की पापविद्ध आबोहवा भी आज न्यायसंगत मानी जाती है। सयाने वे कहे जाते हैं जो दूसरे के श्रम और धन के अपहरण की कला में सिद्ध

हैं। जो दूसरे की बोली-बानी को अपने स्तवन में नियोजित करते लजाते नहीं, युग-प्रवाह उन्हीं की ओर सुमुख है, उन्हीं के नाम को समाज-विशिष्टता की मुहर से रेखांकित किया जाता है। आजादी के लिए, मुक्त विहार के लिए अमराई के आभाषित आमन्त्रण से व्याकुल कोयल पिंजड़े में तड़पती है तो तड़पे; आदमी उसे छोड़नेवाला नहीं है। उसे कोयल की तड़प से मतलब नहीं है, अपने मनसायन की चिन्ता है। अपने जीवन की कूक को वह जिलाये रखना चाहता है। इससे दूसरे के हृदय में हूक उठती है तो उठे। संवेदना को लात मारकर विलास का सब्जबाग खड़ा करनेवाला आदमी सचमुच कितना नादान है। इतना भी नहीं समझ पाता कि अपनी जिस कूक की हिफाजत में वह दिन-रात जो अपकर्म करता रहता है, संवेदना से रिश्ता कमजोर होते ही वह ऐंठ जाती है। कृत्रिम उपायों से हृदय की थिरकन नहीं जगायी जा सकती है। जो दूसरे की कूक को लूटकर समृद्ध बनने का सपना देखते हैं, भकसावन मुद्रावाली उनकी दरिद्रता उन्हें खा-चबा जाती है और स्वयं मरने का नाम नहीं लेती। मगर दम्भ समझ की रोशनी को मार देता है। ऊँची सामर्थ्यवाले लोग भी साधारण बात नहीं समझ पाते। दम्भ ही तो था कामदेव का जिसने रति के सौभाग्य को राख में मिला दिया था। दूसरे के राग को छेड़ने की मतवाले कामदेव की धृष्टता की सजा बेगुनाह रति को मिल गयी थी। दम्भ और नासमझी से जन्मी आग में निरपराधी-निरीह भी जल जाते हैं। जल रहे हैं। रति की कूक जल गयी थी। उसकी आर्त्त प्रार्थना से पसीजकर शंकर ने उसके कूक-आस्वाद को जिला दिया था। उसके व्याकुल अभिलाष-भाव का समाधान भगवान ही कर सकते थे। मेरी व्याकुल पड़ोसिन के अभिलाष-भाव पर भगवान की नजर क्यों नहीं पड़ती? कूक अभिलाष-भाव की गूँज है। अच्छे-अच्छे लोगों को कोयल अपनी मादक टाँसी से पगला देती है। सारा वृन्दावन बउरा उठा था। ऋषि पालिता शकुन्तला के हृदय में जो ज्वार उठा था, ऋषि-कुल की सारी मर्यादा उसमें डूब गयी थी। मेरा पड़ोसी सनकी थोड़े है, जो ऐन्द्रजालिक स्वर को अपने दरवाजे पर कैद कर रखा है। मगर बिना छेड़छाड़ के प्रकृति की सुषमा से अपने को समृद्ध करने की कला में आज के आदमी का विश्वास नहीं रह गया है। सारी सृष्टि को वह अपने ड्राइंग रूम में भरकर अपनी समृद्धि और सुख का विज्ञापन करने को व्याकुल है। उसके जीवन की सजातीय और मूल कूक मर गयी है—जड़ वस्तुओं के पीछे पागल की तरह धावन करते-करते। बाहर से नोच-नोचकर अनेकमुखी चाकचिक्य से वह अपने रीतेपन को भरना चाहता है। कोयल मेरे पड़ोसी के पिंजड़े में इसीलिए कैद है। उपभोक्ता संस्कृति की गिरफ्त में फँसा आदमी हड्डी चबानेवाले कुत्ते की दशा में पहुँच गया है। आदमी है इसलिए भोग-उपकरणों की भीड़ में भटककर भी ययाति

की तरह मानसिक रिक्तता का त्रासद अनुभव उसे जरूर होता होगा। मेरी चिन्ता दूसरी है, मेरे पड़ोसी का पाप मुहल्ले की खुशी को न खा जाए। मुहल्ले की खुशी की रक्षा के लिए और पृथ्वी पर वसन्त को जिलाये रखने के लिए जरूरी है कि स्वार्थान्ध मनुष्य बनैली आवाज को पिंजड़े में तड़पा-तड़पाकर मारने का धृष्ट आचरण बन्द करे। ●

मकान उठ रहे हैं

मेरे ग्रामांचल में इधर निर्माण-कार्य बड़ी तेजी से चल रहा है। छप्परोंवाली ढाही का इलाका पक्के मकानों से समृद्ध होता जा रहा है। लगता है, ढाही के लोगों को सरकार ने आश्वस्त कर दिया है कि गंगा के रुद्र रूप का मुकाबला करने में वह पूरी तरह सक्षम है, ढाही कुछ बिगाड़ नहीं सकती, और शहरी डिजाइन के घर बनने लगे हैं। गाँव का चेहरा बदल रहा है, शोभा निखर रही है। झूठे लोग शिकायत करते हैं कि गाँववालों का गाँव से मन उचट रहा है। साफ दीख रहा है कि झोंपड़ी और माटी के घरों को ढाहकर लोग पक्का मकान बना रहे हैं, उसे नागर शैली में सजा-सँवार रहे हैं। जिस तेज़ रफ़्तार से मेरे ग्रामांचल की रुचि बदल रही है, लगता है, नीम-पाकड़ को काटकर हर दरवाज़े पर अब जूही-कामिनी रोपी जाएगी, बबूल-बाँस को वन में खेद दिया जाएगा। नागर रुचि की गिरफ़्त में उलझते गँवई आदमी में प्रकृति-परिसर के प्रति अरुचि बढ़ती जाएगी। अपने नफीस घरों की हिफ़ाजत में लोग अपने-अपने घरों में सिमट जाएँगे। बिजली की सुविधा चौपाल-अलाव की सामाजिकता को मार देगी, अपने-अपने टी.वी. सेट से लोग बँध जाएँगे। इक्कीसवीं सदी के पहुँचते-पहुँचते, लगता है, मेरे ग्रामांचल का चेहरा-चरित्र पूरी तरह बदल जाएगा।

मेरे जनपद के गंगातटीय गाँव का मेरा विद्यार्थी पुरुषोत्तम बताता है कि बलिया का पानी बड़ा तेज़ है, माटी जरखेज़ है। राष्ट्रीय मसलों पर अगुआ की भूमिका पर रहता है बलिया। पुरुषोत्तम के धरती-स्वाभिमान पर मैं लाठी चलाना नहीं चाहता। किन्तु सामाजिक विकृति से क्षत हो रही चारित्रिक सम्पदा के बारे में जब सवाल उठाता हूँ, पुरुषोत्तम मेरा मुँह ताकने लगता है, तथापि उसका जनपदीय स्वाभिमान मुझे ठीक लगता है। अपने हिसाब से वह ठीक ही सोच रहा है। राहुलजी जैसे महापण्डित ने बागी बलिया की प्रशंसा की है। सन् 1942 के जातीय आन्दोलन के पन्ने बाँच-बाँचकर नयी पीढ़ी गर्व-स्फूर्त है, तो मन में आश्वास-बोध जगता है कि अपनी विरासत के प्रति लोग सजग हैं। पुरुषोत्तम खुश है कि मड़ई-

छप्परवाले ढाही के गाँव सँवर रहे हैं। ताबड़तोड़ उठनेवाले पक्के मकान मेरे जवार की समृद्धि का स्पष्ट संकेत दे रहे हैं। दहेज-दैत्य का समृद्ध होता आतंक और गाँव-गाँव में चलनेवाले अँग्रेजी माध्यम के स्कूलों की बढ़ती भीड़ गाँव की नयी करवट की सूचना दे रही है कि जल्दी से जल्दी आधुनिक बन जाने को गाँव व्याकुल हो उठे हैं कि नये-नये मादक द्रव्यों से मेरे अंचल की तरुणाई का परिचय हो रहा है, और नयी-नयी पक्की सड़कें क्षीर के बड़े-बड़े पात्रों को बात की बात में शहरों में पहुँचाने लगी हैं। बेशक नयी रोशनी का ढाही के गाँवों में प्रवेश हो गया है। साफ दीख रहा है कि नागर सभ्यता की लीला-भूमि बनने जा रही है मेरी करइल माटी। अभी हलके-से स्पर्श किया है और गँवई आबोहवा मरुआ गयी है। टोल-पड़ोस तो दूर, अपने आँगन-ओसारे से लोग आतंकित रहने लगे हैं।

और नयी शैली के मकान बड़ी तेजी से उठ रहे हैं। ढाही की संहार-लीला एकबारगी रुक नहीं गयी है, सुस्ता रही है। जब कभी उग्र रूप धारण कर सकती है। बड़ा मुश्किल है काल देवता के महीन इशारे को समझना! और जागतिक महत्त्वाकांक्षा का वेग समझदारों की भी समझ को मार देता है। मोह का प्रताप बड़ा सांघातिक होता है। अच्छे-अच्छे लोग धृतराष्ट्र बन जाते हैं। मेरे गाँव-जवार में धृतराष्ट्रों की अन्धी पलटन खड़ी हो गयी है, जिनकी करनी-करतूत की कथा सुनना पीड़क ही नहीं, अपने दुर्भाग्य का सबूत है। लोगों की प्रखर स्पर्द्धा के दो ही बिन्दु हैं— दहेज और मकान। मकान के लिए दहेज का स्तर ऊँचा हो रहा है, और दहेज का भाव बढ़ाने के लिए नयी डिजाइन के मकान उठ रहे हैं। नागर तहजीब से उसे अलंकृत किया जा रहा है। सन्तति को शहरी मुहावरे बलात् रटाये जा रहे हैं ताकि सभ्यता की दौड़ में वह पिछड़ न जाए। ग्राम्य सहजता की धुरी को क्षत करने का कारबार बड़े जोर से चल रहा है। भौतिक वैभव अर्जित करने की व्याकुल स्पृहा बड़ों को इतना भी विचार नहीं करने देती कि बच्चों की रुचि और निजी क्षमता क्या है! सनकी आवेग में लोग अपने बच्चों को उस विद्या-व्यापार की ओर झोंक रहे हैं जिसकी सनद मिलते ही पैसे की वर्षा होने लगती है। पॉलीटेकनिक स्कूल में भर्ती होने और पुलिस की नौकरी पाने पर समान उल्लास से गाजे-बाजे के साथ देवता पूजे जाते हैं, कीर्तन-अनुष्ठान आयोजित होते हैं, छोटा-मोटा भोज दिया जाता है। बड़ी तेजी से शिक्षा फैल रही है! गाँव-गाँव में अँग्रेजी माध्यम के स्कूल, उच्चतर विद्यालय और महाविद्यालय खुल रहे हैं। भोजपुरी किसान भी अपने घर के दूल्हे को अँग्रेज़ी पोशाक से सज्जित करना जरूरी मानने लगा है। गाँव अपना मुहावरा बड़ी तेज़ी से छोड़ने लगा है। गाँव को खबर हो गयी है कि इक्कीसवीं सदी दरवाजे पर दस्तक देने लगी है। जड़ वस्तुओं का भाव ऊँचा उठनेवाला है, और गाँव के सिवान-बथान उसके स्वागत की तैयारी में

लग गये हैं।

अपने गाँव के वाचासिद्ध रामनरेशजी से बतियाने का अपना अलग सुख है। उनकी बतकही में छन्द का लालित्य बराबर बना रहता है। मेरी चिन्ता को टोकते रामनरेशजी कहते हैं, ''मकान नहीं उठ रहे हैं ककऊ, गाँव की रहनि मटियामेट हो रही है। गाँव का गला घोंटने शहर अपनी मोहिनी मुद्रा लिये गाँव में घुस गया है। हर दरवाजे दुकान खुलेगी। प्रत्येक बस अड्डे पर सिनेमा घर खुलेगा। प्रेमचन्द के घीसू-माधव की शैली में बाप-बेटे एक साथ दारू पीकर नाचेंगे? देखते रहिए; गाँव मरकर रहेगा।'' आहत गँवई संवेदना रामनरेशजी के कण्ठ से मुखर है। बदल रहे गाँव के चेहरे-चरित्र से रामनरेशजी की जाति के कुछ खाँटी ग्रामीण मानुष उदास हैं। उदासी का कारण यह नहीं है कि तरक्की के स्वागत की उदारता की उनमें कमी है। उदासी का कारण उनका विश्वास है कि रहनि बिगड़ रही है। अपनी चारित्रिक पहचान से सुख का सौदा करना केवल उसी के लिए सम्भव है जिसके संस्कार की जड़ें गहराई तक नहीं पहुँची हैं। ग्रामीण परिदृश्य ऐसे ही सौदागरों से भरता जा रहा है। वे कितने सुखी हैं, यह तो ज्वरमापक यन्त्र की तरह कोई यन्त्र होता तो सही अन्दाज मिलता! जो कुछ दीख रहा है, वह भौतिक समृद्धि से सँवरता गाँव का चेहरा है और गाँव में घुसती शहर की बीमारी है। रईसों के रोग के दंश से दहकते गाँव के लोगों पर नजर पड़ती है तो चिन्ता होती है कि कहीं कुछ गोलमाल है। व्याधि-कवच का काम करनेवाली मनःलोक की सहजता संक्रान्त हो गयी जान पड़ती है और लोग दुःख से दहकने लगे हैं। विनोबा की स्वतन्त्र निदान दृष्टि है, ''आखिर आज के जमाने में कौन-सी ऐसी घटना घटी, जिससे इसे 'दुःख का जमाना' कहना पड़े? सुख के साधन बढ़े, आराम और मौज-शौक की ढेरों चीजें बनीं—यही वह घटना है जिसने इतने बड़े दुःख को जन्म दिया है। सुख का जन्म जब होगा तब होगा, पर इस समय तो हम दुःख का जन्मोत्सव मना रहे हैं।'' इसका प्रधान कारण है करण-विरति और उपकरण-संसक्ति। नये-नये मकान जो उठ रहे हैं, उपकरण से प्रीति जिस मात्रा में प्रगाढ़ होती है, संवेदना उसी मात्रा में शिथिल होती है और निजी सुख की अनियन्त्रित आकांक्षा से लोग पागल हो जाते हैं। यह विकास नहीं, विनाश का रास्ता है। इस राह पर भी भीड़ बढ़ रही है। दरिद्र मनु को सुख की दिशा दिखाते श्रद्धा कहती है :

अपने में सब कुछ भर कैसे व्यक्ति विकास करेगा,
यह एकान्त स्वार्थ भीषण है अपना नाश करेगा।
औरों को हँसते देखो मनु, हँसो और सुख पाओ,
अपने सुख को विस्तृत कर लो, सबको सुखी बनाओ।

मगर भोग-भूख का वेग विवेक की आवाज नहीं सुनता। गाँव-जवार के सुख की चिन्ता चेष्टा तो दूर, अपनी सन्तान के सुख को हड़पकर ययाति-शैली में अपनी भोग-भूख तृप्त करने को लोग धृष्ट हो गये हैं। रुपये के थैलों से घर को भरनेवाले बेटों से बाप उस स्रोत के बारे में कभी नहीं पूछता, जो साधारण नौकरी में लगे बेटे की थैली को भरते हैं। शायद तब भोग में बाधा पड़ेगी, शायद तब मकान नहीं खड़े हो पाएँगे। और मकान धड़ल्ले से उठ रहे हैं। हल्ला है, गाँव से 'दलिद्दर' भाग रहा है, समृद्धि गाँव की परिणीता बनकर आ रही है। मगर उन असंख्य आँगनों में सगुन गीत नहीं गूँजते जो आर्थिक अभाव से उदास हो गये हैं और वर्षों से कुँआरी युवतियाँ अपने सिन्दूर की मूक प्रतीक्षा करते आँगन की उदासी को सघन बना रही हैं। इस श्रीहीन आँगनों पर किसी की नजर नहीं पड़ती। दूसरे के दुर्भाग्य से जुड़ने का सीधा अर्थ है—अपने विलास-वैभव में कटौती करना। इसके लिए कोई तैयार नहीं है। समूह-साधना गाँव के चरित्र की ज्वलन्त पहचान थी, जो बुझ रही है। विनोबा अपनी सिद्ध शैली में गाँव को ही नहीं, दुनिया को सचेत करते हैं, "आपके सामने दो ही पर्याय हैं—सामूहिक साधना या सर्वनाश। दोनों में से एक चुन लें—या तो आध्यात्मिक साधना कर पृथ्वी पर स्वर्ग उतारें या पृथ्वी के साथ स्वयं और स्वयं के साथ पृथ्वी को लेकर खतम हो जाएँ।" मेरे ग्रामांचल का ही नहीं, दुनिया का रुझान दूसरे विकल्प की ओर है। राम जानें, इस प्रवृत्ति का परिणाम क्या होगा? विवेकानन्द तो इसका परिणाम अशुभ ही बताते हैं। उनकी धारणा है कि "जिनका जीवन सम्पूर्ण जगत् को व्याप्त किये हुए है, वे ही जीवित हैं, और हम जितना ही अपने जीवन को शरीर आदि छोटे-छोटे सान्त पदार्थों में बद्ध करके रखेंगे, उतना ही हम मृत्यु की ओर अग्रसर होंगे। जितने क्षण हमारा जीवन समस्त जीवन में व्याप्त रहता है, दूसरों में व्याप्त रहता है, उतने ही क्षण हम जीवित रहते हैं," तो क्या हमारे ग्रामांचल की मृत्युमुखी यात्रा शुरू हुई है? चिन्ता होती है।

नये उठनेवाले मकान का शिल्प अशुभ संकेत दे रहा है। पुराने मकान का छन्द, चाहे छोटे हों या बड़े, माटी के हों या पक्के, आँगन और ओसारे से समृद्ध होता था। नागर शिल्पवाले मकान में आँगन सिकुड़ गया है और लम्बे ओसारे को खुशनुमा ड्राइंग रूप में रूपान्तरित कर दिया गया है। तर्क समझ में आता है कि कम जगह में उपयोगी और सुन्दर घर बनाना समय का तकाजा है। और बात स्पष्ट होती है कि हर प्रकार की लघुता ही युग धर्म की पहचान या लाचारी बन गयी है, जो आदमी को समष्टि से विलग कर रही है। संयुक्त परिवार का बोध और आग्रह था, तब आपस में लड़ते-झगड़ते, एक दूसरे के दुःख-सुख में शरीक होते पूरा गाँव एक परिवार था। तब मकान में आँगन-ओसारे का न होना अमंगल माना जाता था,

दारिद्र्य का परिचायक। रात-बिरात आनेवाले अतिथियों की बाट जोहते रहते थे ओसारे और भाई-भवद्द की उल्लास-मुखर उपस्थिति से समृद्ध रहते थे आँगन। पुरानी चाल को नयी रोशनी ने धक्का दिया है। 'ड्राइंग रूम' का कपाट खास के लिए खुलता है। ओसारे की उन्मुक्तता उसके स्वभाव के विपरीत है। अचरज नहीं, आँगनविहीन नागर शैली के मकानों से जब गाँव की शोभा बदल जाएगी, शहरों की तरह गाँवों में भी भोजन-परिवेशन के लिए किराये के लोग बुलाये जाएँगे। भवद्दी का; समष्टि-सूत्र का कुछ भी मतलब नहीं रह जाएगा। और तब गाँव की स्वकीयता बिला जाएगी। निजी सुख की संकीर्ण परिधि में सिमटने की लालसा सुख के मूल आस्वाद को ही चबा जाएगी। शहर की आबोहवा ने गाँव को हलके से स्पर्श किया है और लोग बेचैन हो गये हैं।

जैसे-जैसे गाँव में भोग-सुविधाएँ बढ़ रही हैं, गाँववालों का गाँव से मन उचट रहा है। यह दुर्भाग्य की हद है कि गाँव की सन्तान का अपनी जन्मभूमि से मन फट रहा है। क्या कारण है कि शहरी सुविधा से सम्पन्न होते अपने गाँव से नाता तोड़कर लोग शहरों की ओर भाग रहे हैं? मुझे लगता है और मेरे गाँव के रामनरेशजी भी बताते हैं कि गाँव की रहनि बिगड़ गयी है, वह शहर का नकलची बन गया है। आदमी और आदमी को माँ की तरह एक संवेदना-सूत्र में बाँधे रहनेवाले गाँव में दोगली बयार बहने लगी है। सुरक्षा और भाव-पोषण का आश्वासन कमजोर हो गया है। धरती, माँ, और अपने टोल-पड़ोस, घर-आँगन के लोगों से कृत्रिम, सुचिक्कन, किन्तु निहायत अनात्मीय मुद्रा में व्यवहार करना गाँवई संस्कार के प्रतिकूल है। मगर यही प्रतिकूल व्यवहार-शैली आज गाँवों में क्रियाशील है। गाँव की विपथगामी यात्रा से रामनरेशजी की जाति के लोग क्षुब्ध हैं। पुरुषोत्तम की कैशोर मति प्रसन्न है कि उसके अंचल की प्रगति की रफ्तार तेज हो रही है। और मुझे चिन्ता होती है कि गाँव की मृत्युमुखी यात्रा तेज हो रही है। एकाएक मैथिलीशरण गुप्त की पंक्ति याद आती है; 'हम तेल ढुलकाकर दीये को हैं जलाना चाहते, काटे हुए तरु में मनोहर फल फलाना चाहते।' ग्रामीण संवेदना का गला घोंटकर लोग सुखी होने को व्याकुल हैं। मानवीय गुणवत्ता को तिलांजलि देकर भौतिक उपकरणों से अधिकाधिक समृद्ध होने की स्पर्द्धा में लोग क्या-क्या नहीं कर रहे हैं और ले डूबनेवाला बोझा भारी हो रहा है।

भौतिक समृद्धि का निषेध नहीं करता भारत। बहुमुखी समृद्धि को हाँक लगाते ऊँची आवाज टेरता है भारत का पुरा साहित्य। जागतिक शोभा का मोल वह किसी से कम नहीं आँकता। सौन्दर्य की उद्दाम लहरों से समृद्ध है भारत का वाङ्मय-सिन्धु। विशिष्टता है भारत की कि अल्प और महत् के भेद-विवेक को उसने कभी शिथिल नहीं होने दिया। भारत की प्रज्ञा भूमा को ही वास्तविक सुख

मानती है, उसी के लिए भारत का मन लालायित रहता है। जागतिक वैभव और जड़ वस्तुओं के संग्रह-सुख को वह अल्प सुख मानता है और उससे तुष्ट नहीं होता। सनातन काल से भारतीय प्रज्ञा चिल्लाती रही है, 'नाल्पे सुखमस्ति भूमा वै सुखम्' भूमा का सुख ही वास्तविक सुख है। अल्प के सुख के प्रति जो मोहासक्त है, वह जैसे-जैसे अपना बोझा बढ़ा रहा है, उसकी व्याकुलता बढ़ती जाती है। साफ दिखाई पड़ रहा है कि विपुल भौतिक सम्पदा के स्वामियों का मन बड़ा अशान्त है। मेरे ग्रामांचल के लोग भी भूमा की राह छोड़कर दूसरी दिशा में धावन करने लगे हैं। जड़ वस्तुओं की मोहासक्ति बोझा को न फेंकने देती है और न बोझे का भारीपन ढोया जाता है। बड़ी त्रासद और दयनीय दशा है उनकी। इसी को लोग प्रगति और समृद्धि कह रहे हैं! पदार्थवादियों की भाषा का तेवर भी खूब होता है। रामनरेशजी की भाषा का लालित्य बड़ा व्यंजक है। संस्कृति के ज्वलन्त प्रश्न से जूझती है उनकी भाषा।

मेरे साथ अध्यापन करनेवाली कांचन कुन्तला मुखोपाध्याय का तेवर भी बड़ा व्यंजक है। फूहड़ प्रसंगों पर तीखा क्षोभ प्रकट करती हैं। भगिनी प्रतिम बाँग्ला कवयित्री डॉ. कांचन कुन्तला मुखोपाध्याय प्रख्यात कथाशिल्पी तारा शंकर बन्द्योपाध्याय की नातिन हैं। कक्षा-विरति के क्षणों में कुन्तला से गपशप करने का अवसर पाना सुखद लगता है। वह भी प्राध्यापक-कक्ष में बैठे संस्कृति-चर्चा के लिए मेरे अवकाश के क्षणों की प्रतीक्षा करती रहती हैं। नयी संवेदना की कवयित्री हैं, मगर रवीन्द्रनाथ को हमेशा गाती रहती हैं। मनुष्य के संस्कृति-बोध पर छा रहे व्यवसायवाद के प्रदूषण से खीजती रहती हैं। वस्तु-संग्रह की सनकी स्पर्द्धा को कुन्तला मनुष्य के दु:ख का सबसे बड़ा कारण मानती हैं। वस्तु-समृद्धि का अनिवार्य परिणाम भावदारिद्र्य होता है, यह सत्य लोगों की समझ में आ जाए तो शायद अधिकांश लोग इस सौदे से मुँह फेर लें। कुन्तला इस रास्ते सोचती हैं। और वह रवीन्द्रनाथ को गाती हैं :

तुमी जतो भार दियेछो से भार करिया दियेछो सोजा।
आमी जतो भार जमिये तुलेछी सकली होयेछे बोझा।
ए बोझा आमार नामाओ बन्धु नामाओ—
भारेर बेगेते चलेछी कोथाय ये यात्रा तुमी थामाओ॥
आपनी जे दु:ख डेके आनी सेजे जालाय बज्रानले।
अंगार करे रेखे जाय सेथा कवनो फल नाही फले॥
तुमी जाहा दाव से जे दुखेर दान,
श्रावन धाराय वेदनार रसे सार्थक करे प्रान।

जे खाने जा किछु बोयेछी केबल सकली करेछी जामा।
जे देखे से आज माँगे जे हिसाब...
के हो नाही करे खमा।
ऐ बोझा आमार नामाओ बन्धु नामाओ।
भारेर बेगेते ठेलिया चलेछी ये यात्रा मोर थामाओ।

प्रदूषित प्रवाह में बहते लोक-जीवन की वेदना को रवीन्द्रनाथ की संवेदना ने महसूस किया था। जो कुछ निसर्ग प्रदत्त है, सहज है, वही सोझा है और इसीलिए सुखद है, मगर जो कुछ हमने बटोरा है, अपने वैभव के प्रदर्शन के लिए वह बोझा बन गया है। इतना भारी बोझा कि समय रहते उसे उतार नहीं फेंकते तो गर्दन के टूटने का डर है। मगर रवीन्द्रनाथ की चेतावनी पर कहाँ किसी ने ध्यान दिया? ध्यान दिया होता तो वस्तु-संग्रह की ऐसी उत्कट स्पर्द्धा कम-से-कम भारत की धरती पर नहीं दिखाई पड़ती! उपभोक्ता संस्कृति की लहर से गाँव बच गये होते तो बड़ा भारी आश्वासन बचा रहता है मगर किसे चिन्ता है टूटते आश्वासन की! वस्तु-तृषा के कायल लोग अपना सबकुछ गँवाकर धन को बचाने-बढ़ाने के लिए व्याकुल हैं। पाप-विद्ध समाज उसी को महत्त्व दे रहा है, धर्म मान रहा है। वह बेटा सबसे लायक समझा जाता है जिसकी पापबुद्धि ज्यादा पुष्ट और प्रखर है। मकान उठने का वही हेतु है। और गाँवों की छाती पर (कैसे कहूँ कि पाप की नींव पर!) शहरी शैली के मकान उठ रहे हैं। मेरा स्नेहभाजन पुरुषोत्तम अपने अंचल की समृद्धि देखकर खुश है। इच्छा होती है, अपने गाँव के वाचासिद्ध रामनरेशजी के अन्दाज में उसे टोकूँ कि मकान नहीं उठ रहे हैं, ग्रामीण संस्कृति की नींव हिल रही है। उसकी भावना घायल हो जाएगी, सोचकर चुप लगा जाता हूँ। मगर चिन्ता होती है, किस अशुभ बयार की गिरफ़्त में आ गयी है मेरे ग्रामांचल की संवेदना कि सांस्कृतिक भूकम्प के आतंक को लोग महसूस नहीं कर रहे हैं? रामनरेशजी की जाति के कुछ लोग जरूर उदास हैं, मूल्यों की भयावह ढाही को देखकर। इतना ही आश्वासन बचा है कि कुछ लोग प्रवाह से दूर खड़े उस पर बेलाग टिप्पणी कर रहे हैं। वे लकीर के फ़क़ीर नहीं हैं, लोक-चरित्र के जागरूक पहरुए हैं। ढाही से जूझ रहे हैं।

मनुष्य चूँकि रचनात्मक ऊर्जा का मालिक है, इसलिए वह यथास्थिति को आँख मूँदकर स्वीकार नहीं कर सकता। जीर्ण दीवारों के प्रति मोहासक्ति निश्चय ही प्रतिभा और पुरुषार्थ का लक्षण नहीं है। मनुष्य की संघर्षप्रियता और संस्कृति-सुमुखता को बहुमान देते स्वामी विवेकानन्द कहते हैं कि ''हम प्रकृति के सहायक होकर नहीं जन्मे हैं, वरन् हम तो प्रकृति के प्रतियोगी होकर जन्मे हैं। हम

बाँधनेवाले होकर भी स्वयं बँधे जा रहे हैं। यह मकान कहाँ से आया? प्रकृति ने दिया नहीं। प्रकृति कहती है, 'जाओ, जंगल में जाकर बसो।' मनुष्य कहता है, 'नहीं' मैं मकान बनाऊँगा और प्रकृति के साथ लड़ूँगा।' और वह ऐसा कर भी रहा है। मानव-जाति का इतिहास तथाकथित प्राकृतिक नियमों के साथ लगातार संग्राम का इतिहास है और अन्त में मनुष्य की प्रकृति पर विजय प्राप्त करता है।'' इसलिए जीर्ण दीवारों के साथ नयी रोशनी की लड़ाई अस्वाभाविक नहीं है। लेकिन पुरानी दीवारों के साथ मूल्यों के धरातल का ढहना आतंक पैदा करनेवाले अमंगल का संकेत है। इसलिए मनुष्य के अन्तर्जगत में निरन्तर क्रियाशील पाशव भाव और मानुष भाव के संघर्ष में मनुष्य जब हारने लगे तो मूल्यों के प्रहरी को सहज ही चिन्ता होती है। पापविद्ध बयार संवेदना का संहार करने पर आमादा है। रामनरेशजी की चिन्ता सहज है। पुरुषोत्तम का उल्लास भी स्वाभाविक है। पुरानी दीवारों का गिरना भी बुरा नहीं है। नये मकानों का उठना भी शुभ है। अशुभ है गँवई पहचान को मारकर गाँवों की शोभा बढ़ाना, संवेदना से छूँछ होकर समृद्धि का दम्भ ढोना। दुर्भाग्यवश मेरा ग्रामांचल आज इसी अशुभ बयार की चपेट में आ गया है। रामनरेशजी इसीलिए उदास और क्षुब्ध हैं। ●

खाती दीपमालिका ठठाइयत सूप है

दीपावली की रोशनी में नहाकर हम लोग जब शारदीय अमावस्या की साँवली गोद में सो जाते थे, दूसरे दिन अँजोर होने के बाद पहले भदईबो के सूप पीटने की आवाज़ सुनते ही आँख खुल जाती थी। सूप पीटने की भद्दी क्रिया का रहस्य कुछ समय बाद माँ ने समझाया कि 'सूप पीटकर घर के कोने-अँतरे से रउताइन दलिद्दर भगाती हैं।' दलिद्दर भगाने की यह अनाकर्षक प्रथा भोजपुरी क्षेत्र में बहुत दिनों से चली आ रही है। अब भी जीवित है, जैसे दरिद्रता जीवित है। न तो दरिद्रता की जवानी ढल रही है और न सूप पीटने की क्रिया थक रही है।

दूसरे क्षेत्रों में भी यह प्रथा होगी। तुलसीदास के क्षेत्र में रही है। मेरी तरह तुलसीदास को भी यह क्रिया रुचती नहीं होगी। शायद तभी उन्होंने लिखा है, 'खाती दीपमालिका, ठठाइयत सूप है।'—सचमुच यह कहाँ का न्याय है कि तेल-घी खाएँ दीये और मार पड़े बेचारे सूप की पीठ पर। मुझे बड़ा बेतुका लगता है कि जिसके घर-आँगन में दरिद्रता जाने कब से ऐसी निर्लज्ज मुद्रा में बैठी है कि उठने का नाम ही नहीं लेती, वही समृद्ध आँगन के कोने-अँतरे से खोज-खोजकर दरिद्रता को सूप की कर्कश आवाज से भगाने की रूढ़ भूमिका पूरा करता आ रहा है।

माँ को और उसकी रउताइन को संसार छोड़े काफी दिन हो गये। पिछले कुछ वर्षों में गाँव का चेहरा-चरित्र काफी बदल गया है। मगर सूप पीटकर 'दलिद्दर' भगाने की क्रिया अभी चल रही है। रउताइन की जगह अब हमारे टोले के घरों में सूप पीटने चनमोतिया आती है। संयोग से इस साल दीवारी पर मैं अपने गाँव ही था। सूप पीटकर चनमोतिया ने मुझे दूसरे दिन अत्यन्त सुबह जगा दिया। मुझे थोड़ी खीज हुई और पहली बार मैंने उसे टोका, "चनमोतिया, बेचारे सूप ने तुम्हारा क्या बिगाड़ा है, जो उसे सुबह-सुबह पीटे जा रही है?" मेरे अलावा शायद किसी ने यह सवाल उससे नहीं किया था, इसलिए मेरी बात उसे अटपटी लगी। मुझे वह भइया कहकर सम्बोधित करती है और पोथी-पत्रावाला आदमी समझती

है। अत्यन्त आत्मीय हँसी हँसकर मेरी चाची की ओर मुखातिब होकर बोली, ''शहर में रहला से भइया, गाँव के रवाज भुला गइलें।'' उसने अपने हिसाब से मेरा समाधान कर दिया था। मगर मुझे लगा कि मेरे बारे में चनमोतिया की भूल धारणा है। मैं गाँव का रस्म-रिवाज भूला नहीं हूँ। स्पष्ट देख रहा हूँ कि मेरा गाँव अपना जीर्ण ओढ़ना अन्धे मोह के चलते छोड़ नहीं रहा है, लेकिन अपनी आग को खोर-खोरकर बुझाने पर तुल गया है। शहरी अनात्मीयता के फन्दे में गाँव फँसता जा रहा है। सूप पीटने की क्रिया को जीवित रखकर हम अपने को आश्वासन देते हैं कि हम गाँव की संवेदना में जी रहे हैं। सच यह है कि हम गाँव के रूढ़ रिवाज जी रहे हैं, गाँव का चरित्र नहीं जी रहे हैं। संवेदना का जो सागर लहराता रहता था ग्रामीण जिन्दगी के बीच, वह सूख गया है। अब तो जैसे हर चरित्र के भीतर एक अछोर रेगिस्तान बस गया है। केवल सूखा और सुखा का नाम नहीं। चाहे होली हो या दीवारी, महज रस्म पूरा किया जाता है। चनमोतिया की शिकायत है कि मैं देहाती चाल-चलन भूल गया हूँ। गलत है उसकी शिकायत। कहाँ भूला हूँ? भूल गया होता तो गाँव का वर्तमान चेहरा मुझे अनात्मीय और अनाकर्षक क्यों लगता?

मुझे अपने बाल्यकाल का और कुछ वर्षों पहले का अपना गाँव याद है। बाल्यकाल की बात याद है। दीवारी के दिन अपने बड़का बाबा के साथ साँझ होते ही मैं देव-स्थान की यात्रा पर निकल पड़ता था। फुलहा थाल में घी-भरे दीप लेकर बड़का बाबा पहले मठिया पर जाते थे। वहाँ कई दीप चढ़ाकर फिर पूरे गाँव की परिक्रमा करते अनेक देवस्थान पर पूरी धार्मिक आस्था से दीप जलाते थे। एक परती में सपाट जगह पर दीप चढ़ाकर बाबा प्रणाम करते थे और मुझे बताते थे, यह अनजान बाबा का स्थान है। अनजान बाबा का निराकार अस्तित्व मेरे लिए तब कौतूहल का कारण था, आज वह अन्ध भक्ति मेरी सोच को उत्तेजित करती है। जिसकी भूख एक दीन वेश में नाना भूमिकाओं पर उतरने को विवश करती है, उसे सूप पीटकर समृद्ध घर के कोने-अँतरे से 'दलिद्दर' भगाने का नाटक करना पड़ता है, उसकी ओर हमारे करुणानेत्र खुलते ही नहीं और जो दिखाई नहीं पड़ता, हमारे सुख-दुःख में हँसता-रोता नहीं, उसे हम पूरी श्रद्धा के साथ घी के दीप निवेदित करते हैं। चनमोतिया इसी को गाँव का 'रेवाज' कहती है। उसकी नामसमझी से मेरे भीतर क्रोध उत्तेजित होता है।

गाँव के सहज रिश्ते के मुताबिक चनमोतिया मुझे भइया कहती है, जैसे हम भाई-बहन उसके पिता को काका, माँ को काकी और दादी को आजी कहकर सम्बोधित करते रहे हैं। जब चनमोतिया को सूप पीटते देखता हूँ और उसकी पूर्व पीढ़ी के आचरण को स्मरण करता हूँ तो मेरा स्वाभिमान आहत होता है कि मेरी

बहन, मेरी काकी और मेरी आजी एक थाल पूरी के लिए घर-घर में सूप पीटती फिरती हैं। सूप पीटने से दलिद्दर भागता हो तो फिर चनमोतिया और उसकी माँ और उसकी आजी ने अपने घर से 'दलिद्दर-दैत्य' को क्यों नहीं भगा दिया? मैं कुछ-कुछ समझता हूँ। चनमोतिया 'दलिद्दर' की पीठ पर डण्डा मारने की कला नहीं जानती। उसके पहले के लोग भी नहीं जानते थे। चनमोतिया की माँ और आजी, जिन्हें हम भाई-बहन, काकी और आजी कहकर पुकारते थे, सूप की पीठ पर ग्रामीण रस्म का बाजा बजाती रहीं। चनमोतिया उन्हीं की राह पर चल रही है। जब उसकी गलत चाल को मैं टोकता हूँ तो वह मेरी नासमझी पर आत्मीय हँसी हँस देती है।

उदास होकर सोचने लगता हूँ, इस कुरोग का सही उपचार क्या है? देश में एक तरफ भोग की नंगी होड़ उद्धत है, दूसरी ओर सामान्य जरूरतों की पूर्ति के लिए तड़पते-दहकते लोगों की भारी भीड़ है। जो कल निरन्न-निर्वस्त्र थे, वे अब भी अपनी सामान्य जरूरतों की पूर्ति में सफल नहीं हैं। एक जून का भोजन कमाने के लिए चनमोतिया दीन मुद्रा में समृद्ध घरों से दलिद्दर भगाने की रस्म पूरी करने को मजबूर है। और नासमझी की हद यह है कि अपनी विवशता को लोक-आचार मानकर वह ढोये जा रही है। इतना ही नहीं, मेरे जैसे लोगों पर दुलार-भरा व्यंग्य करती है कि शहर में रहने के कारण मैं गाँव का रस्म-रिवाज भूल गया हूँ। लेकिन कितना गलत समझ रही है वह मुझे। गाँवों के लोगों का आत्मीय रिश्ता मुझे खूब याद है। मेरी आँखें उसे ही जोहती रहती हैं, जिसे आज की राजनीति का टोना लग गया है। आपसी रिश्तों में लड़ाई शुरू हो गयी है। वर्ग-संघर्ष नहीं, वर्ण-विद्वेष की आँच में सारा गाँव झुलस रहा है। अनजान बाबा को आज भी घी का दीप निवेदित किया जा रहा है। दलिद्दर भगाने के लिए सूप का पीटना बन्द नहीं हुआ है। और ऊँची आस्थावाले मेरे (स्व.) मनीषी आचार्य ने राजनेताओं के अन्दाज में मुझसे बार-बार कहा था कि देश आगे बढ़ रहा है। मगर मुझे लगता है कि देश नहीं, विद्वेष आगे बढ़ रहा है; क्रिया नहीं, प्रतिक्रिया आगे बढ़ रही है, हिंसा आगे बढ़ रही है, जातिवाद आगे बढ़ रहा है; अंचल-निष्ठा राष्ट्र-प्रेम को निछोह धक्का मार रही है, नैतिकता और सत्य-निष्ठा मार खा रही है, अज्ञान के बादल छँट नहीं रहे हैं। गाँधी की विचार-गन्ध खादी से उड़ गयी है। खादी-परिधान के नीचे लोग रिवॉल्वर लटकाये चल रहे हैं। वाणी में लोकतन्त्र की हिमायत और आचरण में आतंक-भरी गुमानी हिंसा-मुद्रा। मजाल है, कोई किसी के चारित्रिक स्खलन पर टिप्पणी कर दे! सत्य को वाणी देना विपत्तियों को नेवता देना है। बुद्धिजीवियों में न जोखिम उठाने की प्रेरणा रह गयी है और न उसकी सुरक्षा की कोई ठोस व्यवस्था है। इसलिए बुद्धि-व्यापार के नाम पर बहुत कुछ

दुकानदारी चल रही है यानी समय के रुख पर मनीषा नाच रही है। सच्ची विद्या-साधना पर धावा बोलनेवाले, और लोक-मंगल की प्रेरणा से आयोजित विचार-यज्ञ को विध्वंस करनेवाले रावणगोत्रीय लोगों की प्रभुता बढ़ रही है। सत्याग्रही जटायु के पंख काटने की सजगता हर वक्त हर दिशा में डरावनी मुद्रा में दिखाई पड़ रही है। और अभी-अभी दिवंगत हिन्दी के विशिष्ट विद्वान की प्रतीति थी कि देश आगे बढ़ रहा है। बेशक आगे बढ़ रहा है कि डैम बने हैं, बड़े-बड़े कारखाने खड़े हुए हैं, पगडण्डियों की छाती पर चौड़ी सड़कें चढ़ बैठी हैं, खेतों में ट्रैक्टर और खलिहानों में थ्रैसर क्रियाशील हो गया है और ऊँची-ऊँची कोठियाँ तथा भूसमलय उपग्रह 'अपेल' देश की समृद्धि का ढोल आकाश में पीटने लगा है। यह सच है, मगर सच यह भी है कि इस प्रगति के साथ ही आम और खास की दूरी भी चौड़ी हुई है। आम आदमी की तकलीफ दूर नहीं हुई है और मेरा मन उदास है कि मेरे गाँव का हृदय संवेदना से छूँछ होता जा रहा है। चाहे मेरा गाँव हो, चाहे देश के दूसरे गाँव-नगर या राजधानी दिल्ली, मुझे लगता है कि उच्च नासिका-भाव से जो उद्धत हैं, वे ही समाज के सहज मैत्री-छन्द को तोड़ने के मुख्य कारण हैं। चनमोतिया और उस वर्ग के लोगों की समस्या को हल करने की जो राह आज की राजनीति रच रही है, वह सामाजिक संवेदना को मारनेवाली राह है। सामाजिक इकाई को टुकड़ों में बाँटकर उनके भीतर हिंसामूलक वर्ग-चेतना जगाकर उन्हें आपस में लड़ाते रहना और स्वयं निरापद विलास भोगना आज के राजनीतिकों के आचरण की जगजाहिर पहचान है, जो कमोबेश प्रायः हर राजनीतिक राह के राही में दिखाई पड़ती है।

मगर चनमोतिया के उस अज्ञान का क्या किया जाए कि सड़ी रूढ़ि को वह गाँव का 'रेवाज' मानती है। मैं परम्परा पर लाठी चलाने का हिमायती नहीं हूँ। मैं तो रूढ़ियों के जंजाल से परम्परा-प्रकाश को उबारकर उससे जुड़े रहने को विधायक मानता हूँ। मानता हूँ कि परम्परा रचनात्मक प्रेरणा देती है। मैं यह कतई नहीं चाहता कि चनमोतिया अपनी श्रम-निष्ठा को लात मारकर पुरोहिती शुरू कर दे या देश के बहुत सारे लोगों की तरह कर्महीन होकर मोहिनी मुद्रा में भाषण देने लगे। या फिर हितैषी का स्वाँग करनेवालों के उकसाने पर प्रतिक्रिया में दूसरों पर थूकना शुरू कर दे। सामाजिक कुरोग के उपचार का जो नुस्खा राजनीति ने दिया है, उसका साइड इफेक्ट बड़ा सांघातिक है। यह लोगों को क्रिया-विमुख और प्रतिक्रियाशील बना रही है। प्रसूति-कर्म में जिसने परम्परा-संस्कार से विशेषज्ञता हासिल की है, उसे निजी कला-कर्म से विरत करने की उत्तेजना दी जा रही है, बिरादरी-ग्रन्थि को जगाकर उसे समूह के मुद्दई के रूप में खड़ा करने की कोशिश चल रही है। यह सच है कि जो स्वत्व-सचेत नहीं होता, वह कमजोर आदमी होता है, किन्तु

वर्गीय अभिमान के चलते पूरे समाज के प्रति विद्वेष से दहकने लगना और अपने स्वाभाविक कर्म-कला से विरत हो जाना न केवल समष्टि-मैत्री भाव के विपरीत आचरण है, बल्कि अपने स्वार्थ को भी कमजोर करनेवाला आचरण है। राजनीतिक उपचार मुझे इसलिए गलत लगता है कि उसका प्रतिक्रिया-परिणाम बड़ा भयंकर है। इसलिए सामाजिक रोग का कोई दूसरा उपचार ढूँढ़ना चाहिए। वर्ग-संघर्ष नहीं, वर्ग-सौमनस्य की राह मुझे सामाजिक स्वास्थ्य की सही राह लगती है।

अपने दुआर पर बैठा मैं दुनिया-भर की चिन्ता से परेशान हूँ और मेरे कुल पुरोहित दीक्षितजी उच्च कण्ठ से 'दुर्गा सप्तशती' का पाठ कर रहे हैं :

विद्याः समस्तास्तव देवि भेदाः।
स्त्रियः समस्ता सकला जगत्सु॥

सुनता हूँ और सोचता हूँ, जब सम्पूर्ण नारी जाति देवि की ही मूर्ति है तो फिर चनमोतिया भौतिक अभाव से ग्रस्त होकर सूप क्यों पीटती फिरती है और श्रमविहीन दूसरे नारी-चरित्र विलास-नद में डुबकी लगाने की सुविधा कहाँ से पा जाते हैं? सारी विद्या परा-शक्ति के ही जब भेद-प्रभेद हैं तो विद्यासम्पन्न साधु चरित्र दुर्दशा क्यों भोगते हैं और तिकड़म-विद्या में निष्णात लोग वैभव-उल्लास में क्यों डूबे रहते हैं? भारतीय शास्त्र पूर्व जन्म से अर्जित प्रारब्ध-संस्कार की ओर संकेत कर इसका समाधान कर देता है। मगर मुझे लगता है कि समाज व्यवस्था की गहराई में कोई बड़ी त्रुटि है जिसे सुधार-संशोधन के नाम पर लोग उलझाते चले आ रहे हैं। और मैं परेशान हो उठता हूँ। सिद्ध महात्मा तुलसीदास की मनोव्यथा मुझसे अधिक गहरी थी, क्योंकि उनकी संवेदना बड़ी थी, जो समष्टि की वेदना से सीधे जुड़ी थी। इसलिए सामाजिक वैषम्य, विसंगति और विरूपता से उनका चित्त उन्मथित रहता था कि दिनोंदिन दरिद्रता, दुष्काल, दुःख, दुर्नीति और राजकीय कलुष बढ़ता ही जा रहा है। जो पाप-प्रवीण हैं, वे सुख भोग रहे हैं और जहाँ साधु संस्कार हैं, वहाँ विपत्ति की कठोर मार पड़ रही है। और समाज-व्यवस्था की रक्षा की जिन पर जिम्मेदारी है, जो समाज के पहरुए हैं, वे स्वयं चोर हो गये हैं :

दिन दिन दूनों देखि दारिदु, दुकाल, दुखु,
दुरितु, दुराजु, सुख-सुकृत सकोच है।
माँगें पैंत पावत पचारि पातकी प्रचण्ड,
काल की करालता, भले को होत पोच है

× × × ×

कलि की कुचालि देखि दिन दूनी, देव।
पाहरूई चोर हेरि हिय हहरात है।

उनकी करुणा और क्रान्ति-चेतना बार-बार मुखर होती रही कि साधुजन हर क्षण दुःख भोग रहे हैं और खलों की महिमा दिनोंदिन फूलती, फलती और फैलती जा रही है :

फूले फुलै फैले खल, सीदै साधु पल-पल,
खाती दीपमालिका, ठठाइयत सूप है।

प्रारब्ध का मर्म तुलसीदास किसी से कम नहीं समझते थे, लेकिन भूख की ज्वाला और अभाव की आँच को भी उन्होंने झेला था। इसलिए प्रारब्ध के आतंक से निष्क्रिय न होकर भूख का, सामाजिक यन्त्रणा का समुचित उपचार ढूँढ़ने के लिए उनकी प्रतिभा बेचैन रहती थी। उन्हें किसी की खुशी-नाखुशी की चिन्ता नहीं थी :

कृपा जिनकी कछु काज नहीं, न अकाजु कछु जिनके मुख मोरें।
करें तिनकी परवाहि ते, जो बिनु पूँछ-विषान फिरै दिन दौरें॥

इसलिए सामाजिक विसंगति पर निर्मम टिप्पणी करने में सकुचाते नहीं थे। अदृश्य ही नहीं, दृश्यमान पर उनकी सजग दृष्टि थी। दृश्यमान प्रारब्ध का ही परिणाम हो तो हो, अलक्ष्य की बात पर जोर देनेवाले को वे खुली भाषा में नीच कहते थे। सुविधा-सचेत मानस के आज के लोग भिन्न राह के राही हैं, इसलिए समाज को अन्धकार से उबारनेवाली रोशनी उग नहीं रही है। कतिकी नहान शुरू हो गया है। अपने दुआर पर बैठा अगल-बगल के गाँवों और टोल-पड़ोस की महिलाओं को पुण्यार्जन के निमित्त गंगा-स्नान के लिए जाते देखता हूँ, समूह नारी-कण्ठ से गीत सुनता हूँ :

किया हरी मिलिहें जोग-जाप से किया हरी गंगा नहइले,
किया हरी मिलिहें तिरिथ भरम से अब ना भुलइनी हे राम
नाहीं हरी मिलिहें जोग-जाप से, नाहीं हरी गंगा नहइले,
नाहीं हरी मिलिहें तिरिथ भरम से,
आपन जीव अस अनकर जनीह, तब हरी मिलिहें हे राम॥

एकाएक कबीर याद आते हैं :

ना हरि रीझे जपतप कीन्हें, ना काया के जारे।
ना हरि रीझे धोती छाँड़े, ना पाँचों के मारे।
दया राखि धरम को पाले, जगसों रहे उदासी।
अपना-सा जिव सबको जाने, ताहि मिले अविनासी॥

सोचता हूँ, सन्त-वाणी कितने सहज रूप में लोक-कण्ठ में उतर गयी है और कबीर लोक-पीड़ा के कितने करीब थे! मानवीय करुणा से स्फूर्त वाणी सुनकर मन उल्लसित हो उठता है। मगर मेरी आँखें जब लोकगीत का अर्थ खोजती हैं तो विपरीत दशा दिखाई पड़ती है और मन खिन्न हो जाता है कि वेद से विनोबा तक की वाणी में करुणा की जो दीप्ति है, उससे वंचित मनुष्य कितने सघन अन्धकार में फँस गया है। सोचता हूँ, परमहंस रामकृष्ण देव की सिद्धि की ऊष्मा कहाँ लुप्त हो गयी, दरिद्रनारायण की उपासना की उनकी प्रेरणा को किसने कुचल दिया? गाँधी की ग्राम-राज्य की कल्पना के रूपायन में कहाँ से बाधा आयी? क्या यह प्रारब्ध की ही लीला है, जो सारे मानव-मूल्यों को लीलने को व्याकुल हो उठी है? मुझे लगता है कि यह कोरे प्रारब्ध की लीला नहीं है। उसके पीछे कोई काला हाथ क्रियाशील है।

गाँधी का नाम-जप करनेवालों और सर्वहारा के तथाकथित हमदर्दों का विलास-वैभव और आम आदमी की तड़पती भूख मुझे बेचैन कर देती है। (भूतपूर्व सांसद श्री शंकर दयाल सिंह ने राजधानी में पहुँचे जनता के प्रतिनिधियों के विलास-व्यय का विवरण कुछ दिनों पूर्व हिन्दी साप्ताहिक 'धर्मयुग' में प्रस्तुत किया था।) दारिद्र्य विमोचन और देशोत्थान के रंग-बिरंगे नारे वर्षों से अपनी छलना-मुद्रा से मुझे आहत करते रहे हैं। और देश-सेवा का हल्ला करनेवालों की आवाज सुनकर मेरी स्मृति पर विवेकानन्द की वाणी मुखर होती रही है; "प्रेम असम्भव को सम्भव कर देता है। जगत् के सब रहस्यों का द्वार प्रेम ही है। अतः मेरे भावी देशभक्तो, तुम हृदयवान बनो। क्या तुम्हें इस बात पर कभी खेद होता है कि देवताओं और ऋषियों के वंशज आज पशुवत् हो गये हैं? क्या तुम्हें इस बात पर दुःख होता है कि लाखों मनुष्य आज भूख की ज्वाला से तड़प रहे हैं और सदियों से तड़पते रहे हैं? क्या तुम अनुभव करते हो कि अज्ञानता सघन मेघों की तरह इस देश पर छा गयी है? क्या इससे तुम छटपटाते हो? क्या इससे तुम्हारी नींद उचट जाती है? क्या यह भावना मानो तुम्हारी शिराओं से बहती हुई, तुम्हारे हृदय की धड़कन के साथ एक रूप होती हुई तुम्हारे रक्त में भिद गयी है? क्या इसने तुम्हें लगभग पागल-सा बना दिया है? सर्वनाश के दुःख की इस भावना से क्या तुम अपने नाम, यश, स्त्री-बच्चे, सम्पत्ति और यहाँ तक कि अपने शरीर की

सुध-बुध भूल गये हो? क्या तुम्हें ऐसा हुआ है? देश-भक्त होने की यही है प्रथम सीढ़ी, केवल प्रथम।'' किसे रुचेगी देश-भक्ति की यह राह? विवेकानन्द देश-भक्ति की जिस पहली सीढ़ी की ओर इशारा करते हैं, वह सीढ़ी आज महज पुरातात्त्विक महत्त्व की चीज हो गयी है! मगर यह सच है कि तप और भोग की विसंगति जब तक दूर नहीं होगी, तेल-घी दीये के बखरे में और मार सूप की पीठ पर पड़ती रहेगी, तब तक समाज को सभ्य समाज कहना सरासर झूठ बोलना होगा।

श्रम-साधना से जुड़े लोगों के बहुविध पोषण पर जब तक समाज की, विशेषत: समाज के पहरुओं की, आत्मीय दृष्टि नहीं पड़ेगी और शोषण की निर्लज्ज परिपाटी सूप पीटने की रूढ़ क्रिया की तरह चलती रहेगी, तब तक समाज-संस्कार की चिन्ता फलप्रसू नहीं हो सकती। सामाजिक मैत्री-भावना को जगाने के लिए अनजान बाबा को नहीं, श्रम-देवता को ज्ञान-दीप निवेदित करना जरूरी है। उन्हें अपेक्षित आहार और भरपूर मैत्री-भाव का अर्घ्य देकर ही मृत्युमुखी सामाजिक संवेदना की रक्षा की जा सकती है। नये-नये लटकों और प्रलोभनों द्वारा लोगों के पाशव-भाव को जगाकर उन्हें विपथगामी और अपराधजीवी बनाया जा सकता है, उनकी रचनात्मक ऊर्जा का सही उपयोग नहीं किया जा सकता। दिशाहारा बनाने की यह राह है। पोषण-प्रवर्द्धन की आवाज टेरते घिनौने शोषण की ही दुष्ट चेष्टा चल रही है।

सूप पीटने की भद्दी क्रिया को मैं लोकाचार के रूप में झेल रहा हूँ। मगर आज जो बयार बह रही है मेरे गाँव में और देश के दूसरे तमाम गाँवों में, वह गाँव की मैत्री-भावना को, सहज ग्रामीण संवेदना को उजाड़ने पर तुली हुई है। मुझे डर है, सूप पीटकर 'दलिद्दर' खेदने की क्रिया चनमोतिया छोड़े या न छोड़े, यदि कहीं उस छोहभरे सम्बोधन से उसका कण्ठ छूँछ हो गया, जिससे वह मुझे पुकारा करती है और उसकी स्वाभिमान-रक्षा के लिए मेरी संवेदना तड़पती रहती है, तो दुर्भाग्य की उस कठोर मार को सह पाना मेरे लिए कठिन हो जाएगा। संवेदना ही मर जाएगी, गाँव के सहज रिश्ते टूट-बिखरकर भयावह रिक्तता के बीच हमें झोंककर अजनबी जिन्दगी जीने को मजबूर कर देंगे तो फिर सूप पीटकर और अनजान बाबा को दीप चढ़ाकर और मुँह में अबीर पोतकर गाँव की वास्तविक पहचान को, गाँव की स्वकीय शक्ति और गन्ध को लाख-लाख परिकल्पनाओं का ठाट बाँधकर हम जिला नहीं पाएँगे। मगर राजनीति के पण्डे-पुरोहित इस बुनियादी प्रश्न की ओर ताकते ही नहीं, और गाँव दुर्भाग्यवश उन्हीं की ओर ताक रहा है। ●

निर्गुन कौन देस को बासी?

माँ-बाप बड़े हुलास से अपने बच्चों को जो नाम देते हैं, कभी-कभी वह नाम समाज द्वारा बदल दिया जाता है। समाज द्वारा दिया हुआ नाम शक्तिशाली होता है और मूल नाम को धकियाकर अपने द्वारा ही आदमी की पहचान उजागर करने लगता है। मेरे गाँव में एक कप्तान साहब हैं, एक लाल साहब हैं, एक गान्हीजी हैं, एक राजाजी हैं, एक कम्पोटर हैं। इन प्रचलित नामों ने जिन मूल नामों को धक्का मारकर लुप्त कर दिया है, उन नामों की बहुतों को आज जानकारी भी नहीं है।

मेरे जवार के नेताजी का असली नाम क्या है, कुछ ही लोगों को मालूम होगा। उन कारणों की जानकारी भी बहुत थोड़े को है, जिनके चलते समाज द्वारा उन्हें यह नाम दिया गया। मैं खुद ही आज तक यह नहीं समझ पाया कि जिस आदमी का राजनीति से कोई सम्बन्ध नहीं है—न चेहरे से, न पहनावे से और न बुद्धि से, उसे नेताजी क्यों कहा जाने लगा! नेता तो वह, जो अविराम बोलता ही रहे! मेरे जवारवाले नेताजी के मौन का पूर्ण विराम तो कभी-कभी अर्द्धविराम का रूप लेता है। अकसर ऐसा होता है कि जिस चरित्र में जिन तत्त्वों की कमी होती है, उन तत्त्वों से जुड़ी संज्ञा का ही आरोपण उन पर लोग कर दिया करते हैं। नेताजी के कम बोलने की आदत ने ही शायद उन्हें नेता नाम से ख्यात किया है। मेरे ग्रामांचल में यह आम प्रवृत्ति दिखाई पड़ती है। शायद यही प्रवृत्ति आज पूरे देश और दुनिया में सामान्य बन गयी है कि जिस चरित्र में जिस तत्त्व का अभाव हो, उस तत्त्व से जुड़ा संज्ञा-सम्बोधन उसके साथ जोड़ दिया जाए। इतना ही नहीं, जो जिस दायित्व को वहन करने में असमर्थ हो, उसे वही दायित्व-भार सौंप दिया जाए। उदाहरण के लिए जिसमें पढ़ने-पढ़ाने की सहज रुचि न हो, उसे अध्यापन-दायित्व सौंप दिया जाए; असत्य के विरोध का जिसमें बौद्धिक साहस न हो, उसे बुद्धिजीवी मान लिया जाए, सामाजिक संघर्षों के ताप-शाप से कोसों दूर बैठकर निरापद और सुख-सुविधा में जीनेवाले सफेदपोश व्यक्ति को समाज-सुधारक की

मान्यता दे दी जाए, किसान-मजूर की कठोर और अशोभन जिन्दगी को अस्पृश्य समझनेवाले को किसान-मजूर का उद्धारक मान लिया जाए और स्वार्थ के सैलाब में दिन-रात जल-विहार करते अपने वाक्-चातुर्य और तड़कीले-भड़कीले ठाठ-बाट से गणदेवता को छलनेवाले मुद्रा-सिद्ध लोगों को राजनेता का सम्मान दे दिया जाए—बहुत कुछ इसी प्रवृत्ति से मिलती-जुलती दशा है यानी अभाव में विजातीय भाव का आरोपण और लोक-व्यवहार द्वारा उसे सामान्य रूप देने की क्रिया। भाषाविज्ञान की दुनिया से जुड़े अध्येता ही नहीं, लोक-व्यवहार से सक्रिय रूप से जुड़े सचेत लोगों के सामने यह तथ्य स्पष्ट है कि शब्द अपनी यात्रा में कैसे नये-नये अर्थों में युक्त होता चलता है, मूल अर्थ को छोड़कर नये-नये अर्थों की सवारी ढोने लग जाता है।

आज के पेशेवर राजनीतिकों को शायद यह मालूम नहीं है कि मेरे ग्रामांचल में, और शायद सर्वत्र ही, आज हर घटिया चरित्र को अवहेलनामूलक टिप्पणी का पग-पग पर मुकाबला करना पड़ता है। 'ये घर-आँगन में भी राजनीति करते हैं'—इस वक्तव्य की ध्वनि स्पष्ट ही सम्मानसूचक नहीं है। राजनीति करने का अर्थ है सहज आत्मीय रिश्ते को भुलाकर कुटिल आचरण करना। इस प्रकार राजनीति करने का आज आम अर्थ कुकर्म करना हो गया है। और मजे की बात यह है कि राजनीति करने की होड़ वय-विचार को त्यागकर तीव्र होती जा रही है। जो हो, हमारे जवार के नेताजी आज एक अस्वाभाविक भंगिमा में, राजनीतिक नेताओं से भी तेज़ रफ्तार में बोल रहे हैं, कि सत्त से टूटकर आदमी जानवर बनता जा रहा है। राम जाने गाँवों में यह दोगली हवा कहाँ से आ गयी है, जो गाँवों को न तो शहर बनने दे रही है और न तो गँवई बात-व्यवहार को जीने दे रही है। बाप-महतारी को धोखा देना गँवई चाल नहीं है। दूसरे की भरी खलिहान में आग लगानेवाले की अँगुलियाँ गल जाती हैं। भाई-भाई की अलगई और विरोध समझ में आता है, मगर भाई से बदला लेने के लिए उसकी बेटी को जहन्नुम के घाट पहुँचाने की क्रिया पाप की हद है। धत्तेरे जमाने की! राजनीतिवाले जो न सिखा दें! मगर नेताजी के व्यथामूलक वक्तव्य को कम लोग सुन रहे हैं। लोग सूरदास के गँवई राग का रस ले रहे हैं। सूरदास बस अड्डे की भीड़ में अपनी रोटी को सगुण करने के उद्देश्य से और कभी सहज मौज में अपनी डफली पर राग ठोकता रहता है—'निर्गुन कौन देस को बासी।' एक युवक नेताजी का अस्वाभाविक भाषण सुनकर मन-ही-मन खीजते हुए सूरदास को लक्ष्य कर युवातरंग में आवाज लगाता है—'नेताजी को सारी दुनिया की खबर है सूरदास, निर्गुन का पता इन्हीं से पूछो।' ग्रामीण सूर केवल सूरदास के पद ही नहीं गाता फिरता, उसका मर्म भी कुछ-कुछ पकड़ता है। 'गोपी का सवाल है बच्चू, उद्धव से जवाब नहीं चला। बड़े आये हैं पता बतानेवाले तुम्हारे

नेताजी!' सूरदास की टिप्पणी से उपस्थिति में जोरों का ठहाका फूटता है और नेताजी के मुखर आक्रोश की रफ़्तार तेज हो जाती है। नेताजी की पीड़ा मेरे मन को छूती है।—देहाती मन आज अगोचर हो गया है, निर्गुन का आतंक हमें अन्धा बना रहा है! पहले नाना प्रकार के अन्धविश्वासों और कुरूपता के बीच एक सरल-सुन्दर मन था, जो गाँव-घर के सुख-दुख के साथ हँसता-रोता था। धर्म-भीरुता लोगों को सामाजिक अनौचित्य से विरत करती थी। राजनीति की कुरीति का स्पर्श लगते ही वह सहजता बिला गयी जो गाँवों की वास्तविक पहचान थी। लगता है, पाप की बाढ़ में पुण्य दह-बहकर साफ हो गया और पापलीला को टोकनेवाला कोई रह नहीं गया।

अपने जवार के नेताजी के भाषण की प्रतिक्रिया देखकर मुझे लगता है कि सद्कर्म की चर्चा आज निर्गुनिया की भाषा हो गयी है। निर्गुनिया के पास वह रसीली रस्सी नहीं है, जिससे एक बार बँध जाने पर छूटना मुश्किल हो जाता है, और जिसके सहारे रूप-राशि का साक्षात्कार हो पाता है। रूखर भाषा लोगों को रुचती नहीं। लोकोक्ति बहुत कुछ ठीक है कि जो रुचता नहीं, वह पचता नहीं। राजनीतिवाले चटक भाषा द्वारा हमें अपना चहेतू बना लेने की कला जानते हैं। हमारे पड़ोसी गाँव के नेताजी इस कला में कच्चे हैं। इसलिए उनकी कोई सुनता नहीं! गहरी पीड़ा और पूरी गम्भीरता से वे बोल रहे हैं। मैं सुन रहा हूँ, "मारिए गोली इस सुराज को जिसने हमारा सुभाव नष्ट कर दिया।" मैं चुप हूँ, मगर एक युवक उन्हें टोकता है, "का नेताजी, आप भी इतने निराश हो गये। अरे देखते चलिए भाई। इसी जंगल-झाड़ में से राह मिलेगी। सूरदास की तरह मगन रहिए। खीजने-खाँसने से इस नरक में स्वर्ग थोड़े उतर जाएगा। नवही राग में राग मिलाकर चलिए, यदि जीने की इच्छा हो।" उस युवक की बुलन्द आवाज सबको आकृष्ट करती है और एक बूढ़ी व्यावहारिक आवाज सुनाई पड़ती है, 'झूठे ये नेताजी अपने को नोच-धुन रहे हैं।' नेताजी उदास हो आते हैं। मैं 'नेताजी' के मनोभाव के करीब पहुँचकर सोचता हूँ, बयार के रुख को समझकर पैंतरा-मुद्रा बदलते रहना क्या दुनिया में जीने की अनिवार्य शर्त है? पुरखों के चरित्र का स्मरण क्या नवही राग का विरोध है? 'नेताजी' की पीड़ा क्या बेमतलब है? अपने समय की विपथगामी यात्रा को टोकना क्या विपत्ति का आह्वान करना है? मुझे लगता है कि असत्य से पंजा लड़ाने का अदम्य बल यदि मनुष्य में न होता तो मनुष्य जाति की संस्कृति-यात्रा कभी शेष हो गयी होती, इतिहास के गत्वर चक्के जाने कब के रुक गये होते और भूगोल मानव-मूल्यों से छूँछ हो गया होता और पशु की एक नयी जाति नगरों-गाँवों के घरों-आँगनों में डोलती एक दूसरे को खाने-चबाने लगी होती। मगर ऐसा नहीं हुआ। ना, मैं अपने जवार के 'नेताजी की तरह निराश नहीं हूँ और

न तो आज के 'लोक-चतुर' लोगों की तरह उनकी पीड़ा को बेमतलब ही मानता हूँ। ऐसा नहीं हुआ कि मनुष्य ने जो अलग राह चुनी थी अपनी यात्रा की, उससे मुँह मोड़कर वह पशुओं की जमात में हमेशा के लिए घुस गया हो, अपना राह-घाट सदा के लिए छोड़ दिया हो। समय-समय पर अपने पाशव आवेग द्वारा उसने मनुष्य की सौम्य मुद्रा को धक्का मारकर विरूप किया है, लेकिन दूसरे मुहूर्त में वह किसी महत् हाँक से प्रेरित होकर संस्कृत भाव की ओर उन्मुख होता रहा है, गिरते-गिरते सँहलता रहा है, उसकी पहचान मिटते-मिटते पुनर्नवा होती रही है। मनुष्य को पाशव-संस्कार से उबारने और संस्कृत राह दिखाने की जिम्मेदारी जिसने अपने कन्धे पर ली, वे देवता थे कि उसके नख-दन्त से लहू-लुहान होकर भी वे कर्तव्य-च्युत नहीं हुए और प्राणाहुति देकर उन्होंने वह बाती प्रज्वलित की जिसके सहारे मनुष्य की संस्कृति-यात्रा कायम रह सके। आज के अन्धकार में मनुष्य को राह दिखानेवाले चरित्र अगोचर होते जा रहे हैं। संक्रान्ति-संघात के अन्धड़ को दोगली हवा समझते हमारे जवार के नेताजी उसकी अशुभ छाया से ग्रामीण स्वकीयता की रक्षा की हाँक लगाते हैं तो उन्हें उपहास-दंश का मुकाबला करना पड़ता है। गाँव-जवार पर छा रहे अन्धकार को पराजित करनेवाली बाती जलाने की नेताजी जब क्षीण चेष्टा करते हैं तो अन्धकार में डूबे लोग उन्हें हवा के रुख पर थिरकने का उपदेश देते हैं। नेताजी उदास हो जाते हैं। एक क्षण के लिए उनका मुखर सत्याग्रह चुप हो जाता है।

सूरदास निराश नहीं होता। वह मगन भाव से वैष्णव कवियों के पद गाता रहता है। विधाता की लीला का मर्म और कलिकाल के अकुण्ठ नृत्य की भंगिमाओं को चर्मचक्षुविहीन होकर भी महसूस करता है। उससे मैंने जब-जब अन्तरंग बतकही की है, वह मेरी सोच के बहुत करीब दिखाई पड़ा है। विद्या-विशिष्ट न होते हुए भी वह अपनी सुलझी समझ से मुझे आकृष्ट करता है। मैं जब-जब गाँव जाता हूँ, अपने गाँव-जवार के लोगों की तरह उसकी डफली और उसके साथ थिरकनेवाला उसका अशास्त्रीय राग सुनता और प्रीत होता रहा हूँ। मौका निकालकर सूरदास से जब बात करता हूँ, मेरी चिन्ता में गति आ जाती है, विधाता की रचना को विकलांग करने की कोशिश मनुष्य के संहार की कोशिश है, सौन्दर्य-राशि को अपनी क्षुधा से उजाड़ने-भोगने का अमर्यादित आचरण आत्मघात का आयोजन है, लोकचक्षु की ज्योति छीनकर लोक-नेता बनने की महत्त्वाकांक्षा दुर्मति का सबूत है, लोक-चित्त से हमेशा के लिए गिरने की तैयारी है। मनुष्य का चैत्य पुरुष यथास्थिति को स्वीकार नहीं सकता। जागतिक कलुष-कुरूपता के बीच जब उसकी यात्रा फँस जाती है, और राजसत्ता जब उसकी अस्मिता पर प्रहार शुरू करती है, वह अपनी आत्म-शक्ति से उसका मुकाबला करता है। राजनीतिक दुश्चक्रों को

समय विशेष में ऊपर-ऊपर से वह भले ही सह ले, लेकिन उसके मानस-पंख जड़ता के बन्धन को तोड़कर उन्मुक्त होने को बराबर आकुल-व्याकुल रहते हैं। ऐसा न होता तो बुद्धि के देवता राजसत्ता के दरवाजे अपनी कलम रेहन रखकर सुखी बन जाते, किन्तु सच्चाई यह है कि जहाँ प्रातिभ-शक्ति और बुद्धि-वैभव है वहाँ जड़ता, राजकीय बन्धन और दुर्नीति के प्रति युयुत्सा है, अनौचित्य के प्रति विप्लव-राग है, विपत्तियों को नेवता देने की बेचैनी है। मनुष्य अपने किसी कमजोर क्षण में आकाश-कुसुम के आकर्षण में फँस सकता है, किन्तु उसकी आँख पर पर्दा डालकर उसे बलात् अन्धा नहीं बनाया जा सकता। मनुष्य कोल्हू का बैल नहीं, प्रज्ञा-चक्षु है। मेरे जवार के सूरदास को बिना आँख के जो दिखाई पड़ता है, वह आँखवालों को नहीं दिखाई पड़ता। प्रेम का गान गानेवाले मध्यकालीन महाकवि सूरदास ने सामान्य लोक से विच्छिन्न गुह्य साधना को अपनी वाणी द्वारा धक्का दिया था, गोचर के उल्लास को अभिव्यक्ति दी थी। हमारे अंचल का सूरदास आज के राजनेताओं और उन तमाम लोगों के सामने जो बुद्धि के ठेकेदार बन बैठे हैं, ज्वलन्त प्रश्न खड़ा करता है कि हमारी रोजी-रोटी, सुरक्षा-संस्कार के प्रश्न का जवाब क्या निर्गुण भाषा है?

मध्यकाल में सूर ने निर्गुण के विरोध में आवाज उठायी थी कि वह अगोचर लोक का देवता है, कृष्ण परिचित दुनिया का देवता है, जो हँसना-रोना जानता है, प्रेम और लड़ाई की कला में दक्ष है और जो रहस्य नहीं, हर प्रकार से प्रत्यक्ष है, आदमी के प्रेम और पीड़ा के करीब है। सूर को भटकते-भटकते लीला-गान की प्रेरणा मिली थी। उन्हें राह दिखानेवाला उसी राह का अगुआ यात्री बल्लभाचार्य गुरु के रूप में मिल गया था। मिलने को तो बहुतों को जाने क्या-क्या नहीं मिल जाता, मगर वह सबकुछ उपलब्धि कहाँ बन पाता है। सूर के भीतर आग थी, जिसमें फूँक मारकर बल्लभाचार्य ने ज्योति पैदा की। आत्म-प्रतीति के लिए बल्लभाचार्य और रामकृष्णदेव जैसे ज्ञानी और सिद्ध पुरुष का संस्पर्श ही पर्याप्त नहीं होता। उद्धव को तो अन्तरंग सखा के रूप में लालित्य के अवतार कृष्ण ही मिले थे, किन्तु उनके ज्ञान-शुष्क हृदय में रस का प्रवाह गँवार गोपियों ने पैदा किया। बड़े-बड़े राजनेताओं के भाषण और मेरे जवार के 'नेताजी' के उन्मथित चित्त की आक्रोश-उत्थित आवाज से जो आग नहीं जग सकती, वह सूरदास की डफली की गूँज जगा सकती है। राजनेता लोकहित की चिन्ता-चेतना से रिक्त हो गये हैं। मेरे जवार के नेताजी को नयी हवा का एक कम्पन उदास और निराश बना देता है। मगर सूरदास का राग कभी म्लान नहीं होता, उसकी डफली कभी चुप नहीं होती। सम्प्रदायातीत विकुण्ठ चित्त से वह कभी सूर का, कभी कबीर का, कभी तुलसी और कभी मीरा का पद गाता रहता है, और इस प्रकार अपनी दुर्बल साँस के जोर से राख के ढेर

को फूँक मारता रहता है कि शायद राख के भीतर कोई 'लुत्ती' मिल जाए, और आग की रक्षा की जा सके।

मेरे मन में रह-रहकर एक सवाल उठता है, गाँधी की परम्परा क्या निर्गुण-परम्परा है? विचार जब तक आचार में मूर्त-स्फूर्त नहीं होता, तब तक वह निर्गुण ही रहता है। और निर्गुण की ओर सामान्य लोक सहज ही आकृष्ट नहीं होता। मुझे लगता है, समाजवाद और मार्क्सवाद और गाँधीवाद अभी निर्गुणवाद हैं। इनसे जुड़े आदर्श को फूलते-फलते देखनेवाली दृष्टि गोपियों की सामान्य दृष्टि नहीं है, उद्धव की ज्ञान-विशिष्ट दृष्टि है। ज्ञान विशिष्टता असामान्य दशा होती है, समष्टि-चित्त में उसका प्रवेश और प्रतीति ही सामान्य दशा होती है। हमारे जवार के 'नेताजी' उन्मथित चित्त से आदर्श की उसी सामान्य दशा का आग्रह करते रहते हैं, और मेरे गाँव के सूरदास की डफली पर गूँजनेवाली आवाज—'निर्गुन कौन देस को बासी?'—उसी ओर इशारा करती रहती है। मगर दोनों में थोड़ा अन्तर है। एक समाज-सुधारक की खीजभरी आवाज है, दूसरी कविता के राग से गूँजनेवाली आवाज है।

आवाजों की भीड़ में डूबे कलकत्ता में रहता हूँ। तरह-तरह की आवाज कानों पर चोट मारती रहती है। शुरू से ही यहाँ की राजनीतिक हवा में तल्खी और एक खास किस्म का ताप रहा है। सात-आठ वर्ष पूर्व बंगाल में एक राजनीतिक अन्धड़ उठा था। इस शताब्दी के प्रथम दशक में भी एक आँधी उठी थी। पिछले दिनों बंगाल में जो राजनीतिक अन्धड़ शुरू हुआ था, वह स्वदेशी चेतना को मारने के उद्देश्य से शुरू हुआ था। उसकी पीठ पर पीकिंग छाप के नारे टँगे थे। आज फिर उस आँधी का आभास मिलने लगा है। तब भी बंगाल में तथाकथित प्रगतिशील लोगों की सरकार थी, आज भी उन्हीं का राज्य है। उस दिन भी भारतीय मनीषा की श्रेष्ठ उपलब्धि ईश्वरचन्द्र विद्यासागर की मूर्ति का शीर्ष प्रदेश काट दिया गया था, आज फिर उसी मूर्ति की गर्दन पर आघात हुआ है। मुझे लगता है, राजनीति की नयी आँधी भारतीय विद्या-प्रतीकों से घबराती है। मूर्त संस्कृति-प्रतीकों को अमूर्त विचार से खण्डित करने की कोशिश के पीछे विशेष उद्देश्य निहित है। एक दीर्घ परम्परावाली जाति को इतिहास-संस्कार से विच्छिन्न करने की हीन चेष्टा एक बड़े अमंगल का आभास देती है। मुझे ऐसा लगता है कि अपने हिंसा-मूलक आचरणों द्वारा जो लोग आम लोगों में आतंक की सृष्टि करना चाहते हैं, वे स्वयं इतिहास-शक्ति से आतंकित हैं। भारतीय विद्या के शिखर-प्रतीकों को तोड़े बिना, विद्या के सनातन संस्कारों और जातीय अभीप्सा के मूर्त चिह्नों को मिटाये बिना अविद्या-औद्धत्य को प्रतिष्ठित करना कदाचित् सम्भव नहीं है। मूर्ति-भंजन-

अभियान के अन्धे आवेग में मुझे भय की छाया दिखाई पड़ती है। दूसरे का खलिहान जलाने की हिंसा-वृत्ति उसी में देखी जाती है, जो अपनी खलिहान खड़ी करने की रचनात्मक शक्ति गँवा चुका होता है। मेरे गाँव-जवार में खलिहान जलाने की हीन मनोवृत्ति बढ़ रही है। यह निकम्मे लोगों का भीति-प्रसूत आचरण है। भारतीय विद्या-प्रतीकों को तोड़नेवाले पराजित मनोवृत्ति के लोग हैं, जो अपने हीन आचरण द्वारा भय की आबोहवा खड़ी करते रहते हैं। अपनी दृश्यमान पुरा-सम्पदा को वे 'माया' की 'ठगिनी' मुद्रा समझते हैं और दूर के ढोल पर अनाड़ी हाथ थपथपाते दिखाई पड़ते हैं। दूर देश की ठगिनी माया ने अपनी जमीन से इनके पैर उखाड़ दिये हैं। ये मोहविद्ध दिशाहारा लोग अन्धी प्रतिश्रुति के कायल हैं। निर्गुणोपासकों की जमात बलात् खड़ी करने के बड़े आदर्श पर ये पानी पीट रहे हैं। मथुरा से उद्धव भी ज्ञान-गुमान लेकर एक मूर्ति तोड़ने चले थे। गोपियों ने उन्हें अपनी जाति में मिला लिया था। ज्ञान 'उपदेसने'वाले निर्गुणोपासक उद्धव गोपियों के उच्छल प्रेम में डुबकी लगाकर और पूरी तरह प्रेम-मार्गी बनकर मथुरा लौटे थे। जीवन के वास्तविक रस के नैकट्य ने उनकी विचार-शुष्कता और आचार-कर्कशता शेष कर दी थी। उन्हें दृश्य में वह प्रतीति मिल गयी थी जिसे वे अदृश्य लोक में ढूँढ़ रहे थे। गोचर लोक के रस से जुड़ते ही उनके व्यक्तित्व में वह राग गूँजने लगा था जिसे गोपी-भाव कहते हैं।

ज्ञान के नये गुमानियों को और दूर के ढोल की सुहावनी आवाज से मोहविद्ध होकर अन्धाधुन्ध पानी पीटनेवालों को देर-सवेर सही राह मिलनी चाहिए। मगर इस राह को पाने के लिए धरती की यथार्थता से जुड़ना पड़ेगा, दृश्यमान को अपनी उपासना का उपजीव्य बनाना पड़ेगा, ज्ञान-गुमान को सखा-भाव की ऋजुता से दबाना पड़ेगा, कल-कारखाने और खेत-खलिहान से उठनेवाले यथार्थ राग को आत्मीय कानों से सुनना पड़ेगा, अपनी मुरली पर धरती के स्वर की साधना करनी पड़ेगी। मूर्ति-भंजन के पहले प्रज्ञा-चक्षु खोलना जरूरी है। मेरी प्रतीति है, आम आदमी के उद्धार की आवाज अभिजात मुद्रा और अनात्मीय शिल्प में जब तक गूँजती रहेगी, आम आदमी अन्धकार में ही भटकता रहेगा। गोचर की साँवली छटा हमें अपनी अँकवार नहीं सौंप सकती, जब तक हम अगोचर की लुभावनी मुद्रा से मुँह न मोड़ लें। ऐसा लगता है कि बुद्धिजीवी राजनेताओं की जमात में घुस गये हैं और दिशाहारा गणदेवता की ओर से उन्हीं की तरह मुँह फेर लिया है। एक मनीषी फकीर विनोबा हैं, 'सूक्ष्म' में पहुँचकर भी जिन्होंने गोचर लोक से मुँह नहीं मोड़ा। उद्धव की गलती दुहराकर वे ज्ञानियों की जाति को बदनाम नहीं करना चाहते। इन दिनों 'विष्णु सहस्रनाम' के वातावरण में वे रमे हुए हैं। जगत् के कण-

कण में उन्हें विष्णु का अस्तित्व दिखाई पड़ता है। 'विष्णु सहस्रनाम' के हर पद का अर्थ वे जागतिक पदार्थ में खोजकर स्फूर्त होते हैं। 'व्यक्तरूप' शब्द पर दृष्टि पड़ते ही विनोबा गाने लगते हैं :

आँख न मूँदौं कान न रूँधौं
तनिक कष्ट नहिं धारौं
खुलै नैन पहचानौं हँसि-हँसि
सुन्दर रूप निहारौं
साधो! सहज समाधि भली।

उनके चित्त के दरवाजे खुले हैं, इसलिए उनमें सहज अनुभूति होती है कि 'विश्वम्' ही भगवान का पहला, प्रत्यक्ष, बाह्य प्रकट रूप है और विष्णु उसके अन्दर छिपा है, उसके अन्दर प्रवेश किया हुआ है। बाह्य रूप विश्व है, प्रत्यक्ष रूप विश्व है, अन्दर भगवान है।' ज्ञानी उद्धव की समझ में यही नहीं आ रहा था और गँवार गोपियों के व्यक्तित्व में यही प्रतीति-उल्लास सहज रूप में छलक रहा था। शायद इसी को देखकर महाकवि सूर ने ज्ञानी उद्धव को 'अज्ञानी' और गँवार गोपियों को 'ज्ञानरूप' कहा। गोपियाँ जहाँ देखती थीं, कृष्ण की साँवली मूरत ही उन्हें दिखाई पड़ती थी :

निसि दिन ध्यान सूर प्रभु को अलि, देखत जित तितहीं।

विनोबा अपनी दृष्टि, श्रवण और स्मरण-शक्ति की दुर्बलता से दुःखी नहीं हैं। वे वर्षों से चिन्तित हैं कि वाणी-विक्रय का बाजार गरम होता जा रहा है, जिससे दुनिया की आबोहवा में हिंसा का धुआँ भरता जा रहा है, औचित्य की प्रतिष्ठा में बाधा पड़ रही है। विनोबा की ही भूमि के मध्यकालीन भारतीथ सन्त थे तुकाराम जिन्होंने अपनी वाणी द्वारा नर-नारायण का तुक मिलाकर अपने समय के ज्ञान-औद्धत्य को म्लान कर दिया था। सन्त तुकाराम वाणी-विक्रय और नर-स्तुति को सबसे बड़ा पाप समझते थे। अपने आराध्य देव विनोबा से आर्तस्वर में उन्होंने प्रार्थना की थी, 'प्रभो, और चाहे जो कराना, वाणी-विक्रय और नर-स्तुति जैसे पाप से मुझे बचाना।'

और आज इसी पाप का प्रभुत्व दिखाई पड़ रहा है। पाप-लीला का उल्लास देखकर अकसर मुझे रामकृष्ण की बात याद हो आती है—पाप और पारा पचता नहीं, समय पाकर फूटता है। हमारे पड़ोसी गाँव के नेताजी कहते हैं कि अपने पाप की पीड़ा से लोग बेचैन हो गये हैं, मुझे शंका होती है कि विद्या-लोक में भी पापी हवा प्रविष्ट हो गयी है, जिसे विनोबा जैसे मनीषी सन्त महसूस कर उदास हैं।

मेरे जवारवाले नेताजी कम उदास नहीं हैं। मगर इनकी उदासी से कोई उदास नहीं हो रहा है। न तो नेताजी की कोई सुनता है और न विनोबा की। इनकी सुनना असुविधा की राह चुनना है। लोग सुविधा में जीना चाहते हैं, इसलिए गोचर लोक की पीड़ा-परेशानी से आँख-कान मूँदकर अगोचर की उपासना में लीन हैं। कोई किसी की सुनता नहीं, केवल अपनी ही धुनता है। सुनने-सुनाने और सीखने-सिखाने के लिए जो निकटता जरूरी होती है, आज वही टूट गयी जान पड़ती है। हम एक-दूसरे से इतने दूर हो गये हैं कि न तो समाज-संस्कार की सम्भावना जग रही है और न अपने उद्धार की राह सूझ रही है। स्वार्थ-सजगता और अधिकार-औद्धत्य के आवेग से अनुशासन छन्द दरक गया है। गोपियों की स्वच्छन्दता में भी एक छन्द था। अनेक कण्ठ से एक ही राग गूँज रहा था। संवाद की सहज अनुकूलता थी। गोपियों ने उद्धव की बातें सुनी थीं और अपने सहज ग्रामीण अन्दाज में उन्हें अपनी सुनायी थीं। इतना ही नहीं, अपनी ललित शैली में उन्हें उनकी गलती का ज्ञान भी कराया था—व्यर्थ हवा में मुक्का मार रहो हो बाबा, यहाँ निर्गुन राग सुननेवाला कोई नहीं है। नगर-नारियों को सुनाओ तो शायद कुछ बात बने। हमारे सीधे-सरल मार्ग पर निर्गुन के काँटे बिछाने की नाहक कोशिश कर रहे हो। प्रेम का यह सहज मार्ग, राज-मार्ग है, इसे अपरिचित लोक के कुहासे से अन्धा बनाने की बलात् चेष्टा न करो। —इस प्रकार सही राह दिखाकर गोपियों ने उद्धव को मथुरा वापस किया था। उद्धव को गोपियों के सत्य ने स्पर्श किया था। आज के आदमी की पीड़ा बुद्धिजीवियों, शिल्पियों और समझ-विशिष्ट लोगों को छू नहीं रही है। दूरी बढ़ जाने से सीधे संवाद की सुविधा खण्डित हो गयी है। मैं सुनता हूँ, अपने पड़ोसी गाँव के नेताजी की खीज भी और सूरदास की डफली पर थिरकते रहनेवाला राग भी। नेताजी के प्रति सहानुभूति जगती है, मगर मुझे प्रीत-स्फूर्त करता है सूरदास का लोक-राग ही।

विनोबा देश-दुनिया की दशा से उदास हैं कि बुद्धिजीवी भोग-उपकरण बटोरने की स्पृहा से सत्ता-शोभा की ओर सरपट दौड़ने लगे हैं। हमारे ज़वार के नेताजी दुर्नीति-कलुष में डूबे रहे गाँवों की रक्षा के लिए छटपटा रहे हैं। हवा के रुख के साथ रुख मिलाकर जीने की जिन्हें कला आती है, वे एक खास जिन्दगी जी रहे हैं और नेताजी की समाज-चिन्ता का मजाक उड़ा रहे हैं। राजनेता निर्गुन राग रचने में लगे हैं, विद्या-व्यापारी शब्दों की सहज लीलामुद्रा को अपने सुविधा-सुख के लिए विरूप कर रहे हैं। सूरदास न खीजता है, न उदास-निराश होता है, न किसी का उपहास करता है और न तो दूसरे का उल्लास उजाड़कर अपनी कण्ठसाधना जीवित रखने की हीन साध ही पोसता है। सहज धुन में डफली बजाते मगन होकर गोचर की महिमा लोक-राग में गाता रहता है :

मधुप कहाँ ह्याँ निरगुन गावहि।
यह प्रिय कथा नगर नारिनि सौं कहहि जहाँ कछु पावहि॥
जानति मरम नन्द नन्दन की, और प्रसंग चलावहि।
हम नाही कमला सीं भोरी, करि चातुरी मनावहि॥
अति विचित्र लरिका की नाई, गुर दिखाइ बैरावहि। ●

धरती माता? धरती-पुत्र!

सम्मान्य श्री माचवेजी,

नमस्कार।

आपका आदेश है कि आपकी पत्रिका के लिए एक ललित निबन्ध भेजूँ। बड़ी कृपा जो अनुज पीढ़ी के मेरे जैसे अदना लेखक पर आपकी दृष्टि पड़ी। आज तो उछालू-चालू खास नामों पर ही लोगों की नजर रहती है। साहित्य में भी सियासी मुद्रा भयावह रूप में दिखाई पड़ने लगी है। भाई-भतीजा और जाति-बिरादरी की हीन ग्रन्थि को दिन-रात कोसनेवाले साहित्यिक स्वयं इस रोग के शिकार हो गये हैं। राजनीति की तरह विवेक भी शिविरों, खेमों और व्यक्ति से बँधता जा रहा है। राजनीतिकों को जैसे उसूल नहीं, अवसर से मतलब है और अपने मतलब को पूरा करने के लिए वे कभी प्रदेश की, कभी जनपद की, कभी जाति-बिरादरी की और अपने घिनौने स्वार्थ को छिपाने के लिए बीच-बीच में गाँधी-मार्क्स जैसे बड़े विचारकों की चर्चा किया करते हैं, ठीक वैसे ही आज के साहित्यिक-विचारक भी अपने-अपने पिंजड़े के पक्षियों के रंग-रूप और बोल का ढोल पीटते रहते हैं। अपनी शिविरबद्ध धारणा और व्यक्ति-बड़ाई की अपनी दलील इतनी भारी-भरकम मुद्रा में पेश करते हैं कि सहज ही उन्हें 'समदर्शी' और अत्यन्त जागरूक विचारक मान लिया जाए। बेशक किशोर मति धोखा खा जाती है जैसे राजनीतिकों की मोहिनी मुद्रा में आम आदमी फँस जाता है। वह औदार्य जो प्रेमचन्द की पीढ़ी में था, आज प्रेमचन्द का नाम जपकर शक्ति कमानेवाले में किस मात्रा में है? आपकी पीढ़ी में एक अंश तक था। प्रेमचन्द और नन्ददुलारे वाजपेयीजी की वैचारिक लड़ाई से आप परिचित हैं। और आप जानते हैं, अपने विचार के विपरीत वाजपेयीजी की विचारणा को प्रेमचन्दजी ने 'हंस' में छापा था। आपकी पीढ़ी के विचार डॉ. रामविलास शर्मा ने अपने विरोध में लिखा गया श्री विष्णुकान्त शास्त्री का लेख 'समालोचक' में प्रकाशित किया था। पं. नन्ददुलारे वाजपेयी ने अपनी लिखावटों में महापण्डित राहुल सांकृत्यायन के कथा-साहित्य पर तीखी टिप्पणी की थी।

1958 में सागर में मैंने वाजपेयीजी के कक्ष में दीवार पर एक ही चित्र देखा था, वह राहुलजी का था। एक पखवारे के लिए राहुलजी वाजपेयीजी के मेहमान थे और उनकी कन्या को चीनी भाषा पढ़ाया करते थे। महामना मालवीयजी और महात्मा गाँधी तथा जवाहरलाल नेहरू और आचार्य नरेन्द्रदेव के वैचारिक विरोध और आत्मीय रिश्ते से आप परिचित हैं। वह औदार्य एकाएक कहाँ लुप्त हो गया? आदमी और आदमी को जोड़नेवाली वह संवेदना, जो लालित्य–उल्लास की जननी है, को किस विषैले धुएँ ने मार दिया? मुझे लगता है माचवेजी, कि भोग की राजनीति ही वह दैत्य है जिसने मानवीय संवेदना का गला घोंट दिया और सारे अन्तर्वैयक्तिक सम्बन्ध छिन्न–भिन्न हो गये; मनुष्य अकेला पड़कर और अकेले की चिन्ता से हलकान होकर छोटी–छोटी घेरानों की रचना करने, उसमें सिमटने और घुटने को मजबूर हो गया।

आप अपने मानस में जापान की शोभा–शक्ति की तसवीर आँककर अभी–अभी स्वदेश लौटे हैं। विपत्ति की मार ने जिस जापान को धूलिसात कर दिया था, वह अपनी धूल को राष्ट्रीय निष्ठा से सँवारकर समृद्धि के आसमान में पहुँच गया, और हम अपने क्षुद्र स्वार्थ की पूर्ति के लिए पूरे राष्ट्र को राख में मिलाने पर तुले हुए हैं! आपने देश के लिए प्राण देनेवालों की राजनीति भी देखी है और आज के अवसरजीवी लोगों के राजनीतिक पैंतरे भी देख रहे हैं। आजादी के बाद समाजवाद और प्रगतिशीलता का ऐसा हल्ला शुरू हुआ देश में कि राष्ट्रवाद का उच्चारण करनेवाला साम्प्रदायिक और दकियानूस समझा जाने लगा। इस लांछन से बचने और अपने को साफ–पाक प्रगतिशील सिद्ध करने के लिए लोग अपनी बोली–बानी बदलने लगे। इतना ही नहीं, समय के रुख को पहचानकर रंग–बिरंगे मोहक नारे टेरने लगे। लोकतान्त्रिक देश की राजनीति विरोधी विचार–सरणी से चलती ही है। यह बुरा नहीं है, बुरा है राष्ट्र–हित को ताक पर रखकर अंचल–निष्ठा, प्रदेशवाद और व्यक्ति–स्वार्थ को तरजीह देना। प्रशासन–आसन पर बैठी राजनीति और उससे लड़नेवाली राजनीति ने इसी संकीर्ण राह को अपना लिया है। परिणामतः पूरा देश दिशाहारा और विपथगामी होता जा रहा है। देश की प्रख्यात विदुषी श्रीमती महादेवी वर्मा कहती हैं कि 'राजनीति विक्षिप्त हो गयी है, और उसने हमें भी विक्षिप्त कर दिया है। अगर हम उनकी तरह न बोलें तो हमें पागलखाने में रख दें वो।' पता नहीं, विक्षिप्त मनुष्य में लालित्य–रचना की कितनी सम्भावना–क्षमता होती है। मेरी समझ कहती है, लालित्य रचने के लिए प्राकृतिक शोभा–वैभव और समृद्ध सौन्दर्य–मुद्रा ही पर्याप्त नहीं है। मन की भूमिका सबसे बड़ी होती है। उच्चाटनग्रस्त, उन्मथित मन पुष्प–पराग को खाक से अधिक कुछ नहीं समझता। संवेदना–छन्द के विकलांग रूप को देखकर मेरा मन बेहद उदास है। और आपका

आदेश है कि आपकी पत्रिका के लिए एक ललित निबन्ध भेजूँ।

मेरे सामने हिन्दी की साप्ताहिक पत्रिका 'धर्मयुग' का 1972 का एक पुराना अंक पड़ा है, जिसमें 'द्रमुक' के पाँचवें मदुरै जिला अधिवेशन का विवरण प्रकाशित हुआ है। रोंगटे खड़ा करनेवाली बातें! बातें 'तमिलनाडु के मुज़ीबुर्रहमान' की! बातें स्वायत्त शासन की माँग की! और बातें समाजवाद की हिमायत करनेवाले गद्दीनशीन लोगों की! मुझे स्मरण आ रहा है, उसी वर्ष कलकत्ता से निकलनेवाले 21 जुलाई के अखबारों में तत्कालीन बिहार के मुख्यमन्त्री का वक्तव्य मुख पृष्ठ पर विशिष्टता के साथ छपा था। बाँग्ला पत्रों ने शीर्ष प्राथमिकता के साथ मन्त्री महोदय का वक्तव्य छापा था, 'बिहारे शुद्ध बिहारीरा चाकरी पाबे'। और बंग प्रदेशवासियों के कान खड़े हो गये थे, नासिका लाल हो उठी थी। प्रवासियों के मन की निश्चिन्तता को धक्का लगा था। महानगर और सम्पृक्त व्यावसायिक बस्तियों में, उपनगरों में साँस ले रहे और जीविका कमा रहे लोगों में जो कानाफूसी शुरू हुई थी, वह भीति के रूप में प्रकट होने लगी थी और रोजी-व्यवस्था से जन्मे उच्छल उल्लास पर चिन्ता का कुहरा छा गया था। गाँव-घर के बिगड़ते-टूटते रिश्ते और प्रवासी रिश्ते को समेटने की मजबूरी के भय से लोग काँप उठे थे। राजनीतिक अदूरदर्शिता और वाचालता की तीखी प्रतिक्रिया ने लोगों को आतंकित कर दिया था। भावुकता जब राजनीतिक मंच या प्रशासन-आसन से मुखर होती है, बड़े-बड़े संकट की भूमिका रचती है। अखबारों में केवल बिहार के मुख्यमन्त्री का वक्तत्व ही नहीं छपा था, चिट्ठियों के रूप में उसकी भयंकर प्रतिक्रिया छपी थी। सम्पादकीय टिप्पणी और स्वतन्त्र लेख में इस सम्बन्ध में बहुत कुछ कहा गया था और एक वक्र दृष्टि-भंगी उछलकर सामने आयी थी कि बेकारी की समस्या का उपयुक्त समाधान सुझाया है बिहार के मुखिया ने कि पश्चिमी बंगाल इसे क्रियान्विति दे। मुझे स्मरण है, धरती-पुत्र की हिमायत को प्रबल उत्तेजना मिली थी।

आपको पत्र लिखते हुए मुझे अनायास सन्त तुकाराम की याद आ रही है, जिन्होंने नर-नारायण की दुर्बल हो गयी तुक को अपनी सहज अध्यात्म-साधना से पुष्ट किया था। आप जानते हैं, विनोबा के नाम-कीर्तन में मगन रहनेवाले तुकाराम ने अपनी जन्मभूमि देहू-क्षेत्र की महिमा की उच्छ्वसित कण्ठ से प्रशस्ति की है, किन्तु जब उनसे किसी ने स्वदेश का परिचय पूछा तो तुकाराम ने यह नहीं बताया कि पंढरपुर या देहू मेरा क्षेत्र है। उनका उत्तर वैष्णवोचित था कि हमारा स्वदेश तीनों लोक है, 'आमुचा स्वदेश भुवनत्रयार्मध्ये वास।' यह उदारता-उदात्तता भारतीय ऋषि-चरित्र की सहज पहचान है, जो मध्यकालीन भारत के सन्तों के चरित्र में एक साथ दीप्त हुई थी। वही दीप्ति उन्नीसवीं शताब्दी के अध्यात्म-साधकों और मनीषी राजनेताओं में दमकी थी।

आपके प्रतिवेश में श्री अरविन्द का पैतृक भवन है। मुझे बार-बार श्रीअरविन्द याद आ रहे हैं, यह महानगर जिनकी जन्मभूमि है और स्वदेशी-आन्दोलन-काल में यही उनका कार्य-क्षेत्र रहा है। कहा था श्री अरविन्द ने 1909 में, ''स्वदेश माता है, स्वदेश भगवान है।'' यही वेदान्तशिक्षान्तर्गत महती शिक्षा जातीय अभ्युत्थान का बीज है, लगता है, माचवेजी, कि यह बीज कहीं खो गया है या कि धरती की उर्वरा शक्ति को ही कुछ अन्यथा स्पर्श लग गया है। जातीय मानस में राजनीतिक प्रदूषण से ऐसी मैल जम गयी है कि देश कमजोर और अनाकर्षक होता जा रहा है। कुछ वर्षों पूर्व प्रख्यात सितारवादक श्री रविशंकर ने चिन्ता प्रकट की थी कि देश सांस्कृतिक शून्य में डूबता जा रहा है। और आपको स्मरण होगा, 1960 में आचार्य विनोबा ने इन्दौर में एक माह का प्रवास किया था। शहर में घूमते दीवारों पर लगे फिल्मी पोस्टर की अश्लील मुद्रा ने उनके संस्कृति-सचेत मानस को उद्वेलित कर दिया था। उत्तेजित होकर उन्होंने टिप्पणी की थी, ''यह वासना की निःशुल्क और अनिवार्य शिक्षा है।'' व्यक्ति-स्वातन्त्र्य का यह अर्थ कतई नहीं है कि समष्टि के सौन्दर्य-बोध पर हम धावा बोल दें। दीवारों की धवलता की रक्षा के लिए उन्होंने सत्याग्रह की धमकी दी थी। उनकी धमकी का तात्कालिक असर जरूर हुआ था, लेकिन आप गौर करें, पिछले 21 वर्षों में सांस्कृतिक दृष्टि से देश कितना नीचे आ गया है। अध्यात्म और संस्कृति का ढोल पीटते किसिम-किसिम के बाबाओं ने अपने भद्दे तमाशों द्वारा विकृति और पाखण्डवाद को बढ़ावा दिया है। 'हरित भूमि तृन संकुल, समुझि परहिं नहीं पन्थ, जिमि पाखण्डवाद ते लुप्त होहिं सद्ग्रन्थ।' कलि का उद्दाम यौवन जैसे साधु विचार को लील गया है। आप हिन्दी ही नहीं, विभिन्न भारतीय भाषाओं की पत्र-पत्रिकाएँ देखते-पढ़ते हैं। उनका चेहरा-चरित्र देखिए और समय का रुख समझिए। अच्छे-अच्छे लोगों का, सुरुचि-सम्पन्न लोगों का, स्वाद बदल गया है; कुरुचि में ही लोगों को आस्वाद और रस मिलने लगा है। पता नहीं, यह आधुनिक संवेदना-चेतना से अगुआ के रूप में जुड़ने का आग्रह है या व्यवसाय-विलास की अन्धी दौड़। मुझे तो 'रामचरित मानस' के उत्तरकाण्ड का कलिकाल-वर्णन याद आ रहा है। आज के बाबाओं का चेहरा-चरित्र, राजनीतिकों की छलना-मुद्रा और दूसरों की सुविधा-सम्भावना को मारकर विलास-नद में विहार करनेवाले तथाकथित श्रीमन्तों की निर्लज्ज लीला आप देखते ही रहते हैं, पाप-प्रवीण पाखण्डियों की हेकड़ी से आप परिचित हैं। आप अधीत साहित्यकार हैं। तुलसीदास को स्मरण कीजिए। क्या प्रातिभ दृष्टि दी थी विधाता ने कवि को! क्रुद्ध पीढ़ी के साहित्यकार तो उन्हें पूरी तरह खारिज कर देने पर तुले हुए हैं। और दुर्भाग्यवश उन्हें वैचारिक समर्थन देनेवाले ज्येष्ठ पीढ़ी के एकाध नामी समीक्षक भी मिल गये हैं। मानस चतुःशताब्दी-वर्ष

में लन्दन में बी.बी.सी. से डॉ. नामवर सिंह ने तुलसीदास पर जो टिप्पणी की थी, वह आपको याद है न? और उसी वर्ष तुलसी-साहित्य के मर्मज्ञ अध्येता के रूप में डॉ. नामवर सिंह का काशी हिन्दू विश्वविद्यालय ने, ताम्रपत्र प्रदान कर, अभिनन्दन किया था। उसी विश्वविद्यालय ने, जिसने डॉ. नामवर सिंह के वैदुष्य एवं विशिष्ट अध्यापन-शैली-क्षमता का अन्धी राजनीति के प्रभाव के चलते तिरस्कार किया था और 1958 में अपनी प्यारी नगरी काशी से नामवरजी को बिस्तर समेटने और सागर विश्वविद्यालय की सेवा से जुड़ने को विवश होना पड़ा था! बड़ा गड्डमड्ड हो गया है सारा माहौल। खेमे में छोटे-छोटे खेमे बनते जा रहे हैं—चाहे राजनीति हो, चाहे साहित्य। क्या आपको ऐसा नहीं लगता कि पाखण्डियों की भीड़ से ऊबकर संस्कृति-चेतना कहीं कोने-अँतरे में छिप गयी है और नाना प्रकार की दुकानों पर संस्कृति के बोर्ड लटका दिये गये हैं?

आपके पड़ोसी जिस भवन का मैंने जिक्र किया, उसमें संस्कृति की एक सच्ची ज्योति पैदा हुई थी, जो 14 वर्षों तक आँग्लभाषा, साहित्य, संस्कृति और शुद्ध अँग्रेजी वातावरण से घनिष्ठ रूप में युक्त होकर भी अपनी स्वकीयता नहीं गँवा सकी थी। उन्नीसवीं शताब्दी की सांस्कृतिक सुस्ती को तोड़ने के लिए श्रीअरविन्द ने अपने समय के अन्य मनीषी राजनेताओं की तरह अपने चिन्तन और आचरण द्वारा अनेकमुखी साधना की थी। आप जानते हैं, बम्बई के 'इन्दुप्रकाश' में प्रकाशित तत्कालीन राजनीति पर श्री अरविन्द की टिप्पणियों ने बड़ी-बड़ी हस्तियों को कँपा दिया था। दयानन्द, बंकिम और तिलक का प्रखर राष्ट्रवाद उनका आदर्श था। राष्ट्रीय चेतना को सही दिशा-संकेत देते 'धर्म' पत्रिका में श्री अरविन्द ने लिखा था, 'प्रधान बाधा है, मातृ-दर्शन का अभाव। हमारे प्रायः सभी राजनीतिज्ञ माँ के सम्पूर्ण स्वरूप का दर्शन करने में असमर्थ थे। ...जिस दिन हम अखण्ड स्वरूप मातृभूमि के दर्शन करेंगे, उसके रूप-लावण्य से मुग्ध होकर उसके कार्य में जीवन उत्सर्ग करने के लिए उन्मत्त हो जाएँगे, उस दिन यह बाधा तिरोहित हो जाएगी, भारत की एकता, स्वाधीनता और उन्नति सहज साध्य हो जाएगी। उस दिन भाषा-भेद के कारण कोई बाधा उपस्थित नहीं होगी, सब लोग अपनी-अपनी मातृभाषा की रक्षा करते हुए सामान्य भाषा के रूप में हिन्दी भाषा को ग्रहण करेंगे। और वह बाधा दूर हो जाएगी। ...मातृ-दर्शन के अभाव में इस बाधा को दूर करने की बलवती इच्छा न होने के कारण ही कोई उपाय नहीं सूझता, विरोध तीव्र ही होता जा रहा है।' देश की राजनीतिक आजादी अपनी पूरी जवानी पर है। इन 34 वर्षों में विरोध तीव्र हुआ है, समग्र मातृ-दर्शन का अभाव हुआ है। धरती माता की उदात्त कल्पना म्लान हुई है, धरती-पुत्र का नारा एक अत्यन्त संकीर्ण अर्थ से जुड़कर संक्रामक व्याधि के रूप में एक प्रदेश से दूसरे प्रदेश पर छाता जा रहा है। कहीं 'शिव

सेना' खड़ी है, कहीं 'द्रमुक' देशमाता का मुँह नोंचने को आकुल-व्याकुल है, कहीं 'झारखण्ड पार्टी' अपनी माँग लिए उद्धत है और रामकृष्ण तथा रवीन्द्रनाथ की भूमि में 'आमरा बाँगाली' का प्रादेशिक गुमान क्रियाशील है। आज रथ-यात्रा का पुनीत पर्व है। भगवान जगन्नाथ की, उनकी दैवी ही नहीं, मानवीय महिमा की बात कुछ-कुछ समझता हूँ। सोचता हूँ, भगवान जगन्नाथ के रथ को पूरी धार्मिक आस्था से खींचनेवाली भीड़ में कितने लोग हैं जो अपने देवता को ठीक से समझते हैं? प्रादेशिक असहिष्णुता की हिंसा-मुद्रा बड़े भयावह रूप में अभी-अभी क्रियाशील हुई थी जगन्नाथ के प्रदेश में। और आज रथ-यात्रा महोत्सव मना रहे हैं! शंकरदेव के प्रदेश का मसला ऐसा उलझा दिया गया है कि समाधान की राह ही नहीं सूझ रही है। राजनीति टेढ़ी हो गयी है और उसका नुस्खा जातीय संवेदना के प्रतिकूल सिद्ध हो रहा है। जो धरती माता के उपासक हैं, वे असम की समस्या को जटिल राष्ट्रीय समस्या मानकर अशान्त और चिन्तित हैं।

सबसे बड़ी चिन्ता की बात है कि 'वन्देमातरम्' मन्त्र की प्रेरणा से 1905 में जो स्वदेशी चेतना आविर्भूत हुई थी, वह स्वाधीनता के 34 वर्षों में विजातीय हवा-पानी से आक्रान्त होकर बुरी तरह श्लथ हो गयी है। सोचिए माचवेजी, यह कितनी पीड़क स्थिति है कि जब कोई राष्ट्रीय प्रेरणा और स्वदेशी चेतना को पुष्ट करने की हाँक लगाता है तो लोग उसे अन्यथा दृष्टि से निहारने लगते हैं या फिर उसकी आवाज पर अपेक्षित कर्णपात नहीं करते। और जब राष्ट्रीय समस्या का समाधान राष्ट्र को प्रादेशिक टुकड़ों में बाँटकर जोहा जाने लगता है तो उसे समाजवादी परिकल्पना के अनुरूप एक प्रगतिशील और व्यावहारिक कदम माना जाता है। बात जब भारत में बसे लोगों की भारतीय निष्ठा के बारे में उठी तो तथाकथित प्रगतिशील लोगों द्वारा उसका मज़ाक उड़ाया गया और बात जब धरती-पुत्र का ढोल पीटते प्रदेश-पुत्र की प्राथमिकता की उठायी गयी तो आंचलिक सीमा में उलझी दृष्टिवाले पत्रों द्वारा इसे खूब उछाला गया, गोया बेकारी के महारोग का सही नुस्खा मिल गया हो!

मुझे लगता है, शायद आप भी ऐसा महसूस कर रहे हों कि धरती माता की महत् धारणा पर अनेक दिशाओं और अनेक भंगिमाओं से प्रहार हुए हैं। लोकतन्त्र, समाजवाद और धर्मनिरपेक्षता का नारा बुलन्द होता गया, और उसी परिमाण में स्वदेशी की प्रेरणा-चेतना दुर्बल होती गयी। सरकारी छलना जनता के सामने मुखर हुई कि तुम्हारे अधिकार के प्रश्न को हम शीर्ष महत्त्व दे रहे हैं, कि तुम्हें प्रादेशिक भूमिका पर प्रमुखता देकर तुम्हारी सबसे बड़ी समस्या को मारने जा रहे हैं यानी राष्ट्रीय प्रवाह से काटकर तुम्हें प्रादेशिक पिंजड़े में बन्द करने जा रहे हैं। राजनीति की इस मूढ़-मुद्रा से प्रवासी जनता आशंकित है, आतंकित है, उदास है कि इस

दुष्काल में धरती-पुत्र ने उनकी व्यवस्था पर लात मार दिया और बिस्तर समेटने की मजबूरी आ गयी तो उनका संसार कैसे चलेगा? गृहस्थी की गाड़ी को खींचने की चिन्ता से सामान्य भारतीय गृहस्थ अभी मुक्त नहीं हुआ है और आजादी की जवानी उतान मुद्रा में सामने खड़ी है!

'वन्देमातरम्' (12.4.1908) प्रकाशित 'The Demand of The Mother' शीर्षक श्री अरविन्द का सम्पादकीय निबन्ध मेरे सामने है, 'माँ हमसे कार्यक्रम नहीं माँगती, परिकल्पना नहीं माँगती, पद्धति-प्रक्रिया नहीं माँगती। हमारी महत्त्वाकांक्षा से श्रेष्ठ कार्यक्रम, परिकल्पना और कार्यप्रणाली है उसके पास। वह हमसे हृदय माँगती है। इससे कम से वह सन्तुष्ट नहीं होगी। स्वदेशी, राष्ट्रीय शिक्षा और स्वराज्य-संगठन की प्रचेष्टा उसके प्रति आत्म-समर्पण के ही कुछ माध्यम हैं।' बकौल श्रीमती महादेवी वर्मा आज की 'विक्षिप्त राजनीति' तो इसे पागल का प्रलाप ही मानेगी, मगर सच्चाई यह है कि आज से 72 वर्ष पूर्व श्री अरविन्द ने देशोद्धार की जो राह दिखाई थी, वही, और मैं जोर देकर कहना चाहता हूँ केवल वही, आज भी देशमाता की अपेक्षा है। आज तो जातीय चरित्र में स्खलन आया है, सारे रोग की जड़ वही है। अरविन्द द्वारा सुझाया गया उपचार आज के जातीय रोग का एकमात्र सही उपचार है। आज के हकीम को देखकर रुग्णा देशमाता उदास हो जाती है कि रोग कुछ और है और उपचार कुछ और चल रहा है। रोग है स्वदेशी चेतना, स्वदेश-संस्कार यानी देशभक्ति के अभाव का। माँ हमारी भक्ति माँगती है; हमारी समर्पण-निष्ठा माँगती है। और हम उसे टुकड़ों में बाँटकर पूजना चाहते हैं, उसके एक-एक अंग को तोड़कर उसे स्वस्थ-समृद्ध करना चाहते हैं; या कहें, माँ की ओर से आँख मूँदकर उसके पुत्र पर हमने आँख लगा दी है। कभी-कभी आँख लगती है तो चेहरे की रोशनी उतर जाती है। और फिर आज के राजनीतिकों की आँख! पूछिए मत! लगते ही हरा पेड़ ठूँठ हो जाए। और दुर्भाग्य देखिए माचवेजी, यह नजर धरती-पुत्रों पर लग गयी है। मेरे एक आत्मीय मित्र हैं श्री नवल, जो अकसर मेरी बात काटते हैं, कहते हैं—यह नहीं, यह। फिर मेरी बात काटते हैं, आज के राजनीतिकों की नज़र केवल उस गद्दी पर है, धरती-पुत्र का नारा शुद्ध स्टंट है। सच कहूँ आपसे, स्टंट की बात मुझे उतना उदास नहीं बनाती जितना इस नारे की सचाई और उसकी भयावह प्रतिक्रिया।

मेरे मन में बार-बार प्रश्न उठता है कि गरीबी हटाने के लिए क्या प्रादेशिक दीवार खड़ी करना और देश के दूसरे प्रदेशवासियों के लिए उसके दरवाजे बन्द करना ही रास्ता रह गया है? नयी राजनीति के नये पुरोधा क्या जानबूझकर उस अशुभ स्थिति की भूमिका रच रहे हैं, जो हर प्रदेश को तमिलनाडु की राह पर झोंक दे? क्या वह दिन आ रहा है जब गंगासागर, द्वारका, बद्री-केदार और रामेश्वर के

'यात्री' को एक प्रदेश से दूसरे प्रदेश में प्रवेश करने के लिए यात्रा-सम्बन्धी नयी सरकारी औपचारिकता की पूर्ति करनी पड़ेगी? क्या बंगाली को मथुरा-वृन्दावन या काशी-देवघर में बसने की सहज स्वाधीनता से वंचित कर दिया जाएगा? कलकत्ता और कलकत्ता के उपनगरों में जीविका कमा रहे लोगों की रामायण मण्डलियाँ, उनके अखाड़े क्या उखाड़ दिये जाएँगे? फाग के राग और चैता के बोल से न केवल व्यावसायिक बस्तियाँ, बल्कि कलकत्ता के हृदय-प्रदेश डलहौजी स्क्वायर की गूँजनेवाली अट्टालिकाओं का उल्लास छीन लिया जाएगा? राजस्थान और गुजरात की व्यावसायिक क्षमता क्या महाराष्ट्र की कपास और बिहार के कोयला को स्पर्श नहीं करेगी? कोयला को सोना और कपास को हीरा सदृश मूल्यवान बनानेवाली प्रतिभा का बहिष्कार कर हमारी प्रादेशिक अनुदारता क्या देश के अर्थतन्त्र को लँगड़ा बना देगी? क्या भारतीय ऋषियों, सन्तों, अध्यात्म-साधकों, फकीरों और मनीषी राजनेताओं की आलोकवर्षी साधना को प्रादेशिक पिंजड़े में बन्द कर दिया जाएगा? दयानन्द, गाँधी गुजरात के और भगवान तिलक आपके 'बखरे' में पड़ जाएँगे? और हम उत्तर प्रदेश में जन्मे लोगों को केवल महामना मालवीयजी की माला जपने का ही अधिकार रह जाएगा? लाला लाजपतराय और स्वामी श्रद्धानन्द की बलिदान-कथा केवल पंजाब में ही बाँची जाएगी? स्वामी विवेकानन्द की वाणी बंगाल में और स्वामी रामतीर्थ की अध्यात्म-ज्योति पंजाब में कैद हो जाएगी? रवीन्द्रनाथ को जोड़ासाँकू में और श्री अरविन्द को थियेटर रोड में बन्द कर दिया जाएगा? इकबाल और नजरुल पर क्या मुसलमानों का या फिर उर्दू और बंगाल की दुनिया का ही अधिकार रह जाएगा? दक्षिणी-उत्तरी भारत के उन अहिन्दीभाषी प्रदेशों में जन्मे हिन्दी-साधकों को किस प्रदेश, परिवार में रखा जाएगा? अमृतलाल नागर को क्या इस बिना पर हिन्दी साहित्य के इतिहास से ढकेल दिया जाएगा कि इनके पूर्वज पुरुष गुजराती नागर ब्राह्मण थे? मराठी होने के कारण सखाराम गणेश देउस्कर की साधना को बाँग्ला साहित्य के इतिहास में जगह नहीं मिलेगी? 'हिन्दी बंगवासी' और 'बेंकटेश्वर समाचार' के सम्पादक तथा मथुरा हिन्दी साहित्य सम्मेलन के अध्यक्ष अमृतलाल चक्रवर्ती की तपस्या की ओर से हिन्दी साहित्य का इतिहास क्या इसलिए आँख मूँद लेगा कि वे जन्मना बंगाली थे? पराड़करजी, गर्देजी, मुक्तिबोध और आपके विद्या-अवदान को, हिन्दी-सेवा को हिन्दीभाषी प्रदेश अपने प्रादेशिक अभिमान में अन्धा होकर भूल जाएगा? अन्ततः क्या माखनलाल चतुर्वेदी, प्रेमचन्द और शिवपूजन सहाय को मध्य प्रदेश, उत्तर प्रदेश और बिहार की प्रादेशिक चौहद्दी में बन्द कर दिया जाएगा? वाकई बड़ी कच्ची और दूषित दृष्टि संचालित कर रही है पूरी देश-दशा को। सच कहूँ आपसे माचवेजी, ऐसी अशुभ बयार बह रही है देश में कि डर लगता है, भारतीय मनीषा का वह छन्द जो सदियों से सारे देश की

संवेदना को एक में बाँधे हुए है, कहीं टूटकर प्रादेशिक-भूगोल में न बिखर जाए। जानता हूँ, मनीषा और प्रातिभ ऊष्मा को भूगोल और काल में कैद करना असम्भव है। और फिर भारतीय मनीषा, जिसके आदि अध्याय में ही 'विश्व-मानुष' की चेतना व्यंजित हुई है, भारतीय ज्ञान-गवाक्ष की उदारता को सारी दुनिया ने मुक्त कण्ठ से स्वीकार किया है, प्रादेशिक सीमा में कैद नहीं हो सकती, तथापि माचवेजी, आज की राजनीति की विक्षेप-मुद्रा से बड़ा डर लगता है। जो न हो जाए!

असल में सारा गोलमाल ऊपर से ही शुरू हुआ है। सेवा और भोग का सन्तुलन बिगड़ गया है। मुझे महामना मालवीयजी के जीवन का एक संगत प्रसंग स्मरण आ रहा है। मालवीयजी अपनी रसोई का एक कण अपने परिवारवालों को नहीं ग्रहण करने देते थे, क्योंकि उनकी रसोई बाबू शिवप्रसाद गुप्त के अन्न से बनती थी। मालवीयजी कहा करते थे कि मैंने देश की थोड़ी सेवा की है, इसलिए दान का अन्न मुझे पच जाएगा, मेरे परिवारवालों को नहीं पचेगा, क्योंकि उन्होंने देश-समाज की सेवा नहीं की है। इसलिए दान का अन्न खाने का उन्हें अधिकार नहीं है। आज के तथाकथित देश-सेवकों में वह शुचिता और नैतिकता-बोध आपको कहीं दिखाई पड़ता है? जब ऊपर भोग की होड़ मची हो तो आम आदमी में नैतिकता की गन्ध खोजना सरासर गलत अपेक्षा है। उन्मथित चित्त से सोचता हूँ। मन उदास हो जाता है। 'आमरा बाँगाली' के तेवर से दुःखी होकर पूर्वी बंगाल में जन्मे आदरणीय राय चौधरी महाशय कहते हैं, मैं उसे अपना देश नहीं मान सकता जिसमें काशी-प्रयाग, गया-हरिद्वार न हो। प्रादेशिक पहचान को राष्ट्रीय रंग में बोर देनेवाले भूतपूर्व केन्द्रीय मन्त्री श्री गुलजारी लाल नन्दा की प्रशंसा में लिखी गयी महात्मा गाँधी की टिप्पणी याद आती है। लोढ़ाजी की 'कालिकातार काहिनी'। आदरणीय लोढ़ाजी ने कलकत्ते के अवदान की शक्ति-समृद्धि की विशद चर्चा की थी कुछ दिनों पूर्व 'धर्मयुग' में। कलकत्ते की एक और कहानी है। पीड़क प्रसंगों की कहानी। कहानी वैभव-विलास में डुबकी लगाते श्रेष्ठी वर्ग की, और कहानी उदर की समस्या से जूझते उदास चेहरेवाले बड़े समूह की। ये उदास चेहरे उड़ीसा-आसाम के हैं, बिहार और उत्तर प्रदेश के हैं, नेपाल और आन्ध्र के हैं, कहूँ, पूरे देश के हैं। इन चेहरों की उदासी बढ़ी है। तीज-त्योहार को बाल-बच्चों की याद में उचटते इन प्रवासी मन की कहानी अनकही है। और इनकी पीड़ा? मुझे फिर अरविन्द की बात याद आ रही है, जो बर्तानिया शासनकर्ता को लक्ष्य कर 1909 में कही गयी थी, ''शासनकर्ता कर्तव्यज्ञान रहित हो गये हैं, वे अपने स्वार्थ और प्रतिष्ठा की रक्षा करने के लिए निर्वाचकों को प्रलोभन दिखाकर, भय दिखाकर, गलत बातें समझाकर ब्रिटिश जाति की बुद्धि विकृत कर रहे हैं, उसकी

मति की अस्थिरता और चंचलता बढ़ा रहे हैं।" लगता है, जैसे यह उक्ति साम्प्रतिक स्वदेशी सरकार के प्रति है। मेरी तरह औरों को भी लग सकता है। पता नहीं, आपको कैसा लगता है? और मेरे सामने उदास चेहरों की भीड़ खड़ी है, जो राजनीतिकों के छल और बहकावे से घिर गयी है। दिशाहारा है। सर्वहारा से पीड़क है दिशाहारा होना।

पिछले कुछ वर्षों से आपने खयाल किया होगा, अधिकार-कर्तव्य की बात या विवाद कम सुना जाता है। इस महानगर में, जिसे शायद जवाहरलालजी ने जुलूसों का शहर कहा था, 'दावी' शब्द पिछले कुछ वर्षों से काफी परिचित हो गया है। 'दावी' यानी माँग। 'आमार दावी मानते हवे'। उस नारे में और धरती-पुत्रवाले नये नारे में, अपने मन की बात आपसे कहूँ, एक संगति दिखाई पड़ती है। पिछले 34 वर्षों में धरती माता की उदात्त भावना कुण्ठित हुई है यानी कर्तव्य की भावना कमजोर हुई है, टूटी है। लोगों में अधिकार-सजगता आयी है या कहें, अतिरिक्त स्वार्थ-सजगता आयी है। धरती-पुत्र की प्राथमिकता का प्रश्न शीर्ष महत्त्व का प्रश्न बनता जा रहा है। धरती माता यानी कर्तव्य-निष्ठा, धरती-पुत्र यानी अधिकार-सजगता। 'दावी' उछालनेवाला अपना स्वार्थ उछालता है। और धरती-पुत्र का नारा सन्दिग्ध कर्तव्य-प्रेरणा का नारा है। यह संस्कार जब तक नहीं बदल जाता तब तक देश के रोम-रोम को अलग करने से समस्या नहीं सुलझेगी। एक और विचित्र स्थिति मुझे कोंचती और उदास बनाती रही है कि फैशन का चक्का बड़ी तेजी से नाच रहा है। पीछेवाला आगे आ रहा है, पुराने ढंग-ढर्रे अधुनातन कहे और अपनाये जाने लगे हैं, मगर स्वदेशी-चेतना का चक्का कहीं अतीत में जाकर ऐसा अटक गया है कि उसकी पहचान हमसे छूटती जा रही है और देश की 'चिति' महानिद्रा की प्रतीक्षा में जम्हाई लेने लगी है। माचवेजी, इस जम्हाई को टोकने-तोड़नेवाली वाणी की रचना जरूरी है। देश की आवाज पर कान देना जरूरी है। हताशा-निराशा के बादल को विदीर्ण करनेवाली वाणी की रचना का समय आ गया है। समय कृती प्रतिभा की परीक्षा का, उदास चेहरों पर नयी रोशनी की रचना का, स्वदेश-संस्कार के कृती आह्वान का, मूक के लिए वाणी और उदास चेहरे के लिए उल्लास-कामना का, स्वदेशी चेतना के उद्धार उन्नयन के लिए उस सक्रिय आत्मीयता का जो भारतीय मानस-मनीषा ने पराधीनता-काल में प्रकट की थी। राजनीतिकों के कुचक्र और नासमझी ने देश की जनता को अपराधजीवी, गुमराह और भीरु बना दिया है। उसे अतिशय वाचाल बनाकर उसकी कर्म-रुचि मार दी है। वह या तो अतिशय ढीठ है या म्लान, मूढ़ और मूक। 'एइ सब मूढ़ म्लान मूक मुखे दिते हबे भाषा, एइ-सब श्रान्त शुष्क भग्न बुके ध्वनिया तुलिते हबे आशा।' साहित्यकार की जिम्मेदारी बेहद बढ़ गयी है, मगर शिश्नोदर की स्पृहा

और कुण्ठा को शब्दों से धुननेवाले साहित्यकार अपनी सामान्य जिम्मेदारी नहीं समझ रहे हैं। निराला और उग्र के इस नगर के विप्लवी तेवरवाले मेरी पीढ़ी के कुछ लोगों ने कुछ वर्षों पूर्व क्रान्ति के उद्देश्य से श्मशान घाट का रास्ता चुना था, और श्मशानी साहित्य-पीढ़ी का जन्म हुआ था। यह वैसे ही हास्यास्पद था, जैसे सरकार की समाजवादी परिकल्पना के साथ ही जाति-वर्ग के आधार पर उसकी व्यवस्था भी चलती रही है या जैसे राष्ट्रीय एकता की बातें और धरती-पुत्र की प्राथमिकता की बातें एक साथ चलती हैं या फिर हरिजन को समाज की सामान्य भूमिका पर उतारने की हाँक भी सुनाई पड़ती है और उन्हें अधिकार-सजग बनाकर विशिष्ट वर्ग में बैठाने की दुष्ट प्रक्रिया भी चल रही है। बड़ा गड्डमड्ड चल रहा है। डर है, अछूतोद्धार के नाम पर जैसे कुनबापरस्ती को बल मिला है, वैसे ही धरती-पुत्र की स्वार्थ-रक्षा का नारा पूरे राष्ट्र को निष्प्रतिभ और संकटग्रस्त बना देगा। प्रादेशिकता की यह नयी भंगिमा मनुष्य को इतना असहिष्णु और अंचलबद्ध कर देगी कि वह नित नये छोटे वर्ग की कल्पना-रचना में उलझता जाएगा और अन्ततः स्वदेशी की प्रेरणा और देश-संस्कार से पूर्णतः छूँछ हो जाएगा। पुरानी पीढ़ी के कवि श्री प्रभात के शब्दों में मुझे देश की आवाज सुनाई पड़ती है :

'और, अब, तुम जो मेरे अपने हो
मेरे शरीर को काटने-कटवाने लगे
मेरे आँगन के कटे वृक्ष
कटा हुआ आसमान
कटी हुई नदियाँ
देखा कभी कि मैं कैसा लगता हूँ
जानते हो, दर्द से नींद नहीं आती
रात-दिन जागता हूँ
हवा के पत्तों से घावों को सहलाता हूँ
निशीथ की ओसों में
पहाड़ों-झरनों की लय में रोता हूँ।'

भारतीय मनीषा का छन्द जो पूरे राष्ट्र को संवेदना-सूत्र से एक इकाई में बाँधता है, क्या उजड़ जाएगा माचवेजी? मेरा मन चिन्तित है। विवेकानन्द कहते हैं, "एक बार जो घटित हुआ है, वह पुनः घटित हो सकता है।" मन थोड़ा आश्वस्त होता है कि भारतीय मानस-मनीषा के जागरण की सम्भावना हमेशा के लिए मर नहीं गयी है। राजनीति अपनी खोयी धवलता को, त्याग-तप और सेवा की प्रेरणा को पुनः अर्जित कर सकती है। आम आदमी के चेहरे पर रोशनी जगायी जा सकती

है। धरती माता के अखण्ड दर्शन की सम्भावना अभी जीवित है। आप साहित्यकार ही नहीं, दर्शन के भी अध्येता हैं। आपकी संस्था भारतीय भाषा की एकसूत्रता को पुष्ट करने के लिए खड़ी हुई है। कोई उपचार सोचिए कि इस दुष्काल में मनीषा की उदग्र साधना की, अखण्ड जातीय छन्द की रक्षा हो सके, देश की अखण्डता को बचाया जा सके।

आपने ललित निबन्ध माँगा है और मैंने अपनी उदासी आपको निवेदित कर दी। मेरे पूज्य गुरु आचार्य पं. विश्वनाथ प्रसाद मिश्र ने पिछली मुलाकात में एक बात कही थी कि जब मन में उल्लास होता है तभी मन्त्र के दर्शन होते हैं। मेरे मन में पीड़ा है, आपके लिए लालित्य कैसे रच दूँ! अपनी लाचारी के लिए क्षम्य हूँ।

स्नेहाधीन

—कृष्ण बिहारी मिश्र

●

['सन्दर्भ भारती'—सम्पादक डॉ. प्रभाकर माचवे के नाम लिखा गया 3 जुलाई 1981 का पत्र]

बनारस का रस मर रहा है!

काशी और वृन्दावन बंगालियों की कमजोरी है। प्रकृत्या यात्राप्रिय बंगाली थोड़ी सुविधा पाते ही सबसे पहले काशी और वृन्दावन देखना चाहता है। इस आकर्षण के पीछे परलोक की चिन्ता है या लोक-स्पृहा, यह तो उसके मन का थाह पानेवाला ही बता सकता है। वैसे मन की गहराई को मापना है बड़ा दुरूह कार्य। अपने ही मन का थाह नहीं मिलता, दूसरे के मन के तल को छूना तो विकट व्यापार है। देखा यह जाता है कि अपने को नास्तिक कहनेवाला बंगाली भी काशी-वृन्दावन के प्रति सतृष्ण रहता है। कलकत्ता में जन्मी-पली और बाँग्ला माध्यम से पढ़-लिखकर सयानी बनी मेरी बिटिया ऋचा मेरी हर काशी-यात्रा में साथ चलने का आग्रह करती थी। मेरी पिछली काशी-यात्रा का उद्देश्य भी विद्या प्रयोजन था। 'भारत कला भवन' की विचार-गोष्ठी में आहूत होकर काशी जा रहा था। ऐसी यात्रा में पारिवारिक और व्यक्तिगत प्रयोजन पूरा नहीं हो पाते, तथापि ऋचा का पिछला आग्रह अनुत्तरित नहीं रहा।

काशी से लौटे लोगों के मुँह उसने काशी की महिमा सुन रखी थी। अपनी सहेलियों को गर्वपूर्वक वह बताती रही है कि काशी उसके पिता की विद्या-भूमि रही है, और उसके गाँव-घर का पड़ोसी नगर है। नाना कल्पना और आकांक्षा से स्फूर्त होकर वह मेरे साथ घूमने गयी थी। उन सगे-सम्बन्धियों के घर-आँगन में गयी, जिनका कलकत्ते में स्वागत-सत्कार किया गया था और जो कलकत्ते की भाग-दौड़ और भीड़-भाड़ से भड़ककर बनारस की सहज मस्ती की मुग्ध भाव से प्रशंसा करते कहा करते थे कि काशी की जिन्दगी तब भी लाख गुना अच्छी है, यदि कोई पूरी तरह सर्वहारा होकर भी रहता है तो भी, 'चना चबेना गंग जल जो पुरवे करतार, काशी कबहूँ न छाड़िए बाबा विश्वनाथ दरबार।' ऋचा मन-ही-मन उस दुर्लभ आबोहवा को, उस सहज जिन्दगी को खोजती रही, जिसे देखने के लिए वह वर्षों से बेचैन थी और जिसके बारे में बहुतों से बड़ी-बड़ी बातें सुन चुकी थी। तीसरे दिन सुबह ही जब उसने मुझसे पूछा कि हम लोगों के 'रिज़र्वेशन' का क्या

हुआ तो मैं समझ गया कि काशी से अब इसका मन भर गया है।

मेरा सर्वाधिक प्रिय नगर बनारस व्यवसायवाद की गिरफ्त में आते ही मेरे लिए अनाकर्षक हो गया। यद्यपि उत्तरवाहिनी गंगा अभी उसी मुद्रा में हैं। घाट वहीं के वहीं हैं। मन्दिर भी हैं। इतना ही नहीं, मन्दिरों की भीड़ बढ़ी है। विद्या-पीठों की संख्या बढ़ी है, विद्या-भवन बढ़े हैं। श्रावण का मेला मरा नहीं है। रामनगर में वेदव्यास का मेला देखने आज भी गंगा पार कर लोग जाते हैं। राम-लीला का आयोजन पहले से अलंकृत हुआ है। गंगातटीय भवनों की शोभा ज्यों-की-त्यों है। रबड़ी-मलाई और मगही पान अभी सुलभ हैं। बूटी-ठण्डई छाननेवाले लोगों से काशी शून्य नहीं हुई है। वेदपाठी और शास्त्रार्थी भी हैं। संगीत-साधक और साहित्य-साधक भी। साहित्य-संगीत के रसज्ञों के दर्शन जगह-जगह आज भी हो जाते हैं। पण्डे-पुरोहितों का प्रपंच पहले से अधिक समृद्ध हुआ है। मगर घाट पर, पान की दुकान पर, मन्दिरों के परिसर में और हर गली, हर नुक्कड़ पर हमेशा थिरकती रहनेवाली बनारसी मस्ती की खुशबू अब खोजे नहीं मिलती। सहज आत्मीयता की ऊष्मा बुझी-बुझी लग रही है। प्रसिद्धि बनारस के पान और गप्प की सारे संसार में है। काशिकेय चरित्र की उन्मुक्तता का जिसे आस्वाद मिला है, वह काशी से बहुत दूर रहते भी उस आबोहवा के लिए तरसता रहता है। और पीड़ित होता है जब काशी पहुँचकर गलियों, घाटों, दुकानों, मन्दिरों में उस आबोहवा को व्याकुल मन से खोजते विफल हो जाता है।

मेरी बिटिया ने बनारस की जिन्दगी की रंगत नहीं देखी है। मेरी तरह उसने कुछ खोया नहीं है। मगर मुझसे अधिक उदास वही दीख रही है। शायद नयी रंगत ने उसकी कल्पना को धक्का दिया है। प्रदर्शनप्रियता की व्याकुल स्पर्धा देखकर उसका बंगाली मन खिन्न हो गया है। रस कहाँ है बनारस की जिन्दगी में, जो जड़ वस्तुओं के चाकचिक्य के प्रलोभन में बेचैन है, वह गमगीन मुद्रा में सोचती है शायद। भादों में गंगा का ऐसा मुर्झाया चेहरा मैंने भी कभी नहीं देखा था। ऋचा के तो सारे सपने ही टूट-बिखर रहे हैं। प्रदर्शनप्रियता की ऐसी नंगी होड़ महानगर कलकत्ता में नहीं है, ऐसा नहीं है, मगर मेरी बिटिया को उसका समीपी परिचय नहीं है। फिर काशी और कलकत्ता जब एक ही रंग में डूब गये हों तो काशी के चेहरे-चरित्र की वह विशिष्टता क्या है जिस पर सारी दुनिया पागल रहती है! ऋचा की चिन्ता सहज है। मैंने उसे अपनी मातृ संस्था काशी हिन्दू विश्वविद्यालय दिखाया तो वह खिल गयी। मेरे परिचित अध्यापकों के आँगन में पहुँची तो भीतर से उदास हो गयी। वह विद्या की समृद्ध आबोहवा से मिलने को लालायित थी। भोग-उपकरणों में लिप्त लोगों के सजे-सँवरे घरों में उस आबोहवा का एक कतरा भी उसे नहीं मिला। रवीन्द्र-नजरूल की जाति के हिन्दी कवियों प्रसाद-निराला

से वह कुछ-कुछ परिचित है। किसी घर में प्रसाद-निराला की आवाज़ उसे नहीं सुनाई पड़ी जबकि अदना बंगाली का आँगन रवीन्द्र-नजरुल-गीति की अनुगूँज से समृद्ध रहता है। वह साहित्य-संस्कृति की दुनिया से जुड़े जिन घरों में गयी, कहीं उसे हिन्दी जगत के साहित्य-शिल्पी का एक भी चित्र नहीं दिखाई पड़ा। विश्वविद्यालय-परिसर से निकलते उसने सहज भाव से पूछा, "प्रेमचन्द और प्रसाद तो काशी के ही थे न?" मैंने उसका भाव समझ लिया। वह साहित्य के अध्यापकों के घर में इनके चित्र और रचनावली खोज रही थी। मैंने उसके प्रश्न के उत्तर में काशी से जुड़े साहित्य के अनेक महारथियों का परिचय देकर उसका समाधान करना चाहा। पं. हजारीप्रसाद द्विवेदी का नाम सुनकर वह चौंकी, "द्विवेदीजी तो अपने बलिया के थे न?"... "हाँ, बलिया उनकी जन्मभूमि थी, मगर काशी से उनका घनिष्ठ सम्बन्ध था। इसी विश्वविद्यालय में उन्होंने शिक्षा पायी थी। शान्ति-निकेतन से लौटकर यहीं अध्यापन करते थे। मेरे गुरु थे।"... "बंगाली तुलसीदास, सूरदास और मीरा के बाद प्रेमचन्द और द्विवेदीजी को ही अधिक जानते हैं। मगर यहाँ तो किसी घर में उनका चित्र तक नहीं है। यहाँ साहित्य-संस्कृति की चर्चा कम, जमीन, मकान और मकान की साज-सज्जा की चर्चा ज्यादा है। कलकत्ता इससे भिन्न है।" मैंने उसे समझाना चाहा कि साहित्य-संस्कृति और भारतीय विद्या के प्रधान केन्द्र के रूप में काशी विश्वविख्यात रही है। वह मेरी बात मनोयोगपूर्वक सुनती रही, मगर उसका मन मेरी बातों को स्वीकार नहीं कर रहा था, मैंने उसके चेहरे की रेखाओं को लक्ष्य किया। शाम को उसे माता आनन्दमयी आश्रम में ले गया। बंगीय रंगत में उसे सुकून मिला। "अच्छी जगह है, यहाँ हल्ला कम है।" प्रसन्न होकर उसने कहा। शायद कुछ ऐसे ही वातावरण को उसका मन ढूँढ़ रहा था। शायद वह बंगाल की काशिकेय मुद्रा खोज रही थी। प्रसाद-निराला, महादेवी के गीतों से गूँजता घर-आँगन काशी में खोज रही थी। पं. विष्णु दिगम्बर और पं. ओंकारनाथ ठाकुर की स्वर-साधना की भूमि काशी के हर नुक्कड़ पर दूसरे तमाम शहरों-कस्बों की तरह कुरुचि का निर्लज्ज प्रसारण करता व्यावसायिक राग चीत्कार कर रहा है। मेरी बिटिया काशी का स्वकीय वैशिष्ट्य खोज नहीं पा रही है। उसकी उदासी तोड़ने और अपने आत्मीय शहर की छवि उसकी नज़र में उठाने के लिए उसे मैं जगह-जगह ले जाता हूँ।

तुलसीघाट से महाकवि तुलसीदास की कुटिया दिखाता हूँ। तुलसीदास के सांस्कृतिक-सामाजिक अवदान के बारे में बताता हूँ। तुलसीदास के इस आयाम से उसका परिचय नहीं था। वह मेरे मुँह से तुलसीदास की महत्ता सुनकर चमत्कृत होती है।

तुलसीघाट पर खड़े-खड़े, मकान की ओर इशारा कर वह जिज्ञासा करती है

कि इस भवन से तुलसीदास का क्या रिश्ता था? मैं उसे समझाता हूँ कि जोड़ासाँकू के प्रासाद में जन्मे रवीन्द्रनाथ विशिष्ट जमींदार के वंशज थे, तुलसीदास वन और कुटिया में साधना करनेवाले सन्त, दोनों की जीवनशैली में आकाश-पाताल का अन्तर था। प्रसंगवश उसे संकटमोचन मन्दिर की याद दिलाता हूँ और वहाँ के वन से तुलसीदास के सम्बन्ध का परिचय कराता हूँ। वह वन कट गया है। अब वहाँ रंगीन बाजार खड़ा हो गया है।

ऋचा ने बाँग्ला माध्यम से कलकत्ता विश्वविद्यालय से बी.ए. की परीक्षा उत्तीर्ण की है। हिन्दी अध्यापक की बेटी बाँग्ला को ही अपना मानती है। एकाएक उसे रवि ठाकुर की याद आती है, "स्वदेशी आन्दोलन-काल में रवीन्द्रनाथ जातीय अभीप्सा के आग्रह से अपना प्रासाद छोड़कर सड़क पर उतरे थे। इतना ही नहीं स्वदेशी वस्त्र भण्डार में वस्त्र-विक्रेता की भूमिका सोत्साह पूरी करते थे। शान्तिनिकेतन के प्रतिवेश में श्रीनिकेतन के स्थापना के मूल में कुटीर उद्योग के प्रोत्साहन द्वारा आदिवासी संथालों के अभ्युत्थान की चिन्ता थी। श्रीनिकेतन के उद्योक्ता रवीन्द्रनाथ समाज के समग्र उत्थान के आग्रही थे। ग्रामांचल की वेदना से उनकी संवेदना सीधे जुड़ी थी।" अपने कवि-कलाकार के बारे में हर बंगाली गर्व-स्फूर्त मुद्रा में बात करता है। ऋचा उसी अन्दाज में बोल रही है। तुलसीघाट पर खड़े-खड़े ऋचा से बात करते समय एकाएक मुझे लगता है कि अपने आत्मीय अखाड़े के माथे पर खड़े होकर कालजयी वाणी के प्रणेता तुलसीदास उच्च स्वर में युग-प्रवाह पर अपनी व्यथा प्रकट कर रहे हैं :

राज-मराल के बालक पेलि कै, पालत लालत खूसर को।
सुचि सुन्दर सालि सकेलि सुबारि कै बीज बटोरत ऊसर को॥
गुन-ज्ञान-गुमान भभेरि बड़ी, कलपद्रुम काटत मूसर को।
कलिकाल विचार-अचार हरो, नहि सूझै कछु धमधूसर को॥

मेरी बिटिया की पीड़ा कुछ-कुछ तुलसीदास जैसी ही है। वह उदास मुद्रा में काशी से लौट रही है। काशी के प्रख्यात स्वर-शिल्पी पं. महादेव मिश्र की ठुमरी का मुखड़ा 'जाये ना देबों कन्हैया' मेरे मन में गूँज रहा है। उनके वृद्ध कण्ठ में भी जादुई प्रभाव पैदा करने की सिद्धि है। विचार-गोष्ठी के अतिथियों के सम्मान में 'भारत कला भवन' के निदेशक ने पण्डितजी का कार्यक्रम आयोजित किया था। ठुमरी का मुखड़ा मेरे कानों में गूँज रहा है। बनारस से कलकत्ता लौटते ठुमरी की गिरफ्त में मेरा मन आ गया है। लगता है, बनारस को छोड़कर भागते बनारसी रस को महादेव मिश्र की ठुमरी घेर रही है। मरणासन्न काशिकेय मस्ती की सुधा पान करानेवाले स्वर-शिल्पी के राग की अनुगूँजें मेरे मन को तो एक अंश तक आश्वस्त

कर देती हैं, मगर अपनी बिटिया के मन का समाधान मैं किसी प्रकार नहीं कर पा रहा हूँ।

ठुमरी मेरे ऊपर छाई हुई है। लगता है, पं. महादेव मिश्र के कण्ठ में थिरकती ठुमरी बनारस के रस को लील रही व्यवसायवाद की निर्लज्ज लीला का अपनी पूरी शक्तिमत्ता से मुकाबला कर रही है। उपभोक्ता संस्कृति से संस्कृति की सही रोशनी की मुठभेड़ है। राम जाने, कौन हारेगा! ठुमरी जीत गयी तो बनारस का रस मरने से बच जाएगा। ●

फगुआ की तलाश में

सम्पादक जी, नमोनमः।

आपका आदेश है कि आपकी पत्रिका के लिए बसन्त-पर्व पर एक निबन्ध भेजूँ। आप आज के पत्रिका-सम्पादकों से भिन्न राह के राही लग रहे हैं। कहाँ तो सबके सब पागल हैं क्रिकेट विशेषांक, फिल्म विशेषांक और इसी जाति के दूसरे विषयों पर विशेषांक निकालने के लिए और कहाँ आप झोली में अबीर लिये होली की अगुआनी में थिरक रहे हैं! बीसवीं शताब्दी की सान्ध्य-वेला में आप साँस ले रहे हैं, मगर समय की नब्ज नहीं पहचानते, पुरातन को ढोये जा रहे हैं। आपको शायद पता नहीं है, भारतीय तीज-त्योहार पर सोचना-लिखना आधुनिकता के खिलाफ समझा जाने लगा है। इसलिए आधुनिकतावादी बड़े परहेजी हो गये हैं। खैर इतनी है कि मेरे जैसे गँवई संस्कार के आदमी से आपने होली का रंग माँगा है। महानगर में रहता हूँ, देहाती हूँ तो क्या हुआ, आधुनिक चेतना को कुछ-कुछ समझता हूँ। औदार्य-स्फूर्त चेहरा मुझे आधुनिकता का सही चेहरा लगता है। फगुआ की तरह विकुण्ठ मन और मुखर व्यक्तित्व में ही मुझे आधुनिक संवेदना मिलती है। अपने मन की कमजोरी कहूँ आपसे, नयी जिन्दगी की भारी भीड़ में वह चेहरा कहीं दिखाई नहीं पड़ता। कहीं कुछ रेखाएँ दिख जाती हैं। आँखें पूरा व्यक्तित्व खोजती हैं। जो उपलब्ध होता है, उससे मन तृप्त कैसे हो! महज रस्म अदायगी से फगुआ का रस नहीं मिलता। कृत्रिमता से फाग-छन्द लँगड़ाने लगता है। फगुआ तो सहज उल्लास की ठेठ अभिव्यक्ति है। विश्वास मानिए, जहाँ औदार्य का अभाव है वहाँ आधुनिक संवेदना का अभाव है और वहाँ कुण्ठा और अनुदारता टिक नहीं सकती। आधुनिकता का दम्भ लादे चलनेवाले से कौन बहस करे कि बसन्त पर्व आधुनिकता का मुद्दई नहीं है, हमसफर है, मित्र है? आधुनिकता के बारे में मेरा अतिवादी दृष्टिकोण नहीं है, इसलिए सपाट शैली में आपसे कहूँ कि बसन्त-बयार का स्पर्श मेरे भीतर थिरकन पैदा करता है। आदमी तो आदमी, बसन्त मुद्रा देखकर काठ भी अँखुआने लगता है। आधुनिकतावादियों के उस हठ का इलाज नहीं है

कि कोई पुरा-व्यवस्था और प्रकृति-उल्लास उन्हें कहीं से स्पर्श नहीं करता। सरासर झूठ है। छोड़िए झूठ-सच की बात। यह सीधे नैतिकता से जुड़ी बात है। वैसे नैतिकता का प्रश्न भी आज एक हद तक अप्रासंगिक हो गया है।

इतना तो आप स्वीकार करेंगे कि प्रकृति के प्रभाव को सहज रूप में महसूस न करनेवाला मन बीमार मन है। यह कम दुर्भाग्यपूर्ण नहीं है कि आज के आदमी का एक भाग बीमार मन के लोगों का है। जी, आधुनिकता का प्रभाव बीमारी के रूप में लोगों के मन में घुस गया है। इस बीमारी का पहला दुष्परिणाम यह है कि आदमी जो जीता है, उससे भिन्न रूप दिखाता है। बहुत सारे पुराने मूल्यों के साथ साँस लेते हुए और अपने-अपने आचरण से उनकी साँस को पोषण देते हुए उनके विरुद्ध हाथ भाँजता रहता है। इसे ही पाखण्ड कहते हैं। क्षमा करें, फिर आज की नैतिकता के निकट मेरी बात पहुँच गयी।

मैं अपनी बात आपसे कह रहा था कि हर तीज-त्योहार से मेरे देहाती मन का ऐसा घनिष्ठ सम्बन्ध है कि उसके आगमन का आभास पाते ही उछाह की लहरें उठने लगती हैं, एकरसता की जकड़न शिथिल होने लगती है। लगता है, किसी विशेष का जीवन में प्रवेश होनेवाला है। और उस विशेष के स्वागत में मैं भीतर से प्रस्तुत होने लगता हूँ कि मन में जागरण-भाव औदास्य-प्रदूषण को तोड़ने की भूमिका रचने लगता है। मगर पिछले कुछ वर्षों से जाने किस हवा का स्पर्श लग गया है मेरे मन को कि मेरा चिरपरिचित उल्लास मुझे अपने सही रूप में उपलब्ध नहीं हो पाता। बड़ी आतुरतापूर्वक उसे जोहता रहता हूँ। कभी-कभी शंका होती है कि मेरे मन में आधुनिकता का प्रदूषण तो नहीं घुस गया है! अचरज क्या! वर्षों से महानगर में रहता हूँ। जिस अंचल में रहता हूँ, उसे शहरतली कहा जा सकता है। शहर से जुड़ा हुआ, लेकिन कुछ-कुछ गाँवनुमा। छोटे-छोटे घरों की बस्ती है मेरा मुहल्ला। मेरे घर से सटा एक तो पूरा गाँव जैसा खपड़ैल का घर है। सुबह-शाम इस घर से जो धुआँ उठता है, वह मेरी पुस्तकों के पन्ने-पन्ने पर बस गया है। अपनी प्यारी पुस्तकों के रूप को पिअराते देखकर मेरा मन उदास हो जाता है। खपड़ैले घर से केवल धुआँ ही नहीं उठता, एक करुण रुदन-सुर हर तीज-त्योहार को उठता है और पर्व का सारा उल्लास-आस्वाद विषाद में बदल जाता है। एक विधवा है। साधारण मजूरी करनेवाली अधेड़ महिला। पति तरकारी बेचता था। तीज-त्योहार पर अपनी बहुरिया को कायदे से सजाता-बजाता था। चार वर्ष हुए, जलोदर रोग से मर गया। और उस औरत की खुशी सदा के लिए बुझ गयी। उम्र ज्यादा नहीं थी। चाहती तो दूसरा मिल सकता था। मगर वह राह उसे नहीं रुची। मजूरी करके अपने बेटे को पोसती है। तीज-त्योहार का आभास पाते ही उसका रुदन-सुर गूँजने लगता है। उसकी ओर खुली मेरे कमरे की दो खिड़कियाँ मेरे

मानस कक्ष को उदासी से भर देती हैं। पहले पर्व की बात सोचकर मन अगरा उठता था, अब आतंकित हो उठता है। पिछली दीवारी में कई वर्षों बाद गाँव गया था। वहाँ भी मन लगा नहीं। मन में अपने पड़ोसिन की उदासी बसी हुई थी। और गाँव का परिवर्तित चेहरा अलग मुँह बिरा रहा था। भारी मन लिये लौट आया।

होली सामने है। होली-नर्तन में भाग लेने का आपका नेवता आया है। मगर मेरे सामने वह अभागिन औरत है, रुदन जिसकी स्थायी नियति बन गयी है। और जिसका विषाद-सुर मुझे आन्दोलित करता रहता है। मैं समझता हूँ, मेरे बसन्त पर लाठी चलाना उसका कतई उद्देश्य नहीं है। अभागिन का बसन्त-छन्द टूट गया है और वह अपनी रिक्तता से दहकती-कलपती रहती है। यह तो मेरे मन की कमजोरी है कि जरा-सी उदास बयार बही नहीं कि मेरा मन मेहरा जाता है। कठोर दुनिया में कोई कैसे जीये ऐसे कमजोर मन को लेकर। परसों एक घटना घटी मेरे मुहल्ले में। साधारण औकात के एक अध्यापक मानुष सियालदह-बऊ बाजार के नुक्कड़ पर ट्रक से दुर्घटनाग्रस्त हो गये। बच्चे को स्कूल पहुँचाकर घर लौट रहे थे कि बायें पैर पर ट्रक का चक्का चढ़ गया।

प्राण तो बच गया, मगर पूरा पैर काट देना पड़ा। उनकी पत्नी दो छोटे बच्चों की माँ है। देहात की औरत, महानगर में पति की नौकरी के सहारे टिकी है। उसकी दशा देख-सुनकर मुझे रात-भर नींद नहीं आयी। उसकी होली ही लँगड़ी हो गयी। रात-भर सोचता रहा। मन को समझाने की कोशिश करता हूँ, इतना नाजुक होने से काम नहीं चलेगा बाबा, संसार में दुःख की कोई सीमा है, उसे लेकर माथा पीटते रहें, तो हो चुकी संसार-यात्रा। मन मानता नहीं। बात की बात में उदास हो जाता है। ज्यादा भावुक है, इसलिए गैरआधुनिक लगता है। भावुकता है, शायद कभी तीज-त्योहर को अँकवार में भर लेने को मन अकुलाया रहता है। मन पर्व-संस्पर्श से निहाल हो जाता है।

उल्लसित फगुआ का ठाठ देखकर मैं बराबर सोचता हूँ, राजपुरुषों, सामन्तों, श्रीमन्तों के कब्जे में रहा होगा किसी दिन बसन्त-पर्व, मगर प्रकृतितः है यह मैदानी पर्व। अपने अर्थ-बल से विलास-नद की रचना कर उसमें डुबकी लगानेवाले फगुआ का मौलिक आस्वाद नहीं पा सकते। वे तो अहंकार की रचना करते हैं और समझते हैं कि पर्व मना रहे हैं। लाखों की आतिशबाजी और पटाके फोड़ने-फूँकने से पर्व का श्रृंगार नहीं हो जाता। पर्व पर्व नहीं होता यदि उसके स्पर्श से मन की गाँठ नहीं खुलती, मैल नहीं धुलती। मन के स्तर-स्तर पर मैल जमी हो और पर्व का आयोजन करने के लिए पानी की तरह पैसा बहाया जा रहा हो तो पर्व ऐसे आयोजन से मुँह फेर लेता है। लाख निहोरा करें, कृत्रिमता से पर्व का समझौता नहीं होता। कहते हैं, होली ब्रज में उल्लसित होती है। कहते हैं, होली शूद्रों का त्योहार

है। ब्रज के हवा-पानी में ही वह रस है जो घूँघट का पट विदीर्ण कर देता है। फागुनी हवा का परस लोक को उत्तेजना देता है और सभ्यता का ओढ़ना लोग उतार फेंकते हैं। मेरे ग्रामांचल का फगुआ-राग सुनकर शहर के नफीस मिजाजवाले बाबू लोग कान मूँद लें। सचमुच मनुष्य के वास्तविक रूप की अकुण्ठ अभिव्यक्ति सबके लिए सह्य नहीं होती। मगर मन में जो गुदगुदी अनायास पैदा होती है, उसे अस्वीकार करना सबके लिए कठिन होता है। मैं सोचता हूँ, जो दूसरे के उन्मुक्त उल्लास से अगरा नहीं उठता, उसे दूसरे की पीड़ा परेशान कैसे करेगी? मुझे परेशान करती है। मुझे फगुआ-आवेग खींचता है। आप चाहें तो मुझे निहायत पुराणपन्थी मान लें, बज्र देहाती। मुझे बुरा नहीं लगेगा। आधुनिकता यदि धरती की धूल से विलग करती हो, आत्मलीन बनाती हो, उसके स्पर्श से यदि आदमी समाज के साथ हँसना-रोना भूल जाता हो तो मुझे नहीं चाहिए आधुनिकता की ऐसी दुम। अपना भोजपुरी देहाती रंग-रूप ही भला है, जो लोक-कण्ठ में गूँजता है, फाग-राग में छलकता है, चैता की मादकता बिखेरता है, धरती के नेह-छोह की कीमत उजागर करता है, आदमी को सामाजिक राग-रंग में बोरता है। फगुआ है। कहनेवाले कहते रहें, यह शूद्रों का, असभ्यों का फूहड़ आयोजन है। यह उन्मुक्त मन का सहज उल्लास है। मेरे गाँव चलिए, एक जोगीरा सुनकर आप चित हो जाएँगे। कबीर हो या फगुआ, एक उत्तान राग सुनिए, तबीयत लहालोट न हो जाए तो कहिए। कहा न, मन बड़ा कमजोर है। गाँव-प्रेम के आवेग में आपको गाँव चलने का नेवता दे बैठा। मगर चिन्ता हो रही है, क्या दिखाऊँगा आपको? कहाँ से सुनाऊँगा आपको फाग-राग?

अपने गाँव का दुर्भाग्य बताऊँ आपको, शहर का पाप लग गया है मेरे गाँव को। पूरे गाँव के उल्लास को व्यंजित करनेवाला, एक समूह-कण्ठ से गूँजनेवाला फाग-राग अब सुनाई नहीं पड़ता। शहराती शैली में अपने-अपने ढोल पर अपना-अपना राग पीटकर लोग फगुआ का रस्म पूरी करने लगे हैं। ग्रामीण सहज आत्मीयता बिला गयी है। रंग-अबीर पहले से महँगे दाम में अधिक परिमाण में खरीदा जाता है। पुआ-पकवान भी बनता है। मगर वह उल्लास मर गया है जो तीज-त्योहार की जीवन्तता का प्रमाण है। मेरे अंचल में लोक-कण्ठ से फागुन में एक आवाज गूँजती थी, 'भरि फागुन बुढ़वा देवर लागे।' अब जवान देवर भी खूसट की तरह मुँह लटकाये रहता है। फगुआ का रंग खेल-खुल नहीं रहा है। लाचार पड़ा है कि अपनी-अपनी घेरान में लोग सिमट गये हैं। गाँव की वास्तविक पहचान को, समूह-संस्कृति और लोक-कण्ठ की दीप्ति को आधुनिकता का बाहरी स्पर्श, आधुनिक संवेदना की प्रतीति नहीं, शहर की कृत्रिम अनुकृति यानी एक वर्णसंकर लहर लीलती जा रही है। और गाँव का चेहरा-चरित्र अपरिचित होता जा रहा है।

मेरा गाँव फगुआ नहीं जी रहा है, फगुआ का शव ढो रहा है। ना महाराज, आप मेरे गाँव न चलें। आपको मेरा वह गाँव मेरे भूगोल में नहीं मिलेगा, जो मेरे मन में रसा-बसा है।

लोक-पर्व फगुआ जितना मैदानी था, उतना ही घरघुस, खेत-खलिहान, सिवान-बथान पर जिस जोम में नाचता था, उतना ही ढीठ था आँगन-घर में घुसने में। आज वह घर से बाहर निकलता ही नहीं, जैसे उसकी मर्दानगी बिला गयी, मेहरा बन गया! दुखी है कि लोक-शृंगार से कट गया, आप ही सोचिए, कहाँ वह लोक-कण्ठ में ढोल-झाल पर थिरकता था, कहाँ अब अलग-अलग घर में कैद हो गया है! यह भी कोई बात हुई कि अपना उल्लास और अपनी पीड़ा समाज से कटकर अकेले भोगना पड़े। क्या आप महसूस नहीं करते कि लोग अकेले होते जा रहे हैं? मेरा मन पीड़ित है कि लोक-मन टूट-बिखर रहा है। मेरे गाँव के लोगों के रिश्ते टेढ़े और कमजोर होते जा रहे हैं। उदास मन से सोचता हूँ, मेरे ग्रामांचल का सामाजिक सौख्य एकाएक कहाँ बिला गया? मुझे लगता है, स्वाधीन देश की राजनीतिक बयार ने अपनी धरती से, अपनी विरासत से हमें एक हद तक उदासीन बना दिया है। विदेशी शासकों ने भी हमें अपनी विरासत से काटने की कोशिश की थी। स्वत्व-सचेत अभीप्सा के बल पर तब के लोकनायकों ने हमें ढहने से बचा लिया था। आज अपने तीज-त्योहार को हम अन्यथा दृष्टि से देखने लगे हैं। अपना पुरातन, पूरा का पूरा, हमें फूहड़ लगने लगा है। इस संस्कार को पैदा करने के पीछे बहुत बड़े राजनीतिक अज्ञान-अन्धड़ का घिनौना हाथ मुझे दिखाई पड़ रहा है। अन्यथा क्या कारण है कि हमारी जातीय संस्कृति की पहचान पर देश के बुद्धिजीवी ढीठ प्रहार करें! मेरे एक कवि-मित्र ने तो कुछेक वर्ष पूर्व पर्वों की भीड़ से ऊबकर अपनी पत्रिका के माध्यम से पर्वों के राष्ट्रीयकरण और सीमा-बन्दी का प्रस्ताव रखा था। उस प्रस्ताव का और तो कुछ नहीं हुआ, देश के बुद्धिजीवियों की मानसिकता का भयावह संकेत जरूर मिला। और विश्वास मानिए, मेरा देहाती मन उस प्रस्ताव को देखकर गहरी उदासी में डूब गया था। राष्ट्रीयकरण का सीधा अर्थ सरकारीकरण हो गया है। डर रहा था, कहीं भारतीय पर्वों को प्रतिबन्धित करने का कोई प्रस्ताव न ला दे। सामान्य गतिविधियों पर आज प्रतिबन्ध लगते ही रहते हैं, इसलिए मेरा डर निराधार नहीं है। मगर चिन्ता की बात सरकारी प्रतिबन्ध नहीं है, क्योंकि प्रतिबन्ध लोक-चेतना को दबाने में हमेशा विफल साबित हुए हैं। चिन्ता की बात है, लोगों का अपनी विरासत से उदासीन होना, गाँववालों का फगुआ के सहज रूप से मुँह फेर लेना। फ़ाग-राग से रिक्त गाँव भारतीय गाँव नहीं रह जाएँगे।

मेरा देहाती मन फगुआ को तलाश रहा है। आधुनिकता की सही संवेदना खोज रहा हूँ। उदास फगुआ को नर्तित करने का कोई उपचार ढूँढ़िए बन्धु! फगुआ

मर जाएगा तो हम जीकर क्या करेंगे! फगुआ के उल्लास में ही जीने की सार्थकता है। संक्रान्ति को संस्कृति में फगुआ ही बदल सकता है। इसलिए बड़ी बेसब्री से उसकी बाट जोह रहा हूँ। क्या आपको ऐसा नहीं लगता कि महँगे विदेशी खेल पर झूमना विलास-पंक में प्रवृत्त होना है? मुझे तो लगता है और डॉ. राममनोहर लोहिया जैसे तेजस्वी विचारक की भी धारणा थी कि क्रिकेट भारत जैसे गरीब देश के लिए हर दृष्टि से अनुपयुक्त है। मगर समाज का संस्कार करनेवाले पत्रिका-सम्पादकों को देखिए, क्रिकेट को लेकर अपनी पत्रिका के विशेषांक पर विशेषांक निकाले जा रहे हैं। पाठक के रुचि-संवर्द्धन से इन्हें जैसे कोई मतलब नहीं है। अपराध को सजा-बजाकर पेश करना पत्रकारिता की आधुनिक भंगिमा नहीं मानी जानी चाहिए, फिल्मों की नंगी टाँगों का प्रकाशन आधुनिक सौन्दर्यबोध का परिचायक नहीं बन सकता। आपसे साफ कहूँ, मुझे यह शैली आधुनिकता की अवमानना की शैली लगती है। मुझे तो आप अधिक आधुनिक लगते हैं कि व्यावसायिक प्रलोभन में पड़कर और पत्रिका-सम्पादकों की तरह आधुनिकता के नाम पर आप फूहड़ आयोजन में नहीं लगे हैं। आप मेरी तरह फगुआ की प्रतीक्षा में हैं। होली मनाने की तैयारी में आपको देखकर मन प्रीत है। अपनी ओर से मुट्ठी भर अबीर आपको भेज रहा हूँ। अपने अबीर में मिलाकर औरों को भी बाँटें ताकि बसन्त-संस्पर्श का आस्वाद लोगों को मिल सके, प्रदूषण-धूमायित चेहरे पर गुलाल की लाली दमक उठे। आज की जिन्दगी की डरावनी चुप्पी को होली अपने उल्लास-मुखर प्रभाव से तोड़े, यही मन:कामना है।

[समाज विकास-सम्पादक के नाम 11-3-81 को लिखा गया पत्र।]

उदास निबन्ध

समाजवादी विचारक श्री कृष्णनाथजी ने मेरे निबन्धों को बाँचकर मुझे पत्र लिखा है। उनके पत्र में एक सवाल है: 'इन निबन्धों को उदास निबन्ध नहीं कहा जा सकता?' प्रश्न की छोह-मुद्रा को समझता हूँ। कृष्णनाथजी के विवेक और सहृदयता के प्रति मेरी आस्था है। इसलिए उनका पत्र पढ़ते ही मैं सोच में पड़ गया। मेरी लिखावट में क्या उदासी का रंग इतना गाढ़ा है कि मेरे निबन्धों को उदास निबन्ध ही कहना उचित है? औदास्यभाव से रचनाकार का क्या रिश्ता होता है? आधुनिक विचार से इसका क्या सम्बन्ध है? बुर्जुआ मनोभाव की माई का नाम तो नहीं है उदासी? कृष्णनाथजी जैसे अधीत और संस्कृति-सचेत व्यक्ति का सवाल है। इसके पीछे कोई बड़ी बात जरूर होनी चाहिए।

इस सोच में डूब-उतरा रहा था तभी रामप्रसाद धोबी मेरे दरवाजे के सामने आकर अपेक्षा की मुद्रा में खड़ा हो गया था। उसकी मुखाकृति गम्भीर है। उदास-उदास-सा रहता है। हँसता-बोलता बहुत कम ही है, मगर उस दिन तो बड़ा गमगीन लग रहा था। सलाम ठोककर बड़ी उम्मीद से उसने अपनी परेशानी बतायी थी कि दो हफ्ते से अपनी पत्नी को उसने ऑपरेशन कराने के लिए अस्पताल में भर्ती कराया है, मामला आगे बढ़ नहीं रहा है और यह कि मेरा परिचय-प्रभाव हो तो उसका काम करा दूँ। उसकी पत्नी का मूल रोग जानने की गरज से मैंने जो प्रश्न किये, उसके जवाब में रामप्रसाद ने जो लक्षण स्पष्ट किये, सामान्य समझ से लगा कि बीमारी साइटिका है। मैंने उसे आत्मीय सुझाव दिया कि ऑपरेशन के लिए वह जल्दी न करे। अपेक्षित सहयोग का मैंने उसे आश्वासन दिया। अपने चिकित्सक मित्रों को रोगी का कागज-पत्तर दिखाकर मैंने विचार कराया था। चिकित्सक-बुद्धि ने मेरी धारणा का समर्थन किया था। आग्रहपूर्वक रोगी को मैंने अस्पताल से मुक्त कराया था। बाहर के सामान्य उपचार से ही रामप्रसाद की पत्नी नीरोग हो गयी थी। रामप्रसाद ने अपनी प्रसन्न मुख-मुद्रा से मेरे प्रति कृतज्ञता प्रकट की थी। मन-ही-मन वह मुझे इतना समर्थ मान बैठा है कि सभी मर्ज का अचूक उपचार और सारी

समस्याओं का समाधान मेरे पास उपलब्ध है।

इसी विश्वास के चलते एक दिन वह अपनी नयी समस्या को लिये उपस्थित हुआ। उसके पिता अपने छोटे बेटे को लेकर उससे अलग होना चाहते हैं। रामप्रसाद खुद कमाता है। उसका इकलौता बेटा फौज में नौकरी करता है। जमाने का रुख संयुक्त परिवार-प्रथा के विरोध में है। मगर रामप्रसाद अपने परिवार की नयी परिस्थिति से परेशान है। बेहद उदास है कि इस समस्या का हल नहीं ढूँढ़ पा रहा है। मेरी शक्ति का सहयोग माँगने आया था। मैं निरुपाय था। इस बार उसकी उदासी का कोई उपचार मैं नहीं सुझा सका और वह अपनी पीड़ा लिये मेरे दरवाजे से निराश लौट गया था। इतना ही नहीं, मेरे ऊपर भी अपनी उदासी फेंक गया था। विज्ञान के पास इस रोग की कोई दवा होती तो साइटिका की तरह ही रामप्रसाद के लिए अपने चिकित्सक मित्रों के यहाँ से नुस्खा ला देता और उसके भरोसे की रक्षा कर पाता।

सोचता हूँ, उदासी शायद संक्रामक रोग है। तभी तो रामप्रसाद की उदासी मेरे ऊपर चढ़ बैठी है। मगर छुतही बीमारी होती तो औरों को भी तो ग्रसती! देखता हूँ, उसके आस-पास की दुनिया उसकी इस बीमारी से बिलकुल अप्रभावित है। उसके बाप और सहोदर भाई पर ही कोई असर नहीं है। वे उल्लासपूर्वक नयी राह रचने में मग्न हैं, और रामप्रसाद बुरी तरह उदास है, जैसे उसकी मूलपूँजी पर ही किसी ने धावा बोल दिया हो। उसकी भाव-सम्पदा में उसके बाप ने ही आग लगा दी है और उसे वह बुझा नहीं पा रहा है। जमाने की हवा से बेखबर गैरआधुनिक भोला आदमी है। मेरे बुद्धि-बल पर बड़ा भरोसा रखता है जबकि उसकी सहायता करने में मेरी बुद्धि विफल है। व्यासदेव की वाणी उसकी समझ में आती तो उसके विषाद योग का कुछ उपचार सम्भव हो पाता। अर्जुन का विषाद कम हुआ था जिस वाणी से, कहते हैं, उस वाणी के प्रणेता को स्वयं गहरी उदासी से त्राण पाने के लिए रस-सागर की राह पकड़नी पड़ी थी, श्रीमद्‌भागवत की रचना के बाद ही व्यासदेव समाधान-शान्त हुए थे। आज उस रस को ही किसी जड़ शक्ति ने निचोड़ लिया है। विज्ञान का खटर-पटर शोर मचाये हुए है कि मनुष्य की सारी समस्याओं पर उसने विजय पा ली है। यदि यही है तो रामप्रसाद की जाति के लोगों के रोग की दवा बाजार में मिल क्यों नहीं रही है? थोड़ी देर के लिए रोग को सुला देने से वह मर नहीं जाता। जगने पर और उत्पात करता है। मगर रोग-मुक्ति की नयी चाल स्नायुतन्त्र के उत्पात को बलात् सुलाने में ही विश्वास करती है। समाधान की यह अगवाह राह ही आज संगत मानी जा रही है।

शायद इसीलिए कृष्णनाथजी को मेरी उदासी असंगत लगती है। जिसके हाथ में समाजवादी निकष है, उसकी प्रतिकूल मुद्रा से लोग डरते हैं। इसलिए अक्षरों-

शब्दों का इस्तेमाल बड़ी सावधानी से करते हैं। फौजी अनुशासन जैसी नपी-तुली अनुशासित साहित्य-साधना ही आज सच्ची और युग-संगत साधना मानी जाती है। वह युग पुराना पड़ गया जब लीक से हटकर निरंकुश मुद्रा में धावन करनेवाले की प्रतिभा सच्चे शायर की प्रतिभा मानी जाती थी। उस रस को आज अप्रासंगिक माना जाता है जिसका नाम संवेदना है और जिससे छूँछ हो जाने पर आदमी और काठ में कोई फर्क नहीं रह जाता। मुझे रवीन्द्रनाथ की याद आती है। रूस के भौतिक वैभव का बखान करते उनकी प्रज्ञा जब सचेत होती है, वे रूस को सावधान करते हैं, ''विक्रमादित्य ने भारतवर्ष से शक शत्रुओं को भगा दिया था, किन्तु कालिदास को 'मेघदूत' लिखने के लिए मना नहीं किया था। ...जो वृक्ष पत्तों की मर्मरध्वनि बन्द करके खट्-खट् आवाज से अहंकार करता हुआ कहता है कि मुझे रस की जरूरत नहीं, वह जरूर बढ़ई के घर का नकली वृक्ष है—वह अत्यन्त कठोर हो सकता है, पर है अत्यन्त निष्फल ही।'' रामप्रसाद का रस मरा नहीं है। उसकी संवेदना उसके इनसान को जिलाये हुए है, काठ बनने से बचाती रहती है। इसलिए हर झटका उसे उन्मथित-उदास बना देता है। बढ़ई के घर का काठ नहीं है। काठ कहीं उदास होता है? अमराई उदास होती है अपने बसन्त के इन्तजार में। जीवन्त संवेदना ही मौसम-मुद्रा के हर संस्पर्श को महसूस करती है। बसन्त की बयार की हलकी छुअन से वन-प्रदेश का सौभाग्य खिल उठता है, अमराई का उल्लास कोकिल-कण्ठ से गूँजने लगता है। दुर्दिन में अमराई को रुदन करते भी हमने देखा है। वेदान्त के अप्रतिम प्रवक्ता स्वामी विवेकानन्द कहते हैं कि जो रोता नहीं, उस पर मैं विश्वास नहीं करता। उदासी और रुदन और उल्लास-मुद्रा मुझे अपने से बराबर जोड़े रहती है। और मेरे जैसे असमर्थ आदमी के प्रति रामप्रसाद का विश्वास कभी शिथिल नहीं होता।

संवेदना-ऊष्मा जड़ में चैतन्य का प्रक्षेपण करती है। बहुज्ञता और विपुल-धन-सम्पदा का स्वामी होकर भी मनुष्य बेचैन रहता है, जब तक चैतन्य का संस्पर्श उसे नहीं मिलता। उसकी संवेदना भाव-सम्पदा को उपलब्ध कर ही समृद्ध और प्रसन्न होती है। भाव-सम्पदा की उपलब्धि ही शायद भूमा का सुख है। शेष अतृप्त रखनेवाला अल्प का सुख है। आज तो सर्वत्र अतृप्ति और हाय-हाय दिखाई पड़ती है। उसका कारण कोरा वर्ग-वैषम्य ही नहीं है। असली कारण शायद यह है कि आज के आदमी ने भूमा की ओर से मुँह फेर लिया है, और अकेला पड़ गया है। रामप्रसाद की पीड़ा भी अकेलेपन की पीड़ा है, वह नेह-छोह में बँधे रहने को व्याकुल है; समष्टि के राग-छन्द से टूटकर जीना उसे मरने जैसा लग रहा है। इस सांघातिक पीड़ा से त्राण पाने की दवा मुझसे पूछ रहा है। एक बार इच्छा हुई कि रामप्रसाद को कहूँ, कम्प्यूटर से पूछो। वह तुम्हारी वेदना का हल खोज देगा। फिर

डर गया कि कम्प्यूटर को नया पीर-औलिया समझकर वह जहाँ-तहाँ मारा-मारा न फिरे, इसलिए चुप लगा गया।

कोई मुझे अब बीते युग का आदमी माने तो मानता रहे! रामप्रसाद मुझे अपना मानता है। कोई जागतिक वेदना जब उसे परेशानी करती है, वह उपचार के लिए मेरे यहाँ पहुँच जाता है। हर बार उसे समाधान-स्फूर्त नहीं कर पाता, मगर मेरे प्रति उसका भरोसा कभी शिथिल नहीं होता। मेरी भावना को वह अपने विश्वास से समृद्ध करता रहा है। आज के विचारक गणदेवता के औदास्य-धूमायित चेहरे पर रोशनी रचने की जो तकनीक सुझा रहे हैं, उससे बात बनती नजर नहीं आ रही है। चेहरे की उदासी बढ़ती जा रही है। भावुकता से आज का विचारक चिढ़ता है। मैं भावुकता को मनुष्य की बहुत बड़ी सम्पदा मानता हूँ। मनुष्य होने की ज्वलन्त पहचान है यह। सामाजिक छन्द का प्रत्येक चरण जब घायल हो और हम अनासक्त योगी की तरह अनासंग भाव से मोह विरति पर सूखा प्रवचन देते फिरें तो उसकी सामाजिक कीमत क्या होगी? मेरी समझ तो सामाजिक संसक्ति को मूल्यवान समझती है; बहुमान देती है। मुझे रामप्रसाद की उदासी परेशान किये रहती है। उस पीड़ा का एक विशिष्ट आस्वाद है। मेरा मन उसी की गिरफ़्त में है। शायद इसीलिए न तो अवधूत बनने को तैयार है और न तो मानवीय संवेदना-ऊष्मा को कम्प्यूटर के हवाले करके सुख से जीने को राजी। इसीलिए दूसरे की वेदना मेरी संवेदना को आहत-उद्वेलित करती रहती है। मेरा उदास मन जब मेरी लिखावटों में प्रकट होता है तो समाजवादी विचारक चौंकते हैं और मैं सोच में पड़ जाता हूँ। मैं रामप्रसाद की उदासी का मर्म समझता हूँ, मगर विचक्षण जाति के लोग होते विलक्षण हैं। इशारे को समझकर भी विस्मय-मुद्रा बनाये रहते हैं। सोचता हूँ, वाल्मीकि की सिसृक्षा को क्रियाशील करनेवाली उदासी ही तो थी। बोधिसत्त्व की व्याकुल सन्धान-स्पृहा की जननी उदासी ही थी। प्रयोजन महत् था, इसलिए उसकी भूमिका रचनात्मक सिद्ध हुई। निहायत वैयक्तिक प्रयोजन से ही पीड़ित रहनेवाले की उदासी रचनात्मक ऊर्जा को निरन्तर चबाती रहती है। रामप्रसाद की उदासी में हिस्सा बटाना आलोक अर्जित करने जैसा मुझे लगता है। समृद्ध मैं ही नहीं होता, रामप्रसाद अपनी आस्था का सुख भोगता है। मेरी लाचारी है कि उसके रोग का समुचित उपचार शायद मैं नहीं कर पाता। यह मेरी नहीं, विज्ञान की लाचारी है। अपनी सीमा में मैं रामप्रसाद के पीड़ा-मोचन का उद्योग करता हूँ। विज्ञान समर्थ होता तो मैं रामप्रसाद के भरोसे की पूरी तरह रक्षा कर पाता। यह कितनी गहरी यन्त्रणा है कि अपनी समर्थता के चलते हम किसी के विश्वास की रक्षा नहीं कर पा रहे हैं। मैं अपनी यन्त्रणा से गुजरते उदास होता हूँ तो कृष्णनाथजी जैसा जागरूक व्यक्ति मुझे विस्मित मुद्रा में टोकता है।

कृष्णनाथजी रसज्ञ हैं। रस के सन्धान में बीहड़ प्रदेशों, पहाड़ों और पोथियों की दुनिया में यात्रा करते रहते हैं। मेरे निबन्धों को पढ़कर उन्होंने मुझे छोह-भरा पत्र भेजा है, यह उनकी सहृदयता और रसज्ञता का ही प्रमाण है अन्यथा आज कौन किसे पढ़ना चाहता है? कौन किसकी वेदना-संवेदना से जुड़ना चाहता है? अपने राग और अपने भाग की चिन्ता से ही आज की दुनिया परेशान है। दुःख की यह राह दुनिया की सर्वाधिक प्रिय राह बन गयी है। सामाजिक सौख्य हर क्षण टूटता-बिखरता जा रहा है। इस ढाही को देखकर कोई कैसे नहीं उदास हो? सभ्यता की तीसरी लहर बड़ी तेजी से धावन कर रही है। चैतन्य को जड़शक्ति का औद्धत्य लील जाने को व्याकुल है। सभ्यता की यह भयावनी लहर भारत के दरवाजे पर भी दस्तक देने लगी है। भारत का मानस अभी उसकी गिरफ्त में पूरी तरह नहीं आया है। प्रभाव-विस्तार की गति तीव्र है। कृष्णनाथजी की सजग प्रज्ञा इसे समझ रही है; 'टूटे हुए खण्डित व्यक्ति और लरजती हुई खण्डित सभ्यता का अनुभव आज कौन नहीं करता?' गँवार रामप्रसाद आज की ढाही को समझ रहा है। इसलिए आहत-उदास है। मगर रामप्रसाद अपना धर्म निबाहे जा रहा है, उदासी की मार से कर्म-विरत नहीं हो गया है। आस्था की एक किरण उसके भीतर जीवित है जो निष्क्रिय होने से उसे बचाये हुए है। मैं भी अपनी उदासी के बोझ से दबकर बैठ नहीं गया हूँ। भीतर संवेदना, वेदना और उदासी दहकती रहती है। जरा हटकर सोचता हूँ तो भीतर से प्रीतिकर आश्वासन मिलता है कि अभी आग जीवित है। कृष्णनाथजी मेरे निबन्धों को उदास निबन्ध कहना चाहें तो मैं आपत्ति नहीं करूँगा।

●

धुआँ और प्रसन्न हरीतिमा

मेरे छोटे घर के अगल-बगल गाछों की भीड़ है। महानगर की छोटी बस्ती में रहता हूँ, जहाँ गाँवनुमा माहौल है। छोटे-छोटे घर हैं और हर घर में एक न एक गाछ है। सेमल है जो 'माठ' (मैदान) की पहरेदारी करता रहता है कि इस खाली जगह को कोई अपने विलास के लिए हड़प न ले। अमरूद है, नीम है, गूलर है और लगभग हर दरवाजे के सामने शेफाली की मधुर शोभा खड़ी है। नारियल और पपीता भी है। नारियल मंगल-भाव की आबोहवा जगाता रहता है और पपीता खूसट हकीम की नीरस मुद्रा में हमेशा मुँह लटकाये खड़ा रहता है। अपनी नीरस प्रकृति से स्वयं मार खाता रहता है। प्रकृति की हलकी प्रतिकूल मुद्रा को सह नहीं पाता। एक ही धक्के में भहरा जाता है। पिछली बैसाखी में सारे के सारे पिट गये। उपयोगी होना बुरा नहीं है। मगर उपयोगी होने का सबूत मुँह लटकाना नहीं है। मुँह लटकाकर अपनी महत्ता का इजहार करना कहाँ की बुद्धिमानी है? अदना-सी बात बड़े-बड़ों की समझ में नहीं आती। पपीता का पड़ोसी है अमरूद और शेफाली। क्या हँसमुख चेहरा है! नीम भी प्रकृति के रुद्र रूप को माथा झुकाकर महीन मुस्कान के साथ झेल लेती है। और कभी-कभी तो प्रकृति की गुमसुम मुद्रा में अपने मुलायम हावभाव से प्रीतिकर सिहरन पैदा कर देती है। ऐंठू है पपीता। शायद इसीलिए अल्पायु होता है। जो गूलर है, दक्खिनवाली खिड़की के सामने, उसकी सघन जवान हरीतिमा काठ को भी रससिक्त कर देने का सौभाग्य लेकर जन्मी है। उसके बड़े-बड़े पत्तों को देखकर मैं काफी समय तक यह मानने को तैयार नहीं था कि यह गूलर का पेड़ है। मुझे समझाया गया कि यह विजातीय धरती का वंशज है। एक कदम्ब भी है जो बीच-बीच में रूठता है या कि वामपन्थी राज्य का पेड़ होने के कारण हड़ताल की कला सीख गया है। मुहल्ले के नासमझ लोगों की अनावश्यक छेड़छाड़ से हड़ताल कर देता है। हँसी का मौसम निकल जाता है, लोग आँखें फाड़-फाड़कर ताकते रह जाते हैं। हँसना तो दूर, चेहरे पर हलकी मुस्कान भी नहीं फूटती। मगर काबिलेतारीफ है अमरूद और शेफाली की

वदान्यता। अपना उल्लास पड़ोसियों को लुटाते ही रहते हैं।

झाड़-झंखाड़, बाँस-बँसवारि, खेतीबारी में पला मेरा मन गमलों की नफासत और उनमें सीमित प्रकृति की लघु शोभा से कभी तुष्ट नहीं होता, भले ही बड़ों का दुलार पाकर वे इतराते रहते हों। मेरे देहाती मन को आम, जामुन, कटहल, महुआ, बरगद, पाकड़, पीपल, गूलर, कदम्ब, बबूल हाँक लगाते रहते हैं। बाँसों के उत्तुंग नृत्य से उठनेवाला ध्वनि-राग मेरे मन का सजातीय राग है।

महानगर का प्रवासी हूँ। मगर रहने को जगह मिली है एक ऐसी बस्ती में जहाँ अभिजात वर्ग के लोग झाँकने में भी अपना अपमान समझते हैं। मेरे एक सहकर्मी मित्र एक दिन किसी निजी प्रयोजन से मुझे खोजते मेरे घर आ गये। जितनी देर रहे, मैंने लक्ष्य किया, अन्यमनस्क थे। उठते समय उन्होंने अपनी पीड़ा प्रकट की, ''आपका मुहल्ला तो लगता है, कलकत्ता के बाहर है। कैसे रहते हैं आप यहाँ?'' वे मेरे दुर्भाग्य से किंचित् व्यथित लगे। उनका मनोविज्ञान स्पष्ट था। मगर जिसे वे मेरा दुर्भाग्य मानकर दुःखी नजर आ रहे थे, उसे ही अपना सौभाग्य मानकर वर्षों से मैं इस शहरतली में पड़ा हूँ। शायद कहीं और होता यानी वहाँ जहाँ मेरे मित्र के स्वाभिमान के मुताबिक मेरी जाति के लोगों को रहना चाहिए तो मेरे मन में बैठी गाँव की आबोहवा उदास हो गयी होती या फिर गाँव के परिदृश्य से पूरी तरह कटकर मैं भीतर से दरिद्र हो गया होता। टीन और खपरैल के घरोंवाली मेरी बस्ती पेड़ों की हरीतिमा और पुष्पित-फलित गाछों से इतनी समृद्ध है कि मैं बराबर स्वयं को अपने गाँव में ही महसूस करता हूँ। अधिकांश घरों से गाँव की ही तरह आज भी सघन धुआँ उठता है। दो घर से उठनेवाला धुआँ तो दो तरफ से मेरे कमरे को घेर लेता है और मेरी किताबों पर अधिकारपूर्वक पसर जाता है। धुएँ के भार से पियराकर मेरी किताबें अकाल वृद्ध हो गयी हैं। उनका पीत चेहरा देखकर मेरे मन की आबोहवा प्रसन्न नहीं रह पाती। कई बार जतन से बटोरी और बाँची गयी पुस्तकों की अस्तित्व-रक्षा के लिए मन व्याकुल हो उठता है। तभी नाले के उस पार से माइक पर गूँजता चैता का बोल मुझे चैतन्य कर देता है, 'रामा चइत के निंदिया बड़ी बइरिनिया हो रामा।' मुझे लगता है, मेरे खलिहान में चैता गूँज रहा है। पोथी-पत्रा, धुआँ, पीड़ा सबको किनारे कर मैं ग्रामीण धरती के राग-रस में डुबकी लगाने लगता हूँ। अपने सौभाग्य की बात सोचकर मन अगरा उठता है। साधारण सुख है कि महानगर में रहते हुए गँवई आस्वाद मिलता रहे! बिहार और पूर्वी उत्तर प्रदेश के प्रवासी लोगों से भरा है मेरा अंचल। धरती राग विकुण्ठ मुद्रा में थिरकता रहता है।

मेरी बस्ती के परिसर में प्रकृति की शोभा सरकार ने नहीं खड़ी की है। सरकारी सुविधा के लिए टैक्स चुकाने की लाचारी होती है। अपनी ऊष्मा से मेरे

कमरे की आबोहवा को स्वस्थ बनाये रखनेवाले सूरज को मुझे किसी प्रकार का कर नहीं चुकाना पड़ता और न तो चन्द्रमा की खुशामद करनी पड़ती है, जो समृद्ध होते ही अपनी शोभा से मेरे कमरे को प्रीत कर देता है। मेरे गँवई मन के पोषण का आयोजन मुहल्ले के प्रकृति-प्रेमी लोगों ने अज्ञात रूप से कर दिया है। मुहल्ले की हरिअरी अनायास नहीं खड़ी हो गयी है। उसके पीछे लोगों की तपस्या है—उदार मन की तपस्या। शायद तभी उसका फल समूह के सुख का कारण बन गया है। मुहल्ले में किसे पता है कि उनकी फलित साधना ने मुहल्ले के एक बज्र देहाती की भावात्मक समस्या का समाधान रच दिया है! शेफाली की गन्ध में डुबकी लगाने के प्रच्छन्न उद्देश्य से मैं सुबह-शाम अपने मुहल्ले की परिक्रमा करने निकलता हूँ। सोचता हूँ, मेरे मुहल्ले के लोगों को किसने प्रेरणा दी थी ऐसे पेड़ों को उगाने की, जो एक आँगन के कोने-अँतरे के स्वार्थ से प्रयोजन न रखकर पूरे परिवेश की अनेकमुखी सम्पन्नता में सहायक बने। गमलों में जन्मे-सजे पौधों से एक का समाधान हो जाता है। नागर चाल भी यही है। उससे किंचित् भिन्न है मेरे मुहल्लेवालों की चाल। इस मुहल्ले में बसे लोग शायद मेरी ही तरह मूलतः ग्रामीण रुचि के है और गाँवों के मूल आस्वाद से जुड़ा रहना चाहते हैं। ऐसा नहीं है कि मेरे मुहल्ले में गमले की शोभा के प्रेमी नहीं हैं। मेरी गृहिणी ने गमले में एक तुलसी बिरवा रोप रखा है। सुबह-शाम धूप दिखाती है। कार्तिक मास में विधिवत् पूजती है। औरों ने अपनी रुचि के और-और पौधे लगा रखे हैं। मेरे छोटे बेटे ने मनीप्लांट की लता रोपी है। उसे किसी ने समझा दिया है कि मनीप्लांट घर में रोपने पर पैसे की बाढ़ आ जाती है घर में। नयी पौध को जागतिक महत्त्वाकांक्षा का उत्पात जाने किस घाट पर पहुँचाएगा! मनीप्लांट की लता प्रायः पियरा जाती है, शायद धुएँ की मार से। तुलसी उदास नहीं होती। उसे श्रद्धा का पोषण मिलता है। मांगल्य की प्रार्थना उससे की जाती है। पुरानी आस्था नये रूप में युग-धर्म को समझ नहीं पाती कि पैसा नहीं तो मंगल कैसा? मेरे मुहल्ले की बूढ़ी माँ, जो अपने बच्चों को पोसने के लिए कई घरों में बर्तन माँजती थी, इस धर्म को अपना धर्म मानने को तैयार नहीं है। बेटे काम में लग गये हैं, फिर भी निष्क्रिय होकर घर में नहीं पड़ी रहती। पुरानी आत्मीयता को जिलाये रखने के लिए विभिन्न घरों में हलका-फुलका काम लेकर पहुँच जाती है। परसों मेरे घर में आ गयी थी। बेटियाँ उसे देखते ही चहकने लग जाती हैं। मेहँदी की पत्तियाँ लेकर आयी थी। मैंने पूछा, "बूढ़ी माँ, मेहँदी तुमको कहाँ मिल गयी?" मेरी बेटी ऋचा ने हुलस के जवाब दिया, "जानते नहीं, बूढ़ी माँ के घर मेहँदी और जावा के बहुत अच्छे पेड़ हैं।" बूढ़ी माँ का घर बस्ती के अँतरे में है। उधर धुआँ और अधिक उठता है। मगर मेहँदी और जावा जी रहे हैं।

कुछ वर्षों पूर्व बड़ा विषैला धुआँ उठा था—मेरे पूरे शहर में, पूरे बंगाल में। मुहल्ले की मुद्रा अधिक सुर्ख हो गयी थी। आतंक पैदा करनेवाली। मेरे घर की तुलसी भी काँप गयी थी। शुभचिन्तकों ने आत्मीय सुझाव दिया था, या तो खद्दर छोड़िए या मुहल्ला। व्यावहारिक दृष्टि से सुझाव ठीक था, मगर मैं आश्वस्त था कि पेड़ पोसनेवाले लोगों से मुहल्ला खाली नहीं हुआ है। और एक दिन के लिए भी बस्ती छोड़कर भागा नहीं। आज अपनी किताबों के पीले रूप को देखता हूँ तो थोड़ी देर के लिए मन खिन्न हो जाता है। धुएँ की उठान को मेरे बगल के पेड़ जब-तब हलकी चपत लगा देते हैं, शायद शऊर सिखाने के लिए। मगर बड़ा ढीठ है। मेरी पुस्तकों से ही शरारत करता है। अहंकारी मुद्रा में चूल्हे से उठता है और अपने कुप्रभाव का विस्तार कर बिला जाता है। अपनी पीड़ा की बात सोचता हूँ तो लगता है कि अहंकारी लोगों की अशुभ दृष्टि पोथी-पत्रा पर ही अधिक रहती है। अशुभ शक्तियों को पोथी से, पोथीवालों से ज्यादा सुविधा होती है शायद। भरत ने ग्लानि से गलते हुए कहा था कि माता कैकेयी के आचरण में यदि मेरी मन्त्रणा हो तो मुझे वह पाप लगे जो ब्राह्मण बस्ती को जलाने पर लगता है। ब्राह्मण का सीधा अर्थ है—विद्याव्रती। राम के जमाने में और तुलसीदास के जमाने में बाभनों का गाँव जलानेवाले अहंकारी और नृशंस लोग थे। आज उस जाति के लोगों में वृद्धि हुई है।

मेरी बस्ती का धुआँ बड़े सघन रूप में उठता है। उठता है तो उठे, उसके अहंकार को मेरे मुहल्ले की प्रसन्न हरीतिमा लील जाएगी। ●

कर्मकाण्ड उदास हो गया है

मेरे नैष्ठिक मित्र श्री राममोहन पाण्डेय ने मेरे उच्चाटन का उपचार सुझाया है। पूजा-उपासना की पोथियों के साथ यह सन्देश भेजा है कि विहित विधि से पूजा-पाठ मन:शान्ति की अचूक औषधि है। होगी! आजमाने का मन नहीं होता। पाण्डेयजी की सहृदयता और आत्मीय भावना ही मेरे लिए महौषधि है। प्रीतिकर आश्वासन कि निपट अकेला नहीं हूँ। मित्र हैं, जो दु:ख की घड़ी में बराबर साथ खड़े रहते हैं कि कमजोर न पड़ जाऊँ। मगर राममोहनजी के उस आत्मीय सुझाव का क्या जवाब दूँ, जिसे स्वीकार करने को मन तैयार नहीं है! भावना का तकाजा है, कुछ तो लिखना है।

भावना को पोषण देनेवाली सबसे करीबी जमीन के एकाएक हाथ से निकल जाने से मन बौराया रहता है। उस जमीन से जुड़ा था तो कर्मकाण्ड से जुड़े बिना मन का कर्मकाण्ड प्रसन्न था। और इससे अधिक कर्मकाण्ड का मूल्य मेरी समझ में आया भी नहीं है। है भी नहीं शायद। उद्देश्य भी कर्मकाण्ड का चित्त को प्रसन्न और उदात्त करना ही है शायद।

मेरे आत्मीय बन्धु राममोहनजी की दृष्टि में कर्मकाण्ड का मूल्य बहुत ऊँचा है, और सहज मैत्री भाव के आवेग में वे मुझे उससे जोड़ने को व्याकुल हैं। मेरी दिवंगता गृहिणी भी सरल ग्रामीण महिला की शैली में कर्मकाण्ड को बहुमान देती थीं। और मेरे बौड़म तथा किंचित् अराजक स्वभाव से अन्तरंग रूप में परिचित होने के कारण मेरा बोझ भी अपने कन्धे उठाये चलती थीं। और अपनी सृष्टि की मंगल कामना से प्रेरित होकर नाना प्रकार के कर्मकाण्ड के जटिल बोझ को अपनी निहायत सरल जीवनचर्या पर बड़े उछाह से लाद लिया था। अपने सहज छोह के आग्रह से अपने पूजन-आराधन के अनुष्ठान में मुझे भी जब-तब सम्मिलित कर लेती थीं। प्रीति का प्रताप था कि मेरे स्वभाव के विपरीत होते हुए भी तब कर्मकाण्ड भारी नहीं लगता था। और मेरी भागीदारी से अपने अनुष्ठान को पूर्ण मानकर वह खिल जाती थीं, जैसे उनकी आन्तरिक साध रूपायित हो उठी हो! वह आस्था थी। और

उस आस्था को लक्ष्य कर मैं अकसर सोचा करता था, जहाँ इतनी संवेदनशील आस्था है वहाँ कर्मकाण्ड के प्रपंच का प्रयोजन क्या है! पर आस्था को टोकने में सहज संकोच था। कर्मकाण्ड के वितान से संसक्त मेरी लोक-लीलासंगिनी की प्रसन्नचर्या सुरभि-सम्पन्न जान पड़ती थी।

पूरी आत्मीयता के साथ मैंने अपने मित्र की भावना के प्रति सम्मान प्रकट करते पत्र लिखा कि मेरे जीवन की सुरभि शेष हो गयी है। मेरी गृहस्थी की तसल्ली टूट गयी है। मेरे जीवन के सारे कर्मकाण्ड की संयोजिका मुझे त्रासद रिक्तता में झोंककर एकाएक अदृश्य हो गयी है, तो अब मेरे कर्मकाण्ड का मतलब क्या रह गया! उन्होंने मेरे पत्र का जवाब नहीं दिया। अपने उपचार को मेरे लिए उन्होंने शायद व्यर्थ मान लिया; या कि संवेदनशील आदमी हैं, मेरे टुटहे कर्मकाण्ड-छन्द को छूने-छेड़ने में उन्हें डर लगा हो शायद।

मैंने भी डरते हुए ही आखिरी कर्मकाण्ड पूरा किया था। जिस चेहरे की हलकी उदासी मेरे लिए असह्य थी, और जिस चेहरे के सामने दुनिया का कोई भी चेहरा मुझे आकृष्ट नहीं करता था, उसकी मुखाग्नि-क्रिया का निर्मम कर्मकाण्ड पूरा कर मैं हमेशा-हमेशा के लिए कर्मकाण्ड के बन्धन से मुक्त हो गया। उस धवल काया की राख बटोरने का कर्मकाण्ड मुझसे पूरा नहीं किया गया। राख का असह्य ढूह मेरे भीतर खड़ा हो गया था। इसलिए राख बटोरने के आग्रह का तिरस्कार कर, पूरी तरह छूँछ होकर, मैं श्मशानघाट से खाली हाथ घर लौट आया था। मेरे मन को पढ़ने की संवेदना जिनमें नहीं थी, उनकी आस्था आहत जरूर हुई थी मेरे उदास आचरण से। आशंका है, अपने आत्मीय सुझाव में मेरी अरुचि लक्ष्य कर मेरे अन्तरंग बन्धु की भावना भी आहत न हो जाए।

मगर मेरे मन ने मान लिया है कि अब मेरे लिए कर्मकाण्ड का कोई मतलब नहीं रहा। शायद पहले भी कोई विशेष अर्थ नहीं था। कभी शिष्टाचार के दबाव से और कभी भावना के आग्रह से धर्म-अनुष्ठान और उसके कर्मकाण्ड से जुड़ जाता था। कर्मकाण्ड और पूजा-अर्चा उसके लिए मूल्यवान है, जो उसके अनुशासन में मन की मैल को धोने के लिए प्रवृत्त हो। मेरे मित्र राममोहनजी पूजा के आसन पर घण्टों पूरी निष्ठा से बैठे रहते हैं। उनकी पूजा-निष्ठा प्रेरक है। उनके व्यक्तित्व की वैष्णव सुरभि कर्मकाण्ड-अनुशासित उनकी धर्मचर्या को मूल्यवान बनाती है। उनके सन्दर्भ में कर्मकाण्ड का महत्त्व है। कर्मकाण्ड का प्रयोजन सिद्ध हुआ था मेरी गृहिणी की सरलता, परदुःख-कातरता में। जो कर्मकाण्ड से जुड़कर पापाचार की आजादी भोगना चाहते हैं, कर्मकाण्ड उनके काम की चीज नहीं है। वे धर्म-अनुष्ठान और धार्मिक कर्मकाण्ड का प्रयोजन और मर्म नहीं समझते। भ्रमवश कर्मकाण्ड का भार ढोते रहते हैं। रामकृष्ण परमहंस और महर्षि रमण की कोटि के

आध्यात्मिक पुरुषों के लिए भी कर्मकाण्ड का अनुशासन अनावश्यक है। उनकी ऊँचाई के सामने कर्मकाण्ड बहुत छोटा नजर आता है। और जिनके जीवन का चरम लक्ष्य भोग है, वे कर्मकाण्ड की मर्यादा-महत्ता को अपने हीन आचरण से क्षत करते एक गलत राह रचते हैं। इसी राह पर आज भीड़ अधिक दिखाई पड़ती है। सीधे-सादे लोग भी छल के शिकार होकर इसी राह पर चलने लगे हैं। इस राह की भीड़ दूसरी राह के यात्रियों को अपनी असामान्य मुद्रा से आतंकित किये रहती है। सत्कर्म-विवर्जित शोर आज का सर्वाधिक लोकप्रिय कर्मकाण्ड है।

आज का भयावह शोर और कर्मकाण्ड के नये अलंकृत तेवर देखकर मुझे अपनी माँ की याद आती है—उसकी एक विशेष अर्चा-मुद्रा। मेरी पट्टीदारी की एक महिला थीं, जो नीम पागल थीं। मेरे बाबा की चाची लगती थीं। बाल विधवा थीं। अत्यन्त रूपवती। दिन-भर गाँव की गलियों-आँगनों में चक्कर लगाती रहती थीं। हमेशा बुदबुदाती रहती थीं। हम बच्चों को बहुत डर लगता था उनसे; लेकिन जब कभी मेरे आँगन में घुसतीं, माँ श्रद्धा से पुलकित हो जाती...जैसे साक्षात् भगवती का पदार्पण हुआ हो उसके आँगन में! उनके धूल-धूसरित, जले-रूखे पैरों पर आँचल रखकर पूरी भक्ति के साथ पाँच बार प्रणाम करती। फिर थाली में पानी भरकर उनके पाँव पखारती। आग्रहपूर्वक भोजन कराती। खाते समय भी वे बुदबुदाती रहतीं और माँ उनके पास बैठकर 'बेना' डोलाती रहती। वृद्धा को हर तरह से पूजकर परम तोष से माँ प्रसन्न हो जाती। जब-जब माँ की वह मुद्रा याद आती है, मुझे लगता है, आज मैंने कायदे से पूजा की। चित्त को आलोकित कर देनेवाली संवेदना से जुड़कर एक सही कर्मकाण्ड पूरा किया हो—ऐसा तोष।

आस्थाशील मेरी दिवंगता जीवनसंगिनी बड़ी निष्ठा से पूजा करती थीं। कर्मकाण्ड से श्रद्धया जुड़ी थी उनकी पूरी जीवनचर्या। पर उनकी कर्मकाण्ड-सुरभि हर वक्त मुझे आकृष्ट करती हो, ऐसा नहीं था। कई बार उनकी धर्म-भूमिका ने गहराई से स्पर्श किया है। संरक्षणशील आस्थावाली अपनी गृहिणी को एक बार मुहल्ले की मातृहीना बंगाली कन्या के प्रेम-प्रसंग को विवाह में रूपायित करने को व्याकुल देखा था। और वैसा उल्लास उनके व्यक्तित्व में कभी नहीं देखा था, जब मंजु का मनोरथ पूरा होते और उसकी गृहस्थी को पुष्पित होते देखकर मुखर हुआ था। वह पूजा थी। पुण्य-सुरभि, कर्मकाण्ड के मूल प्रयोजन का मूर्त रूप। वह प्रसन्न गृहिणी मंजु अपनी 'बऊदी' को खोकर इतनी उदास है, जैसे उसका सर्वाधिक अन्तरंग सम्बल अदृश्य हो गया, और माँ के अभाव-दंश जैसी त्रासद प्रतीति ने उसके भावलोक को छिन्न-भिन्न कर दिया है। मंजु के आँसू और विषण्ण मुद्रा उसकी भाव-पूजा जान पड़ती है। कर्मकाण्ड की यह उन्नत दशा आश्वासन है कि जड़ मूल्यों के भार से दबा आदमी अभी मरा नहीं है। पुण्य को लीलने में प्रदूषण

अभी पूरी तरह सफल नहीं हुआ है। असह्य शोर की मार से घायल संवेदना अभी साँस ले रही है।

और विवेक कहता है, संवेदना की इसी जमीन को उर्वर बनाये रखने की चिन्ता ने ही कर्मकाण्ड-संविधान की रचना की होगी। उसे मनुष्य अपने हीन प्रयोजन से तोड़ता-मरोड़ता और बुद्ध जैसे संवेदनशील के मन में उसकी विकृति के प्रति अन्यथा भाव जगाता रहा। दोष उस विधान में नहीं, उस नियोजन-पद्धति में था, जो हीन मति से चालित थी। हिन्दू कर्मकाण्ड तो इतना सौन्दर्य-सचेत और संवेदनशील है कि काने-लँगड़े उपकरण से उसका छन्द बनता ही नहीं। टुटहा दीया, दागी कलश, खण्डित चावल, टेढ़े-मेढ़े, फटे-फूटे पत्र-दूर्वा को शुचिता सजग कर्मकाण्डी स्वीकार नहीं करता। सर्वत्र सुन्दर का आग्रह दिखाई पड़ता है, जो सौन्दर्य को मान देने की कला सिखाता है। और उदार ऐसा कि किसी भी विहित उपकरण के अभाव में वह ठहर नहीं जाता। हर कमी का विकल्प अक्षत है, जो कर्मकाण्ड को गत्वर बनाये रहता है। जड़ता की नसीहत नहीं देता हिन्दू कर्मकाण्ड। ऊर्ध्वमुखी गतिशीलता उसकी पहचान है।

उसी ऊर्ध्वमुखी जीवन-आयाम से मुझे जोड़ने के लिए व्याकुल हैं मेरे मित्र। स्वयं घनिष्ठ रूप में जुड़े हैं। मुझे भी अपने अनुभव की रोशनी बाँटने को उनकी सहृदयता बेचैन हो उठी है। मगर उनके जैसा सहृदय व्यक्ति भावना के आवेग में यह नहीं समझ पाता कि मेरी उदास चर्या को प्रसन्न करने के उनके आत्मीय सुझाव को स्वीकार करना मेरे मन को मंजूर नहीं है। और बेमन से कर्मकाण्ड को यान्त्रिक रूप में ढोने का मतलब क्या है! मेरी उदासीनता को उस दिन मेरे मित्र अशोक सेकसरिया ने टोका, ''पुत्र के विवाह में पिता की भूमिका क्या साक्षी मात्र की होती है? साधु मानुष हैं अशोकजी। गाहे-बगाहे बच्चों जैसा सवाल करते हैं। उस दिन मेरे बेटे के विवाह-संस्कार में मेरी तटस्थ मुद्रा ने उनकी संवेदना को कुछ परेशान कर दिया था। उन्हें शान्त करने की गरज से मैंने जवाब दिया था, ''जिस नृशंस समाज में सौभाग्यविहीन माता की छाया से मंगल अनुष्ठान को यत्नपूर्वक बचाया जाता हो, और खास अवसरों पर उसके दुर्भाग्य-दंश को अपनी संवेदनहीनता से उकसाया जाता हो, उस समाज में जीनेवाले पिता को भी अपनी अपात्रता का विवेक रखना चाहिए, अन्यथा किसी लोक-चतुर व्यक्ति के टोक दिये जाने पर गहरी चोट लग जाएगी। इसलिए जरूरी है इतनी संवेदना-सजगता कि विधवा की उपस्थिति जब मंगल पर्व में वर्जित है तो विधुर की छाया किस तर्क से शुभ मानी जाएगी? इसी सहज संकोच से मैंने स्वतः अपने को प्रत्येक कर्मकाण्ड से विलग कर लिया है।'' मेरी बात अशोकजी को गहरे में स्पर्श कर गयी और वे उदास हो गये। उन्हें उदास बनाना मेरा उद्देश्य कतई नहीं था, पर अशोकजी की संवेदना का क्या उपचार

है? कर्मकाण्ड का ककहरा न जाननेवाले अशोकजी की संवेदना मनुष्य की वेदना के स्पर्श मात्र से उद्वेलित हो उठती है। अपने संसार के प्रति मेरी संवेदना अक्षत रह सकी और अपनी गृहिणी की सृष्टि की मैं कायदे से रखवाली कर पाया तो अशोकजी मुझे कर्मकाण्ड में प्रवीण मान लेंगे। राममोहनजी मानें, न मानें। अपने बेटे के विवाह मण्डप से किंचित् अलग खड़ा होकर भी सारा कर्मकाण्ड बेटे की माँ की आँख से ही देख रहा था। अशोकजी जैसे दो-एक की नज़र मेरे उदास कर्मकाण्ड पर थी, जो उन्हें परेशान कर रही थी। और मुझे तो आज अपने समय का पूरा कर्मकाण्ड, क्षीण आश्वासन के बावजूद, सनकी लगता है। ●

अशोक मरा नहीं है

बन्धुवर प्रेमशंकरजी की चिट्ठी आयी है। उनके किसी मित्र ने उन्हें सूचना दी है कि कलकत्ते में असली अशोक का एक पेड़ जीवित है, और वे विस्मित मुद्रा से पूछ रहे हैं कि क्या सचमुच असली अशोक का पेड़ कलकत्ते में है? प्रसाद-साहित्य में गोता लगाया है प्रेमशंकरजी ने। अकसर सांस्कृतिक सवाल उठाते रहते हैं। कभी-कभी बड़े मुलायम अन्दाज में रस-कोष को छेड़ते हैं। अशोक के सन्दर्भ में असली-नकली की गुत्थी द्विवेदीजी के निबन्ध 'अशोक के फूल' ने पैदा की है। प्रेमशंकरजी के मन ने मान लिया है कि असली अशोक से पृथ्वी का भूगोल रिक्त हो गया है, इसलिए अपने मित्र की बात सुनकर प्रीतिकर आकुलता में उन्होंने मुझे पत्र लिखा है।

और पत्र पाते ही मैंने उन्हें जवाब लिख दिया था कि रवीन्द्रनाथ के शहर में प्रायः रोज ही अशोक से भेंट होती रहती है। राष्ट्रीय पुस्तकालय के आँगन में, कथाशिल्पी ताराशंकर बंद्योपाध्याय के द्वार पर और ईडेन गार्डेन तथा दूसरे बड़े उद्यानों में अशोक की उल्लसित महिमा रसज्ञों को बरबस आमन्त्रित करती रहती हैं। मैंने उन्हें यह भी लिखा है कि अशोक और शिरीष के आँगन में बैठकर पं. हजारीप्रसाद द्विवेदी ने अपने प्रसिद्ध निबन्धों की रचना की थी। शान्ति निकेतन का परिसर तो अशोक से सम्पन्न है। कोई परिचय करना न चाहे तो उसकी रसहीनता का अशोक क्या उपचार करे! वात्स्यायनजी की संवेदना सौन्दर्य-लोक की प्रत्येक शाखा के कुल-गोत्र से जुड़ी थी। शायद इस ब्याज से भी द्विवेदीजी से उनकी राशि मिलती थी। दोनों एक-दूसरे के रस का भरपूर आस्वाद लेकर अपने को समृद्ध करते थे। साहित्यिक सद्भाव का वह विरल रूप था। आज वह दायरा थोड़ा सिकुड़ गया है। भोग-उपकरण की सनकी होड़ रस को सोख रही है। वासनासक्ति सौन्दर्य के आस्वाद में बाधक बन रही है। भोग के वर्चस्व का परिणाम ऐसा ही दुर्भाग्यपूर्ण और तिक्त होता है। गालिब को पीड़ा थी कि वासना के बाजार में सौन्दर्य-पारखी का मोल घट गया है :

हरबुल हवस ने हुस्नपरस्ती शिआर की,
अब आबरू-ए-शेवा-ए-अहल-ए-नजर गयी।

पिछले वर्ष प्रेमशंकरजी शान्ति निकेतन हो आये और अशोक के प्रतिवेशी बाशिन्दों में से किसी ने अशोक से उनका परिचय नहीं कराया। दोष न प्रेमशंकरजी का है, न अशोक का। और आज की मशीनी जीवनचर्या को भी क्या दोष दिया जाए! मशीन से रस की अपेक्षा केवल वही कर सकता है, जो बालू से तेल निकालने की कला जानता हो। पण्डितजी इस कला में सिद्ध थे, तभी जाने क्या-क्या देख लेते थे पेड़-पौधों में, घास-भूसा में, डीह-डाबर और ढेला-माटी में। मगर जिसका स्थूलकामी हठ ढेला-माटी से ऊपर उठने को तैयार नहीं है, उसे चेतना की ऊर्ध्वमुखी उड़ान से छींक आने लगती है। पं. हजारीप्रसादजी तो सौन्दर्य को बहुमान देने के लिए अपने प्रातिभ पंख के सहारे गन्धर्वलोक तक उड़ जाते थे; धीरे से कान में कहकर कि धूल के मोल-मान के लिए बीच-बीच में धरती छोड़कर आसमान में उड़ना जरूरी होता है, जोर का ठहाका लगाते थे। पर मैं तो उदास हूँ कि अशोक की असलियत कैसे प्रमाणित होगी। लिखने को तो लिख दिया पं. प्रेमशंकरजी को कि वसन्त में भाभी के साथ रवीन्द्रपुरी (कलकत्ता) का कार्यक्रम बनाइए, कथाशिल्पी ताराशंकर बंद्योपाध्याय द्वारा पोषित अशोक की शोभा हुलसकर आपका स्वागत करेगी। पर मन चिन्ता में पड़ गया है कि कहाँ से दिखाऊँगा उन्हें वह अशोक, जिसके गुण-धर्म की चर्चा कालिदास ने उल्लसित मुद्रा में की है 'मालविकाग्निमित्र' में और व्यास देव ने और दूसरे रससिद्ध कवियों ने अन्यत्र।

भाई प्रेमशंकरजी सहज छोह के चलते मेरी बात पर थोड़ी देर के लिए विश्वास कर भी लेंगे, पर शोभा भाभी तो कुछ अधिक ही तर्कमुखी हैं; हर चीज को ठोक-पीटकर देखती हैं। साहित्य के प्राध्यापक प्रेमशंकरजी ने उन्हें साहित्य के दूसरे अध्याय का परिचय भले ही न दिया हो, कालिदास को डूबकर पढ़ाया होगा। और उनकी आँखें तो उस अशोक को देखने के लिए व्याकुल होंगी, जो अलक्तरंजित नूपुरयुक्त चरणों के मधुर आघात से पुष्पित हो उठता था। अशोक के इसी स्वभाव से वे परिचित हैं। कोमल स्पर्श से—चाहे वह पदाघात ही क्यों न हो—जिसकी संवेदना में उल्लास का ज्वार न पैदा हो जाए, उसे असली मानना सचमुच जरा मुश्किल है। इसीलिए चिन्ता है कि सहज उल्लास-आवेग में कालिदास के प्रदेश के आचार्य को नेवता तो दे दिया—अपने शहर की समृद्ध सुषमा दिखाने के लिए, पर कहाँ से दिखाऊँगा असली अशोक का चेहरा! कड़ा इम्तहान है। डर है, परीक्षाकक्ष से 'वॉकआउट' न करना पड़े। असल में इन दिनों असली-नकली का मामला थोड़ा उलझ गया है—जैसे सत्य और असत्य की गुत्थी और

उचित-अनुचित का विवेक। बड़ा मुश्किल हो गया है असली-नकली का निर्णय करना। नकली अब असली मुहावरे को जोर से उच्चारने लगा है, और नकली के आतंक से असली का जोर इतना क्षीण हो गया है कि उसके आचरण को सटीक मानने को कोई तैयार नहीं है। झूठ की महिमा सत्य से ऊँचे उठकर बड़े पीढ़े पर बैठ गयी है। गोचर धवलता को उचित मान देने में लोक-चतुर लोग सकुचाने लगे हैं। कदाचार का फूल-अच्छत से अभिषेक किया जाने लगा है। ओछी कामयाबी को ही कृतार्थता और सही उपलब्धि कहा जाने लगा है। नकली की विभुता फूल-फल-फैल रही है—'फूलें, फलें, फैलें खल, सीदति साधु पल-पल।' मगर अन्तर्यामी ही जानता है कि नकली राह कामयाबी किस मूल्य पर देती है!

मेरे शहर की शोभा को नकली भूमिका से अपनी सच्चाई का ढोल नहीं पीटना है। शोहरत कमाने के लिए किसी विजातीय इशारे पर हँसना-रोना उसके धर्म के खिलाफ है। खुलने-खिलने के लिए उसे पदाघात नहीं, सौन्दर्य के परस की प्रतीक्षा रहती है। वसन्त की हवा लगते ही उसकी हरीतिमा को रक्तवर्णा शोभा-सम्पन्न कर देती है। जगह-जगह सिन्दूरी ऐन्द्रजालिक विभा। पुष्पित अशोक घोषणा करते जान पड़ते हैं कि शक्तिपीठ वासन्तिक नवरात्र में साँस ले रहा है। प्रदूषण का बोझ अशोक की हँसी को बन्द नहीं कर सकता। राजनीति के सूखे नारे हमारे जातीय भाव को पलट नहीं सकते। मेरे शहर के वामपन्थी नायकों की समझ इस सत्य को समझने लगी है, रामकृष्ण और विवेकानन्द का यशोगान उनके कण्ठ से भी गूँजने लगा है।

अशोक की मुस्कुराती मुद्रा तकनीकी गुमान को टोकती रहती है कि तकनीकी सँभार की हुकूमत निसर्ग के संविधान को अनुशासित नहीं कर पाती। अशोक निसर्ग के इशारे पर हँसता है। वसन्त का सही मोल जानता है, सौन्दर्य के स्पर्श से खिल उठता है। लात खाकर हँसना बेहया का लक्षण है। कालिदास और हजारीप्रसाद द्विवेदी का ललित संकेत यही है कि सजी-सँवरी प्रकृति सुन्दरी का मृदु संस्पर्श पाकर पेड़-खूँट तक का रस संगीतमय हो उठता है, आदमी की तो बात ही क्या! वह तो संवेदना के बल पर ही आदमी है। जिसकी संवेदना काठ हो गयी है, विजातीय भार के दबाव से, वह मनुष्य होने का झूठा दम्भ लादे औरों का शोभा-स्वाद बिगाड़ता रहता है। सौन्दर्य के प्रति जो संवेदनशील नहीं है, वही काठ है। और सौन्दर्य के परस से जो खिल नहीं उठता, रवीन्द्रनाथ की भाषा में, वह बढ़ई के घर जाने को अभिशप्त है। अशोक की संवेदना जड़ नहीं हुई है। जड़ सौन्दर्य के अक्षर नहीं पहचानता। जड़ धरातल-संसक्त का संवेदना से क्या नाता! अशोक है कि स्पर्श मात्र से उसका उल्लास-राग पुष्पित हो उठता है।

मगर हँसने के लिए हर वक्त बाहरी गुदगुदी जरूरी नहीं होती। भीतर के

देवता से जिनका गहरा परिचय है, वे उसी के इशारे को असली मानते हैं, और अन्तर्यामी विभा मुहूर्त विशेष में रोम-रोम से हँस पड़ती है। वसन्त उसी रस-कोष को छोड़ता है। और अशोक का रस रक्तिम शोभा बनकर पात-पात पर उच्छलित हो पड़ता है। वह रसहीन नहीं है। बढ़ई के घर जाने का अभिशाप उसके साथ नहीं है। कवि, कथाशिल्पी और राष्ट्रीय ग्रन्थागार ने उसकी जाति पहचानकर उसे अपने आँगन में जगह दी है। वह लात खाकर हँसनेवाला बेहया नहीं है। अन्तर्यामी देवता का इशारा समझता है। काल की नब्ज का उसे सही विवेक है। अशोक सौन्दर्य की अवमानना की ढिठाई नहीं कर सकता। ऋतु के इशारे का मर्म समझता है। सौन्दर्य के परस से खिल उठता है; जैसे प्रकृति के छूते ही पुरुष का चैत्य जाग पड़ता है, शव में शिवत्व मुखर हो उठता है। अशोक निसर्ग की शोभा को आदमी की तरह मैला नहीं करता। उसे माथे पर मान देकर प्रदूषण से मुठभेड़ करते अपने चारित्रिक गुण-धर्म का प्रमाण देता है। राम जाने, बन्धुवर प्रेमशंकरजी उसके कुल-गोत्र की प्रामाणिकता को स्वीकार करेंगे या नहीं, कहना मुश्किल है कि शोभा भाभी की सौन्दर्य-स्पृहा को और प्रेमशंकरजी की सांस्कृतिक भूख को मेरे शहर का अशोक कितना पोषण देगा। प्रेमशंकरजी ने तो मान लिया है कि कालिदास और हजारीप्रसाद द्विवेदी का दुलरुआ अशोक धरती से लुप्त हो गया है, और 'अशोक' नाम से परिचित गाछ असली नहीं, नकली है। इसे सांस्कृतिक क्षति मानकर प्रेमशंकरजी उदास हैं। उनके पत्र में व्याकुल टीस है।

पर मेरे शहर का अशोक खिन्न नहीं है। उसने स्वधर्म की पटरी नहीं छोड़ी है। पण्डितों, आचार्यों, अखबारनवीसों, कवियों, लेखकों की तरह उसकी जमीन में काई की फिसलन नहीं है। अन्तर्यामी के अनुशासन में जीनेवाले अशोक को प्रलोभन की रंगीन माया लुभा नहीं पाती। जाति-गुण के प्रति संवेदनशील अशोक कुलाचार की राह पर चल रहा है। सुख बटोरने के लिए या विप्लव का हल्ला कर अगुआ बनने के लिए कदाचार को धर्म बनाना उसे मंजूर नहीं है। असली के प्रमाण के लिए और कौन-सी सनद चाहिए!

कुमारिकाओं के पाद-प्रहार से पुष्पित होने की बात और मदनोत्सव की बात और कन्दर्प देवता की बात कन्दर्प देवता जानें। द्विवेदीजी कालिदास के गोत्र के करीब पड़ते हैं। सौन्दर्य की विविध मुद्रा की उन्हें बारीक परख थी। होते तो उन्हीं से असली-नकली का फैसला कराया जाता। लहरा उन्हीं का लगाया है। उन्हीं का फैसला सटीक माना जाता। मैं तो आश्वस्त हूँ, मेरे शहर में उल्लास-नर्तित अशोक जागरूक स्वाभिमान के साथ बड़े ठाठ से जी रहा है। असली अशोक का हँसमुख चेहरा प्रेमशंकरजी को दिखाकर उनकी चिन्ता दूर करने के लिए मैं उपयुक्त मुहूर्त की बाट जोह रहा हूँ। और मेरे शहर के घर-आँगन तथा शान्तिनिकेतन के परिसर

में 'गीत-वितान' का राग गूँज रहा है :

राँगा हाँसी राशि-राशि अशोके पलाशे
राँगा नेशा मेघे मेशा प्रभात आकाशे
रंगीन पाताय लागे राँगा हिल्लोल।

कैसे मानूँ कि असली अशोक मर-बिला गया! अशोक मरा-मरुआया नहीं है, नैसर्गिक मुद्रा में हँस रहा है। ●

अराजक उल्लास

जेठ का ताप और शेफाली की मुसकान। प्रकृति का कौतुक देखकर अचरज में पड़ गया। सुबह टहलते हुए लगा, जैसे सपना देख रहा हूँ। यह ठीक है कि बंगाल में मौसम जरा आगे-आगे चलता है; पर ऐसी त्वरा भी क्या कि अक्टूबर-नवम्बर में आम्र-मंजरी का आमन्त्रण आ जाए और कोयल कुहुकने लगे या कि बैसाख-जेठ में शेफाली अपनी मोहक मुसकान से मन को अस्त-व्यस्त करने लगे! निसर्ग का अपना कायदा-कानून है। अपने संविधान की पटरी छोड़कर निसर्ग चलने लगे तो उसकी अराजक मुद्रा से डर लगता है। पर आज शेफाली की भागवत मुद्रा ने मेरे गाँव की सुधि ताजा कर दी। शीत में नहायी दूब पर बरसती शेफाली की उज्ज्वल वदान्यता। मेरे दुआर के द्वार पर बूढ़ा पेड़ था पारिजात का। उसके उल्लास में बाबा की वत्सलता का आस्वाद था। उसकी सात्त्विक सुरभि से पूरा परिसर-परिवेश सम्पन्न हो उठता था। प्रत्येक शारदीय भोर विशेष पर्व की मुद्रा में जागती थी। पारिजात से सटा, पूरब में, आँवले का विराट् व्यक्तित्व मुखर ऊर्जा लिये खड़ा था। आँवले का उतना बड़ा पेड़ मैंने आज तक नहीं देखा। और प्राणवत्ता इतनी समृद्ध कि पतई-पतई फल से लदर जाती भादों शेष तक...और आँवला-गाछ पोषण देता रहता फगुनहट उठने तक। मगर अक्षय नवमी के पहले, ललचते हुए भी, हम फल नहीं छू पाते थे। माँ का निर्देश था, आँवला को विधिवत् पूजने के बाद ही उसका फल छूना चाहिए। और कार्तिक शुक्ल नवमी को आँवले के नीचे गाय के गोबर से लीप-पोतकर नये चूल्हे पर विविध प्रकार का भोजन बनता, पूजन होता और अक्षय पुण्य-ऊर्जा की कामना के साथ आँवले के आँगन में बैठकर हम सब भोजन करते। कार्तिक मास का वह विशिष्ट ग्रामीण पर्व था। उस समय खेती की कतिकी साधना में निष्ठा-त्वरा बड़ी प्रेरक होती थी। और कतिकी नहान का राग पूरे परिवेश में सात्त्विक दीप्ति रच देता था। गान-गत्वर गंगा नहान अभी मरा नहीं है, पर माटी की संवेदना-सुरभि मिट्टी में मिल गयी है। गँवई भागवत भाव राजनीतिक छल की गिरफ्त में आकर ऐंठ गया है। अब अपनी माटी, आँगन-चौखट

और अपने लोग इतने पराये लगते हैं कि वहाँ से भागने को मन व्याकुल हो उठता है, जहाँ अपनी कोई निजी पहचान नहीं है, और जहाँ नयी सभ्यता की निर्मम मार भारतीय स्वकीयता को और मौसम की विशिष्ट पहचान को मिटा रही है।

जेठ में ही जाग उठा है मेरे मुहल्ले की शेफाली का जोम। असमय ही पुष्पित हो उठी है। मौसम के अनुशासन को दरेरा देकर अपने सौभाग्य का ढोल पीटने के लिए व्याकुल हो उठी है जैसे। आदमी ने ही नहीं, वनस्पति लोक ने भी अगवाह राह पकड़ ली है। समझ में नहीं आता, विधाता की रचना इतनी जल्दी में क्यों है!

अशान्त त्वरा और संवेदनहीन सन्नाटे में अपने गाँव को देखकर डर लगता है कि यह मरने-मारने की तैयारी है शायद। गँवई इतमीनान, सहज छोह का आवेग और अपने सिवान में सुरक्षा की तसल्ली को किस छल के धक्के ने हिला दिया कि गाँव को पहचानना और उसके राग में राग मिलाकर चलना उनके लिए मुश्किल हो गया, जो गाँव के माटी-पानी से बने हैं, और जिनकी भावना गाँव के नैसर्गिक राग से जुड़ी है। लगता है, मेरे धरती-राग का किसी ने गला घोंट दिया है और एक निहायत अपरिचित राग गाँव के आँगन-परिसर में चीखने लगा है, जो आँगन-ममत्व को धक्का मारकर उस दुनिया की राह पकड़ने को मजबूर कर रहा है, जहाँ के लोगों का फूल-फल के शोभा-शील से वैसा नाता नहीं होता जैसा गँवई मन का होता है। बिना पूजा-अर्चा के ही जहाँ प्रकृति की तपस्या के फल का आस्वाद भोगने की बेचैन भूख है, वह गँवई मन जैसा बड़ा मन नहीं है। जहाँ निसर्ग का छन्द-विवेक कमजोर हैं, जहाँ आहिस्तगी के सौन्दर्य और आस्वाद को लोग भूल गये हैं और जहाँ के लोग अपनी उपलब्ध सुविधा, शिक्षा और चातुर्य के बल पर अपने को सबसे बड़ा मानकर सबके भक्षण की छूट ले लेते हैं, उनका धर्म सृष्टि को पूजना नहीं, केवल भोगना जानता है। और भोग के आवेग में जीनेवाले कुछ-का-कुछ समझते-करते रहते हैं। मेरे गाँव में भी शहर का धर्म क्रियाशील हो गया है। व्यवसायवाद का प्रताप इतना उद्धत हो उठा है कि मौसम की मुद्रा आज लोगों के मन में पहले जैसी स्फुरणा नहीं जगाती। प्रकृति की गोद में बैठे प्रकृति के राग को सुनते नहीं, ऐसी त्रासद संवेदनहीनता में आज गाँव जी रहा है। यान्त्रिक रीति से कतिकी नहान भी चलता है और तुलसीचौरा को पूजने की रूढ़ रस्म भी। सारे तीज-त्योहार पहले से अधिक अलंकृत होकर भी संवेदनहीन हो गये हैं।

मेरे गाँव-आँगन से पारिजात को निष्कासित नहीं किया गया है। वह आज भी श्वेत मुसकान लिये जहाँ-तहाँ खड़ा दिखाई पड़ता है, पर उसकी उल्लसित शोभा से पोषण अर्जित करनेवाला गँवई मन, लगता है, मर गया है। व्यावसायिक अनुशासन ही जैसे गँवई चरित्र और संस्कृति का नियामक बन गया है। शेफाली की शोभा-अवहेला निराधार नहीं है, तथापि आदमी की तरह शेफाली अपना धर्म

छोड़ने को तैयार नहीं है। रोम-रोम से सुरभि की वर्षा करते मेरे पड़ोसी के कारखाने के आँगन में खिल उठी है। विरल है यह वदान्यता। और डरावनी है मनुष्य की हीन मति, जो सारे मूल्यों को निर्मम तरीके से ऐंठती रहती है। अपने पाशव भाव के पोषण के लिए मनुष्य ने जंगली कानून को अपना धर्म बना लिया है। आदमी को ही मानुष सत्य मान लेना मनुष्य की अहन्ता बुद्धि और अमर्यादित भोगेच्छा का परिचायक है। वैष्णव कवि ने जिस 'मानुष सत्य' की महिमा को शीर्ष महत्त्व दिया था, उस सत्य को मनुष्य की चालाकी ने तोड़ दिया और स्वयं को सबसे ऊँचा समझकर सारी सृष्टि को अपनी भोग्या मान बैठा। श्रृत के मूल आधार पर यह नृशंस आघात था। बड़े कौशल से मनुष्य ने इस सच्चाई की अवमानना की कि अमर्यादित भोग 'मानुष सत्य' की पहचान नहीं है। समग्र निसर्ग के प्रति संवेदनशील होकर 'मानुष सत्य' की रक्षा की जा सकती है। आँवला, पीपल, तुलसी को पूजनेवाले; पेड़ और कुएँ तक का आनुष्ठानिक रीति से विवाह रचानेवाले तथा गाय-बैल को भी देवता माननेवाले निपट देहाती की जीवनचर्या उसी 'मानुष सत्य' की ओर इशारा करती थी। वह इशारा आज कमजोर हो गया है। सर्वभूत में ईश्वर की उपस्थिति को प्रतीत करनेवाले तुलसीदास उसी सत्य-प्रतीति के प्रखर विवेक का प्रमाण देते हैं। आदमी को आदमी बनाने के लिए, उसे मत्स्य न्याय की गिरफ़्त से बचाने के लिए मनुष्य की प्रज्ञा-प्रतिभा सहस्राब्दियों से जूझती आ रही है। मगर उसके भीतर के देवता को उसके मन का अधोमुखी प्रवाह हमेशा छलता रहा है।

अपने बुद्धि-बल से मनुष्य यात्रा के आदि चरण से ही सृष्टि के प्रत्येक विभाग में हस्तक्षेप करता रहा है। और उसके हस्तक्षेप ने संस्कृति की यात्रा को क्षिप्रतर किया है। मनुष्य की प्रचेष्टा का ही विधायक परिणाम है कि मनुष्य सौन्दर्य का मूल्य-महत्त्व समझ सका। पर हस्तक्षेप के अतिरेक का भयावह परिणाम यह हुआ कि उसकी नैसर्गिक संवेदना जड़ हो गयी और अपने को सृष्टि का नियामक मानकर उसने सौन्दर्य के आधार को ही उजाड़ना शुरू कर दिया। इससे त्रासद विडम्बना और क्या होगी कि धरती माता और मवेशी-लोक को देवता की तरह पूजनेवाला देश अपनी भोग-भूख बुझाने के लिए इनसे भी छल करता है। मेरे गाँव में, और दूसरे तमाम गाँवों में सद्य:फल देनेवाली खेती विदेशी शैली में शुरू हुई है। रकम-रकम की खेती। मौसम, बेमौसम। चैती खलिहान का परिहास करती मक्के की उल्लसित हरीतिमा, जैसे बुढ़ौती पर विद्रूप करता युवा गुमान! नये-नये रसायन से धरती की ऊर्जा को उत्तेजित कर अपना काम्य वसूलने की बेचैनी। मरे बछड़े की चमड़ी में पुआल-भूसा भरकर गोरस उपलब्ध करने के लिए अपने गाँव के धर्मभीरु परिवार को गोमाता से छल करते और निहायत संवेदनहीन तरीके से उसका दोहन करते देखता हूँ तो मन पागल हो उठता है। और गऊ है कि मनुष्य

के निष्करुण छल पर निरीह वत्सलता बरसाते पेन्हा उठती है। संवेदनहीन मनुष्य अपना मतलब साधकर तुष्ट हो जाता है। कैसी दुष्ट शोषण-शैली मनुष्य ने अर्जित कर ली है! और वही मनुष्य 'मानुष सत्य' का ढोल पीटता रहता है।

नामी-गिरामी, ज्ञानी-गुनी तक 'मानुष सत्य' को नहीं समझते और अपनी भ्रान्ति का, महाकवि व्यास और चण्डीदास की वाणी उच्चारते, उच्च कण्ठ से प्रचार करते हैं कि मनुष्य सबके ऊपर है। देवता से भी बहुत ऊँचा और इसलिए यह मान लिया जाता है कि सारी सृष्टि उसका नैवेद्य हो सकती है। मनुष्य की पाप-बुद्धि का यह ज्वलन्त प्रमाण है। इसी बुद्धि का परिणाम है घिनौना व्यवसायवाद, बाजार संस्कृति, जो आँगन की संस्कृति पर चढ़ बैठी है और घर की संवेदना को निर्मम तरीके से कुचल रही है। लोगों के चेहरे पर यह दर्द मुखर है कि आँगन का आश्वासन कमजोर हो गया है और आँगन सिकुड़ रहा है, पर दर्पोक्ति यह है कि आँगन की सुविधा और चमक पहले से समृद्ध हुई है। हर घर-आँगन में व्यवसायवाद के प्रताप का ढोल बजता मैं भी सुनता हूँ। सर्जन-संवेदना की बात बेमतलब जान पड़ती है, जहाँ सारी ऊर्जा उत्पादन-उपभोग पर केन्द्रित है। बेशक उत्पादन का स्तर ऊँचा हुआ है। क्षणिक तुष्टि के लिए यह अलम् है। मगर मन के भीतर झाँकने पर साफ दिखाई पड़ता है कि भयंकर असन्तोष में सबका मन पागल है। बाजार संस्कृति की शायद यही पहचान है, जो कृषि संस्कृति के लिए एक दिन विजातीय मानी जाती थी, और आज उसे ही मेरा बूढ़ा गाँव अपना धर्म बनाने को व्याकुल हो उठा है। स्पर्द्धा एक ही डँड़ार पर केन्द्रित हो गयी है। और इस राह की भीड़-मुद्रा बड़ी भयावह लगती है। पारिजात की शोभा-सुरभि से इस सनकी भीड़ का कुछ भी सरोकार नहीं है। शायद इसीलिए इतनी हलचल के बावजूद मैं अपने गाँव में गहरा सन्नाटा महसूस कर आतंकित हो उठता हूँ।

आश्वासन है, मेरे प्रतिवेशी के कारखाने में पुष्पित शेफाली, जो समय से पहले खिल उठी है। शायद किसी की स्वार्थ-बुद्धि ने इसकी सर्जनशीलता को कुछ पहले जगा दिया है, और बड़े जोम में बेमौसम हँस रही है, जैसे जेठ के असह्य ताप का अपनी मृदुता से मुकाबला करने उसका आनन्द कोष क्रियाशील हो उठा हो! उसकी मुस्कुराती वदान्यता गहरे में स्पर्श करती है। ऐसा उल्लास समय-बोध और बँधी राह से हटकर भी चले तो बुरा नहीं है। शेफाली की ऊर्जा ने मौसम की अर्गला को तोड़ दिया है। मेरे कौतूहल को शान्त करते वनस्पतिशास्त्र की प्राध्यापिका श्यामली बहन बताती हैं कि प्रकृति हर समय मौसम के अनुशासन को मानकर ही नहीं चलती। बँधे संविधान का कभी-कभी अपवाद दिखाई पड़ता है। कोई अदृश्य शक्ति है, जो शास्त्रीय अवधारणा को उलट देती है। शेफाली को उसका संस्पर्श मिल गया है और उसकी पूरी काया पुलकित हो उठती है।

मेरे मुहल्ले के व्यापारी ने अपने आँगन में शेफाली को मान दिया है। कृतज्ञता के आवेग में वह पुष्पित हो गयी है। मन में आश्वास-बोध जागता है कि जब तक शेफाली खड़ी है कारखाने के आँगन में, कारखाने का प्रदूषण हमारा कुछ बिगाड़ नहीं सकता। ●

विनायक विभूति का आह्वान

प्रियवर हरिवंशजी,

आपका नेवता प्रीतिकर और प्रेरक है। किंचित् विस्मयकारी भी। सचमुच यह देखकर थोड़ा अचरज होता है कि आधुनिक युवा विवेक सनातनता की ओर सुमुख हो रहा है। विनायक विभूति का आह्वान करने लगा है। टूटते मूल्यों और उजड़ती मानवीय शोभा की रक्षा के लिए व्याकुल है। मरुआई मानवीय संवेदना को प्रसन्न करने के लिए नयी ऊर्जा की राह खोज रहा है। बाबा आम्टे और मेधा पाटकर के दरवाजे पर रोशनी के लिए दस्तक दे रहा है। समाज में ललित विभा रचने के लिए भारतीय तीज-त्योहार का नयी दीया-बाती से श्रृंगार करने को सक्रिय हो उठा है। पुरानी पोथियों की धूल में छिपे विधायक आलोक-पक्ष के साक्षात्कार की युवास्पृहा सम्भावना पूर्ण है सचमुच। और समय के उपभोक्ता-औद्धत्य को देखते विस्मयकारी भी। मगर इतना ही प्रीतिकर आश्वासन भी बचा है कि अपसंस्कृति की मार से घायल इस अन्धे युग में उस राग को गाने-बजानेवले कुछ लोग हैं, जो धरती का संवेदना-राग है। माटी की महिमा को सही कोण से उजागर करता है। पतई-पतई पर उल्लास के अक्षर रचता है। समष्टि की शोभाश्री की पहरेदारी करता है। अजनबीपन के विषैले धुएँ को भारतीय आँगन में नहीं घुसने देता, विनायक धर्म की दिअरी से सिवान-बथान को आलोकित करता है।

और अच्छा लगा, यह देखकर कि पिछले साल से आप भी बड़े जोर से दीपावली मना रहे हैं। अपने मन का पाप कहूँ आपसे, पहले तो बड़ा अचरज हुआ कि आधुनिकता के पक्ष-पोषक और उग्र समाजवादी को भारत के तीज-त्योहार की सुधि कैसे आ गयी। कहीं सगोत्री लोगों की स्पर्द्धा में तो आयोजन नहीं रचा गया है! हाँ, देखा-देखी भी इधर आयोजनप्रियता का जोर बहुत बढ़ा है। मेरा गाँव तो रातोंरात शहर बन जाने को बेचैन हो उठा है। संयोग ही समझिए कि बहुत वर्षों बाद पिछली दीवारी के समय गाँव पहुँच गया था। गया तो था अपने शय्या-शायित चाचाजी को देखने, पर चाची ने दीवारी तक टोक-रोक लिया। ''इतने दिनों बाद

आये हो, दीवारी के दिन देवता-पितर को दीया चढ़ाकर जाना।'' और छोह के आग्रह से रुक गया।

और चकित हो गया अपने गाँव की नयी रंगीन पर्व-मुद्रा देखकर। सोचा था, चाची की भावना ने कलकत्ता की यान्त्रिक यन्त्रणा से इस वर्ष मुक्ति दिलायी, पटाखे के शोर-शराबे और माइक पर अहर्निश गूँजनेवाले प्रदूषित राग से जान बचायी और विशिष्ट पर्व का वर्षों बाद वास्तविक आस्वाद मिला। मन की आबोहवा प्रसन्न हो गयी थी कि मेरे भीतर मेरा बाल्यकाल जाग गया था। तब त्योहार का विशेष अर्थ हुआ करता था। हर त्योहार की अपनी रंगत और अपना वातावरण हुआ करता था, जिसकी मन को आकुल प्रतीक्षा रहती थी और जिससे भावना को भरपूर पोषण मिलता था। पर पिछले वर्ष जब शाम होते मेरे गाँव की दीवारी जागी तो उसके चेहरे को पहचानना मेरे लिए मुश्किल हो गया। मेरा शहर महानगर कलकत्ता और आप ही नहीं, मेरा गाँव भी बड़े जोर से दीवारी मना रहा है, मैंने लक्ष्य किया। छत से मुझे गाँव की दीप-शोभा दिखाई गयी तो क्षण-भर के लिए मुझे लगा कि अपने गाँव की सजातीय दीप्त विभा के बीच नहीं, कलकत्ता के किसी उपनगर में खड़ा हूँ। पटाखे-फुलझड़ी का लीला-उत्पात मेरे गाँव में भी घुस गया है; भोज-वैशिष्ट्य में संकरता का प्रवेश हो गया है और शहर से लाकर नये-नये देवता बैठा दिये गये हैं। मेरे गाँव में पहले गणेश-लक्ष्मी की मूर्ति के पूजन का चलन नहीं था। दीवारी के दिन—भाव-विग्रह की वरीयता थी। कुलदेवता और ग्रामदेवता को श्रद्धा-दीप निवेदित करने की संस्कार-परम्परा थी, जो रूढ़ रस्म के रूप में अभी जी रही है। पर नये मनोभाव ने नये देवता को पूजना शुरू किया है। बिना समझे-बूझे गणेश की आरती उतारी जा रही है। बंगाल का श्यामा-पूजन भी मेरे ग्रामांचल में शुरू हुआ है। सार्वजनिक काली पूजा का दीवारी के दिन भोजपुरी माटी के नवही अतिरिक्त उत्साह के साथ आयोजन करने लगे हैं। जगह-जगह वाहनों को रोककर औद्धत्य-बल से चन्दा वसूला जा रहा है और श्यामा-पूजा-विधान का अपरिहार्य उपकरण मानकर 'करण-वारि' का अमर्यादित तरीके से पान किया जा रहा है। अधोमुखी प्रकृति ने अपने उच्छृंखल और हीन आचरण की सम्पुष्टि के लिए मान लिया है कि छिन्नमस्ता काली की उद्दाम लीला अनुशासन-छन्द के सामने किसी शर्त पर नमित नहीं होती, इसलिए उन्हें अपनी पूजा-अर्चा से प्रीत करने के लिए अनुशासन-अर्गला तोड़ना ही पूजा-विधि के अनुरूप आचरण है। इस मान्यता के चलते ही शायद अनुशासनहीनता का जोम बड़ी बंकिम मुद्रा में उतान हो गया है और मेरे ग्रामांचल की दीवारी श्यामा-पूजन कर रही है।

बुरा नहीं है। चेतना और रुचि का फलक बड़ा होना ही चाहिए। कूपमण्डूकता को भारत के विवेक ने कभी प्रोत्साहन नहीं दिया। संस्कृति-गवाक्ष

उन्मुक्त होना ही चाहिए। भारतीय संस्कृति इसी विवेक से शताब्दियों से समृद्धि अर्जित करती रही है, पर अपनी स्वकीयता को अक्षत रखकर। आज गाँव ने स्वकीय रहनि छोड़ दी है। और रहनि दोषपूर्ण हो जाती है तो उद्धार की राह मिलती नहीं। हम भटकते ही रह जाते हैं। मेरे क्षेत्र के लोग सुख के सन्धान में भटक रहे हैं। दिशाहारा हो गये हैं। विवेकहीन पूजा-अर्चा उनके उद्धार की राह नहीं रच सकती। विवेक से ही उद्धार की राह मिलती है। विवेक के देवता गणेश को पूजनेवाला इस सत्य को मगर कहाँ समझ पाता है! कर्मकाण्ड पूरा करने के लिए वह गणेश को भी लक्ष्मी के साथ पूज देता है, पर पूजन का एकान्त लक्ष्य लक्ष्मी की अनुकूलता-अनुकम्पा ही है। और लक्ष्मी-शक्ति का फूहड़ प्रदर्शन सौन्दर्यविभा पर निर्मम आघात करने लगा है।

आपने लक्ष्य किया होगा, अश्लील राग-परिवेशन का गर्हित व्यापार पूरे देश में धृष्ट तरीके से क्रियाशील है। अपने मुहल्ले के एक राजनीतिक युवक को मैंने दीवारी के दिन श्यामा-पूजन मण्डप से गूँजनेवाले अश्लील फिल्मी राग से दुःखी होकर टोका था, ''रामप्रसाद से लेकर नज़रुल तक ने श्यामा संगीत की दिव्य रचना द्वारा बाँग्ला वाङ्मय को आलोक-आपूरित किया है। ऐसे साहित्य, संगीत, कला-सम्पन्न प्रदेश में फूहड़ और प्रदूषित राग पर प्रतिबन्ध लगना चाहिए।'' जवाब में उसकी राजनीति बोली थी, ''लोग इसी राग को पसन्द करते हैं मगर। लोक-रुचि का तो ध्यान रखना पड़ेगा न!'' आज की राजनीति से इससे भिन्न अपेक्षा की भी नहीं की जा सकती। इसलिए चुप लगा गया। मेरा गाँव भी इसी राह पर सोच रहा है। पर मैं सोचता हूँ कि मेरे क्षेत्र की गँवई संवेदना ने उस दोगली आबोहवा के सामने हथियार क्यों डाल दिया, जो क्षेत्र के जातीय वैशिष्ट्य को तहस-नहस और स्वकीय माटी-धवलता को प्रदूषित करने को उद्धत हो उठी है? ढाही की कठोर चुनौती से लड़नेवाले लोगों ने कहाँ से सीख लिया इतना मीठा बोलना? किस लोक की क्लीवता ने अगस्त क्रान्ति के अग्रदूत बलिया के ओज को मार दिया कि सारी पाप-लीला को झेले जा रहा है, और 'पाउच'-प्रियता का प्रदूषण युवा पीढ़ी की सारी रचनात्मक ऊर्जा को चबाये जा रहा है? भृगु-भूमि के विद्या-विशिष्ट बेटा के पास है कोई उपचार अपनी धरती माँ के कुरोग का? आपकी गँवई संवेदना को समझता हूँ अन्यथा आप जैसे समाजवादी से खुलकर बात करने में संकोच होता। सचमुच बड़ा डर लगता है समाजवाद का जोर-जोर से बिगुल बजानेवाले उन मठाधीशों से, जो सजातीय बोली-बानी, वेश-विन्यास से केवल उतना ही सरोकार रखते हैं कि अपने पापाचार को ढकने के लिए मोहक आच्छादन रचा जा सके, कि छल-चातुरी की प्रखरता कुन्द न हो और भोग-सम्पदा हर तरह से सुरक्षित रहे।

आपका समाजवाद कुछ भिन्न जाति का लगता है। लगता है, आपका

विचार-कोण गाँधीजी की राह को स्पर्श करता है। उस राह को, जिस पर आपकी जन्मभूमि के कृतीपुत्र और गाँधीजी की धारणा के मुताबिक समाजवाद के सबसे बड़े आचार्य जयप्रकाश पूरी आस्था से चलने लग गये थे। लुई फिशर से बात करते गाँधीजी ने अपनी धारणा स्पष्ट की थी कि भौतिक उन्नति ही समाजवादियों का एकमात्र लक्ष्य है। मैं उस स्वतन्त्रता को शीर्ष महत्त्व देता हूँ, जो आत्माभिव्यक्ति और आत्मोत्थान की सम्भावना से सम्पन्न होती है। हरिवंशजी, आप अर्थशास्त्र के स्नातक हैं। आप ध्यान दें तो स्पष्ट हो जाएगा कि देश की सांस्कृतिक अधोगति के मूल में वह दृष्टि-दोष रहा है, जिसने समाजवाद का शोर करते आजाद भारत का नियमन किया, जड़ वस्तुओं का भाव ऊँचा किया और भोग की संस्कृति का बीज-वपन कर अर्थलोलुपता को प्रकारान्तर से प्रोत्साहन दिया। और इसी बिन्दु से भारतीय जातीय परिदृश्य में सनातनकाल से जातीय चरित्र के प्रधान लक्षण के रूप में उजागर विनायक विभूति में क्षरण शुरू हुआ। असन्तोष-असंयम और भोग-उपकरण-संग्रह की होड़ तीव्र हुई। अर्थ-शुचिता को ही शुचिता का प्रमाण माननेवाले मनु को—उस मनु को, जिसने सम्यक् विभाजन की महत्ता की ओर इशारा किया है—'दानं सम विभागः', सारे भारतीय आदर्श-मूल्यों और मानवीय भावना-संवेदनाओं को अप्रासंगिक मान लिया गया, और भौतिक सम्पन्नता तथा विलास-विभुता को ही जीवन की चरम उपलब्धि समझा जाने लगा।

इधर पूजा-अर्चा के कर्मकाण्ड में अभूतपूर्व समृद्धि आयी है। आपने लक्ष्य किया होगा, मुझे लगता है कि मठ-मन्दिरों, तीर्थ-केन्द्रों की भीड़ न तो धर्मनिष्ठा का परिचायक है और न जनसंख्या की बाढ़ का परिणाम। इसके मूल में लोभ और भीति है। भौतिक सुख की सुरक्षा-चिन्ता का यह सनकी आयोजन है। मगर सुख-स्पृहा के रूपायन के लिए भारतीय ऋषियों ने सन्तोष और संयम को अनिवार्य शर्त माना है—'सन्तोषं हृदि संस्थाय सुखार्थी संयतो भवेत्'। मगर कौन सुनता है! गाँधी की चेतावनी पर उनके अन्तरंग लोगों ने कर्णपात नहीं किया। भारतीय अर्थशास्त्र के आधुनिक मनीषी प्रो. जे. के. मेहता ने भारत की अभ्युत्थान-चिन्ता से, युग-प्रवाह के विपरीत, व्यवसायीकरण के अन्धे आवेग और उपभोक्ता संस्कृति के बढ़ते प्रभाव के प्रतिरोध में गाँधीजी की मुद्रा में विवेक-प्रसूत विचारणा प्रस्तुत की तो उनको सनकी मानकर मज़ाक उड़ाया गया, ठीक वैसे ही जैसे डॉ. विद्या सुन्दरम की आध्यात्मिक अनुभूति की बात सुनकर उसे तथाकथित रामकृष्ण अनुयायियों ने अपनी कूटबद्धता से पागलखाने में भरती करा दिया। परमहंस देव और गाँधी के देश में आज कुछ भी सम्भव है। अपनी आराध्या भवतारिणी माँ के मन्दिर-परिसर के अपने कक्ष में अपनी पत्नी शारदा माँ को बैठाकर उनकी विधिवत् पूजा करनेवाले रामकृष्ण परमहंस को, उनकी अध्यात्म-दृष्टि को, उनकी राह का अपने को यात्री

बतानेवाले आज के संन्यासी कितना समझ पा रहे हैं, आप समझ सकते हैं। गैरिक वसन संन्यास का प्रतीक है, प्रमाण नहीं। स्वामी विवेकानन्द और रामतीर्थ गेरुआ परिधान न भी धारण करते तो भी उनका वैराग्य पुष्ट और विधायक ही रहता, जैसे रामकृष्ण, गाँधी एवं विनोबा को अपनी भोग-विरति की विज्ञप्ति देने के लिए गेरुए परिधान की अपेक्षा नहीं थी। मगर कितना दुर्भाग्य है हरिवंशजी, चारित्र्य की इस धवल रेखा की ओर देश की युवा पीढ़ी का मन प्रवृत्त ही नहीं होता। और मादक पदार्थों की सनकी क्रीड़ा रोज-रोज उद्धत होती जा रही है। मेरे जवार का बालक भी 'हेरोइन' और 'पाउच' का नाम जानता है। विवेकानन्द और रामतीर्थ को नहीं जानता।

मैं आपके विषय के मनीषी प्रो. मेहता की बात आपसे कह रहा था। ईश्वर को परिभाषित करते मेहताजी ने लिखा है कि ईश्वर का कोई उपयुक्त नाम हो सकता है तो वह एकमात्र 'सादगी' है। सादगी में ही ईश्वर की महत्ता है। चाकचिक्य नहीं, सादगी उसकी पहचान है। सादगी में ही सौन्दर्य होता है, चमक-दमक कुरूपता का लक्षण है। कुरूपता नहीं, सौन्दर्य ईश्वर की पहचान है। इसीलिए ईश्वर-उपासना की सही विधि सादगी रही है। उसी राह से मेरे गाँव का धर्म-रथ चलता था। तीज-त्योहार की सजातीय सादी भंगिमा में उल्लास और मांगल्य की सहज सुरभि थी, जिसके लिए हमारा देहाती मन साल-भर प्रतीक्षा करता रहा था। आज अपवित्र धन के स्वामी अलंकृत शैली में गणेश-लक्ष्मी को पूजते रहें, कृत्रिम नागर उपकरणों से विवाह-मण्डप को सजाकर अपने अहंकार का प्रदर्शन करते पल्लव-दूर्वा की जीवन्त हरीतिमा का उपहास करते रहें कि वह दारिद्र्य की व्यवस्था थी; किन्तु सही अर्थ में दरिद्र हैं वे, जो अपने सांस्कृतिक संविधान का मर्म नहीं जानते।

दीपावली को गणेश-लक्ष्मी के पूजन का कर्मकाण्ड पूरा करनेवाला उसका मर्म नहीं समझता। समझकर पूजता अपने देवता को तो उसका जीवन विनायक भाव से इतना रिक्त न होता। उसके मन में शायद कभी सवाल नहीं उठता कि लक्ष्मी-पूजन के साथ गणेश-पूजन का विधान क्यों और कैसे जुड़ गया! अर्थाकांक्षी का प्रयोजन तो लक्ष्मी-आनुकूल्य तक ही सीमित होता है। गणेश को पूजने की लाचारी इस छन्द से कैसे जुड़ गयी? गणेश के अभाव में लक्ष्मी-पूजन का कर्मकाण्ड अधूरा और दोषपूर्ण रह जाता है, इस सत्य को समझनेवाला विवेक ही सही था। वह ऊँची प्रतिभा का मालिक था, जिसने लक्ष्मी के साथ विष्णु को नहीं, गणेश को पूजा की वेदी पर बैठाया था। गणेश विनायक-तत्त्व के प्रतीक देवता हैं—विवेक के स्वामी। लक्ष्मी जागतिक विभुता की देवी हैं। श्री सम्पन्नता लक्ष्मी की अनुकूलता का प्रमाण है। वह सम्पन्नता राजस शक्ति का परिचायक है, जिसको विधायक विवेक से

गणेश अनुशासित करते हैं ताकि समष्टि का जीवन विनायक तत्त्व से छूँछ न हो जाए और लक्ष्मी का श्रीरूप अक्षत बना रहे, लक्ष्मी को माता की महिमा से च्युत न किया जाए। उनका आनुकूल्य ही अपेक्षित पोषण देता रहे। मनुष्य के भोग का विक्षिप्त आवेग माता को भोग्या न बना ले, इसी विवेक ने गणेश-पूजन की विधि रची थी। लक्ष्मी के अनुग्रह का वास्तविक आस्वाद विहित अनुशासन और संयम से ही मिल सकता है। विवेक के देवता के प्रसन्न होने पर ही संयम और अनुशासन की राह मिल सकती है। 'श्री गणपति सहस्रनाम स्तोत्रम्' में गणेश को नौ विधियों पर अनुशासन रखनेवाला कहा गया है—'नवनिध्यनुशासिता'। गणेश मातृ-महिमा के अप्रतिम प्रहरी और मातृ-भक्ति के सर्वोत्तम उदाहरण हैं। श्री माता की अस्मिता की रक्षा विनायक ही कर सकते हैं। विनायक भाव से सम्पन्न समाज ही संस्कृत समाज होता है। इस सत्य को समझनेवाला ही लक्ष्मी का अनुग्रह पात्र बन पाता है। पापबुद्धि से अर्जित धन लक्ष्मी के आनुकूल्य का प्रमाण नहीं है। लक्ष्मी का अनुग्रह विनायक भाव से रिक्त नहीं होता। दीपावली-पूजन का सही फल तभी मिल सकता है जब लक्ष्मी के साथ गणेश को भी प्रीत किया जाए ताकि श्री के साथ विवेक का भी आनुकूल्य उपलब्ध हो सके। मगर यह विवेक आज कमजोर हो गया है। गणेश की पूजा करनेवाले समाज में कहाँ दीखता है अनुशासन! कोई क्यों नहीं आवाज उठाता कि गणेश-पूजन को अनुशासन पर्व में रूपान्तरित करना ही सही हेरम्ब उपासना है।

पूजा तो पहले से अधिक आलंकारिक रूप में होने लगी है। अर्थलिप्सा की व्याकुल भूख से वहाँ भी यानी मेरे गाँव-आँगन में भी, जहाँ इस रूप में मेरे बाल्यकाल में नहीं होती थी। बड़े-बड़े पक्के मकानों से सज-धजकर ऊपर-ऊपर से मेरा गाँव पहले से आकर्षक लगने लगा है। पैसे की प्रभुता की लीला भी चारों ओर दिखाई पड़ने लगी है। पर गाँव के परिसर में व्याप्त विनायक-सुरभि मर गयी है। अपना मूल भाव गँवाकर गाँव का मन बहुत छोटा हो गया है। आसुरी सम्पदा का वर्चस्व उतान हो गया है। भारतीय कवि व्यास को आसुरी और दैवी सम्पदा का सही विवेक था। पढ़िए व्यासदेव की गीता और झाँकिए एक बार अपने घर-आँगन की ओर। आसुरी सम्पदा का औद्धत्य आपकी संवेदना को पागल बना देगा। 'अन्धकार में दौड़ लग रही, मतवाला सारा समाज है'—महाकवि प्रसाद की प्रातिभ दृष्टि ने लक्ष्य किया था। मगर आत्महन्ता भोग-आवेग में विक्षिप्त लोगों को आज कोई नहीं टोकता। सब अपनी-अपनी दीया-बाती की सुरक्षा में व्यस्त हैं, सारा जवार अमावस्या के सघन अन्धकार में डूबा है तो डूबा रहे। और लक्ष्मी की प्रतिमा के साथ गणेश को भी धूप-अच्छत निवेदित किया जा रहा है। उस गणेश को, जिसका नाम है—'विश्वतोमुखः' और जिसे 'तत्त्वानां परमं तत्त्वम्' कहा गया है।

उस गणेश को पूजनेवालों की दृष्टि में रुपया ही परम तत्त्व है। इस तत्त्व को पाने के लिए माता तक से छल करते लोगों को संकोच नहीं होता। और स्वार्थ-सजग चातुरी पापाचार पर अंगुलि-संकेत करते स्वाभाविक रूप में सकुचाती भी है कि स्वार्थ मार न खा जाए। इसीलिए शायद लोग बात-व्यवहार में पहले की अपेक्षा अधिक मीठ हो गये हैं। अपने हिसाब से सुखी भी हैं और सुरक्षित भी कि गणेश-लक्ष्मी को पूजकर प्रसन्न कर लिया है। दरिद्र को नारायण मानते रहें रामकृष्ण, सत्य-सादगी को ईश्वर का पर्याय समझते रहें गाँधी, देश के उद्धार के लिए भोग-मर्यादा को अनिवार्य शर्त मानते रहें प्रख्यात अर्थशास्त्री प्रो. जे.के. मेहता, भारत ने तो उपभोक्ता संस्कृति की राह पकड़ ली है। मेरी बूढ़ी चाची मांगल्य-स्पृहा से अभी पुरानी दीवारी में जी रही हैं। देवता-पितर को दीप निवेदित करने के लिए अपने नेह के जोर से दीवारी को मुझे गाँव रोक लेती हैं। चाची को शायद खबर नहीं है कि गाँव की पुरानी दीवारी के साथ स्वस्ति-सुरभि कब की मर गयी। गाँव शहर की दीवारी मना रहा है। केवल रुपये की चिन्ता और केवल रुपये के माध्यम से अहंकार का प्रदर्शन। चाची की आस्था अभी जीवित है, इतना ही आश्वासन बचा है कि शायद मृत्युमुखी संवेदना को बचाया जा सके, लक्ष्मी-गणेश के पूजन का मर्म समझाया जा सके, सादगी की राह पकड़कर भागवत चेतना का साक्षात्कार किया जा सके, लोक की विपथगामी रहनि को सही पटरी पर लाया जा सके। अपनी दीवारी से पड़ोसी की अन्हरिया का उपचार करना शायद लोग सीख सकें। आपकी संवेदना ने हाँक लगायी है। आपकी संवेदना-ऊष्मा समृद्ध हो ताकि संवेदनहीनता नामक महाव्याधि का समाधान सम्भव हो सके। संवेदना की एक भी बाती जलती रही तो मेरी चाची की ग्रामीण आस्था मरने से बच जाएगी। आलोक-पर्व जयी हो! ●

घायल संवेदना का दर्द

इतनी गहरी खामोशी पहली बार महसूस कर रहा हूँ। प्राय: जब नींद उचट जाती है, कोई-न-कोई चिन्ता रात-भर जगाये रहती है। समस्यावाहिनी से मन जूझने लगता है, और पड़ोसी घरों की तरह-तरह की आवाज कानों में पड़ती रहती हैं। कभी-कभी कौए भी बेवक्त बोलने लगते हैं। कुत्तों का भौंकना बेतुका नहीं लगता। मगर आज दीवार घड़ी के अलावा किसी की आवाज नहीं सुनाई पड़ रही है। मेरे कमरे के नीचे शंकर रहता है। उसकी नाक ऐसी-ऐसी बीभत्स आवाज निकालती है कि कमजोर दिल का आदमी डर जाए। आज वह भी चुप है। घर से सटा 'ईशानचन्द्र प्राथमिक विद्यालय' है, जहाँ दो सौ शरणार्थी बीवी-बच्चों के साथ तीन दिनों से पड़े हैं। दिन-रात उनकी आवाज गूँजती रहती है, मेरी बस्ती के संवेदनशील लोग जागते रहते हैं। मगर आज कई दिनों बाद मुहल्ला गहरी नींद में है। और मुझे आज भी नींद नहीं आ रही है। लगता है, पूरी बस्ती के लोग दूसरे मुहल्ले में भाग गये हैं और मुहल्ले की पहरेदारी के लिए मैं अकेला रह गया हूँ। दूसरे कमरे से अपने दौहित्र सोनू के रोने की आवाज सुनकर असह्य चुप्पी का भार थोड़ा कम होता है। शंकर की नाक अब अपने प्रकृत रूप में बजने लगी है। प्राथमिक विद्यालय में सोये शरणार्थियों के बीच में एक बूढ़ी महिला के कराहने और खाँसने की आवाज भी आ रही है।

आधे से अधिक शरणार्थी रोगी हैं। 'साउथ सियालदह वेलफेयर सोसायटी' के उपाध्यक्ष डॉ. अमलेन्दु दत्त चौधुरी तीन दिनों से इनकी उपचार-सेवा में सक्रिय हैं। न्यूनतम पोषण के अभाव में मरणासन्न बच्चों की ओर इशारा कर मुझसे पूछते हैं, ''धर्म के सौदागर इस जीवित नारायण की पूजा के बारे में कभी कुछ सोचते हैं? यह सनकी राजनीति देश को कहाँ ले जाएगी? रामकृष्ण और गाँधी के देश की कैसी छवि प्रोजेक्ट कर रहे हैं दुनिया के सामने!''

डॉ. अमलेन्दु दत्त चौधुरी की पीड़ा और सेवा-निष्ठा के सामने नामवर लोग मुझे बौने लग रहे हैं। अयूब खाँ के पेट में दर्द है। गैस्टिक का दर्द है। डॉ. चौधुरी

उसका स्वास्थ्य-परीक्षण कर रहे हैं, 'दारू खाता है?'...'रोटी नहीं मिलता बाबू, दारू कहाँ से खाएगा!' अयूब दीन मुद्रा में जवाब देता है। और डॉक्टर मुझे फिर छेड़ते हैं, 'शुनचेन डॉ. मिश्रो?' और सीधे प्रश्न करते हैं, 'इसकी समस्या का क्या समाधान है मन्दिर और मसजिद के लिए तूफान खड़ा करनेवालों के पास?' मेरे पास डॉ. चौधुरी के प्रश्न का जवाब तो है, पर मैं अपने आक्रोश को दबाये उनकी सेवा-निष्ठा को अपनी संवेदना के आग्रह से चुपचाप यथासम्भव सहयोग दिये जा रहा हूँ।

अत्यन्त स्नेहभाजन बासू सुझाव देता है कि जगन्नाथ कोले के परिवारवाले लोक-कल्याण के लिए सक्रिय सहयोग देने में अतिशय उदार हैं। उनसे मिलना चाहिए। बासू दल-विशेष की राजनीति से जुड़ा है। मानवता के आग्रह से हम लोगों के साथ खड़ा हुआ है। कठोर चुनौती सामने खड़ी है। शहर के अर्थ-समर्थ लोगों से मेरा परिचय है। लेकिन किसी से सहयोग माँगने की बात मन में नहीं आती। 'मारवाड़ी युवा मंच' के अधिकारी अपने प्रीतिभाजन श्री प्रमोद शाह को फोन करता हूँ। प्रमोद उत्साहपूर्वक जवाब देता है, 'मंच की ओर से दो हजार रुपये, कर्फ्यू में ढील होते ही, आपके पास पहुँच जाएँगे। मित्रों से बात करके देखता हूँ, 'हमलोग और क्या कर सकते हैं!' वैसे आप आश्वस्त रहिए, हमसब आपके साथ हैं।' बड़ा बल मिलता है। बासू हमलोगों को कोलेबाड़ी ले जाता है। कर्फ्यू में दो घण्टे की छूट है। कोले प्रतिष्ठान के स्वामीगण अपने कार्यालय चले गये हैं। द्वार-प्रहरी से सूचना पाकर हम लोग सियालदह 'कोले मार्केट' पहुँचते हैं। बाबलू कोले को बासू हमलोगों की भूमिका और व्यावहारिक समस्या समझाता है। कुम्हड़ा-आलू बोरे में लेकर अपने युवा बन्धुओं के साथ दो बजे से पहले हमलोग अपने मुकाम पहुँच जाते हैं।

मेरे बेटे कमलेश कृष्ण ने 'जनसत्ता' के समाचार सम्पादक श्री अमित प्रकाश को फोन से सूचना दी है, 'दंगा-पीड़ित लोगों की मेरे मुहल्ले में भीड़ जमा हो गयी है। मानवीय संवेदना की निर्मम तिरस्कार-लीला से आप लोगों को परिचित कराइए।' अमितजी अपने संवाददाता और फोटोग्राफर भेजते हैं। अयूब खाँ से फ़ज़्ल इमाम मल्लिक बातचीत कर रहे हैं। वह अतिशय आतंकित है। बोलने में डरता है। कृपाशंकर चौबे उसे जगाते हैं, 'हमलोग आपके भाई हैं। ये हमारे मित्र भी मुसलमान हैं। इनकी बातों का आप निडर होकर जवाब दीजिए।' और वह मुखर होता है, 'डरकर हम यहाँ भाग आये हैं।'...'यहाँ डर नहीं लगता? यहाँ तो अधिकतर लोग हिन्दू हैं। हिन्दुओं की बस्ती है!' अयूब चुप है। फ़ज़्ल इमाम मल्लिक उसे कुरेदते हैं। 'यहाँ लोग हिफ़ाजत करते हैं। हमलोगों को एक साथ खिलाते-सुलाते हैं। दवाई भी देते हैं। कृतज्ञ मुद्रा में अयूब डॉ. अमलेन्दु दत्त चौधुरी

की ओर इशारा करता है। इंजीनियर श्री सपन चौधुरी को उसने खाद्य पदार्थ का बोरा सिर पर ढोते देखा है। डॉ. शुभेन्दु दत्त चौधरी और श्री दीपक कर की सेवा का उसके हृदय पर असर है। उनकी ओर देखता है। कृपाशंकर चौबे अभागों की भीड़ में घुसकर एक-एक के साथ सटकर बैठते हैं। अपने तरीके से बात करते हैं। जान बचाने के लिए अपनी व्यवस्था छोड़कर भागे लोगों के दुःख को करीब से देखने ये संवाददाता आये हैं और शरणार्थी शिविर के सेवारत उद्योक्ताओं से तरह-तरह के सवाल किये जा रहे हैं।

घर लौटकर देखता हूँ कि मेरा विद्यार्थी रामनाथ महतो मेरे कमरे में बैठा मेरी प्रतीक्षा कर रहा है। बेहद आतंकित है। 9 दिसम्बर की रात के अन्धड़ ने लोगों को कमजोर बना दिया है। रामनाथ ताँतिन बगान में रहता है। हिन्दुओं की बस्ती है। हिन्दू है। रामनाथ फिर भी डरा हुआ है। थोड़ी देर बाद दूसरा विद्यार्थी सुरेश भारती पहुँचता है। मुहल्ले के सबसे सुरक्षित मकान में भारती रहता है। लेकिन भयभीत है। 9 तारीख की घटना का बयान करते उनके कण्ठ सूख रहे हैं। मैंने पूछा, 'अपने मुहल्ले में कोई हत्या हुई है?'...'मगर हुई तो है न, सर।' रामनाथ कहता है। 'ठीक है, मगर इस कदर डरने से क्या हिंसक पगलामी का समाधान हो जाएगा? इतना डर है तो मेरे यहाँ आ जाओ। एक ही साथ मरेंगे?' मेरी बात सुनकर भारती जरा-सा मुस्कुराता है। किंचित् झेंपते हुए रामनाथ जवाब देता है, 'नहीं सर, ऐसी बात नहीं है।'...'फिर इस कदर भयभीत होने की क्या बात है?' रामनाथ बताता है, 'एक मुसलमान युवक को रेलवे पुल के पास पीटकर लोगों ने अधमरा बना दिया। वह राजा बाजार की ओर चला गया। उसकी प्रतिक्रिया तो होगी न, सर!' मैंने पूछा, 'प्रतिक्रिया तो हर अच्छे-बुरे कार्य की होती है। पर यह बताओ, तुमने उस मुसलमान युवक को पिटते हुए देखा है?'...'मैंने अपनी आँखों से नहीं देखा, पर लोग कह रहे हैं।'...'कौन लोग कह रहे हैं?'...'मुहल्ले में चर्चा है, सर।'...'और चर्चा सुनकर आप आतंकित हैं। पढ़े-लिखे युवक का अर्थ यह तो नहीं होता कि विवेक का गला घोंटकर भय को पोसता रहे। अशिक्षित मजदूरों की बस्ती में तुम्हारे भयभीत होकर भागने का कितना सांघातिक असर होगा, तुमने इस मुद्दे पर ध्यान दिया है? मुहल्ले के लोगों का तुम पर भरोसा है कि पढ़ा-लिखा है, थाना-पुलिस से बात कर सकता है और हम लोगों की सुरक्षा का प्रबन्ध करा सकता है। और तुम उन्हें बेसहारा या लाठी के भरोसे छोड़कर अपनी प्राणरक्षा के लिए पलायन करना चाहते हो? बीसियों बार गणेशशंकर विद्यार्थी की बलिदान-कथा सुनायी है। किसलिए? यौवन और विद्या का कुछ तो प्रमाण दो, भाई।'...'आप मेरे घर आ जाइए, रामनाथजी।' सुरेश ने प्रस्ताव दिया। लजाते हुए रामनाथ ने जवाब दिया, 'नहीं, ठीक है! सर, आपकी तबीयत ठीक है न?'

'बुजदिलों की भीड़ में जीनेवाले की तबीयत ठीक कैसे रह सकती है, रामनाथ! देखते नहीं, हिंसा की राजनीति करनेवाले राजनीति के सौदागर कितनी मोहिनी मुद्रा में अहिंसा-मैत्री का उपदेश दे रहे हैं! कोई भी संवेदनशील आदमी इस विष-प्रदूषित माहौल में पागल हो जाए।'

अपने विद्यार्थियों के गिरे मनोबल को किंचित् सहारा देकर मुझे लगा कि मेरा कॉलेज बन्द नहीं है। मेरी कक्षा प्रसन्न है। मगर मेरा मन प्रसन्न नहीं हो पा रहा है। नींद नहीं आ रही है। आचार्य जे.बी. कृपलानी की पुस्तक पढ़ रहा हूँ।

1946 का दंगा। नोआखाली की चाक्षुष अनुभूतियाँ, कुरूप यथार्थ का लोमहर्षक बयान। बंगाल के गवर्नर और मुख्यमन्त्री से ज्वलन्त समस्या पर बातचीत। खून में उबाल आ जाता है। संवेदना अस्त-व्यस्त हो जाती है। कृपलानीजी कहते हैं :

"If tolerance and good understanding are modern, Gandhiji must be considered modern. If feeling at home with those who differ from one or who are opponents is modern, Gandhiji was modern...Above all, if dying for noble cause is modern, then Gandhiji was modern."

और अपने आधुनिक विवेक से मनुष्य के दुर्भाग्य-मोचन के लिए गाँधीजी ने प्राणाहुति दे दी। एक आधुनिकता गाँधी की थी और एक उनकी हमारे सामने है, जो इक्कीसवीं सदी की अगवानी के लिए व्याकुल हैं और तेरहवीं शताब्दी का कठमुल्ला-संस्कार छोड़ने को तैयार नहीं हैं। सोलहवीं, उन्नीसवीं और बीसवीं शताब्दी के चेतना-जागरण से, धर्म-अध्यात्म की सही रोशनी से इनका कोई सरोकार नहीं है। आज के राजनेताओं की तरह गाँधीजी ने धर्मनिरपेक्षता का कभी हल्ला नहीं किया, पर रामकृष्ण परमहंस के अलावा धर्म-सहिष्णुता का ऐसा उदाहरण मनुष्य के इतिहास में दुर्लभ है। दो सम्प्रदायों के बीच सौमनस्य और मैत्री-सम्बन्ध कायम करने के लिए मेरे ही मुहल्ले में गाँधीजी ने 1946 में अनशन किया था। कितनी जल्दी हम भूल गये दुर्भाग्यपूर्ण वह प्रसंग, महानगर का रक्त-स्नान! जिस 'नवाबबाड़ी' में गाँधीजी ने अनशन किया था—धर्म का मर्म समझाने के लिए, दो सम्प्रदायों के बीच की नफ़रत की आबोहवा मिटाने के लिए, उससे सटे मुहल्ले के तथाकथित देव-स्थान में पुलिस को प्रचुर मारक हथियार और बम मिले। कल एक जिम्मेदार व्यक्ति बता गये। तथ्य जो हो, पुलिस विभाग चैतन्य हुआ। बावजूद इसके हिंसा की नृशंस लीला ने अपना रंग दिखाया। दो दिनों तक लोग रात-दिन जागते रहे। आज सो रहे हैं। मेरे मुहल्ले के लोग, कुत्ते-कौए तक गहरी नींद में सो रहे हैं। कई दिनों बाद लोग तनावमुक्त हुए हैं। पर मेरा मन बेहद

अशान्त है। पिछले कई दिनों से देश में, अपने प्रतिवेश में चल रही दानवी लीला ने स्नायुतन्त्र को घायल कर दिया है।

सुरक्षा की तलाश में मेरे मुहल्ले में शरण लेनेवाले अपने मेहमानों की हिफाजत में मेरे मित्र बेचैन हैं। सुबह-सुबह नौ तारीख को आशीष पाल मुझे बुलाने आया है—'छब्बीस जन आरो एशे पड़ेचे। सपू दा आपना के जेते बोलेचे।' धोती पहनकर छोटका के साथ निकलता हूँ। पीछे से मिनी टोकती है—'बाबा, संसद समाचार आ रहा है।'...'ठीक है, तुम देखो, लौटकर देखूँगा।' मिनी फिर टोकती है—'तब तक खत्म हो जाएगा, बाबा!' मिनी की हर बात का जवाब देना पड़ता है। 'यह दृश्य इतनी जल्दी खत्म नहीं होगा, मिनी। आ ही रहा हूँ। उससे भी जरूरी काम है।' और बुझी रोशनीवाले चेहरों की भीड़ में समा जाता हूँ। आहत संवेदना की बेहद उदास अनुगूँज, जो राजनीतिक उत्पात का परिणाम है और जिसे साम्प्रदायिक वैमनस्य कहा जा रहा है। आग से खेलती सनकी राजनीति किसिम-किसिम की भाषा उच्चार रही है। अयूब खाँ जैसे कुछ एक मुसलमान भी हमारे अभागे मेहमानों में हैं, जो आश्वस्त हैं कि हिन्दू भाइयों के साथ हिन्दुओं के घर में सुरक्षित हैं। यह भरोसा मेरे मित्रों को प्रेरणा-स्फूर्त बनाये हुए है। एक गुरुतर जिम्मेदारी सचेत और निरन्तर कर्म-प्रवृत किये रहती है। सी.पी.एम. का कार्यकर्ता संजय चक्रवर्ती हमारी समिति का सदस्य है। इस अंचल के काउंसिलर और विधायक के यहाँ हमारा पत्र लेकर कर्फ्यू-पास के सहारे दौड़ता है। जयदेव को राइटर्स बिल्डिंग दौड़ाता हूँ। कहीं से कोई जवाब नहीं, सहयोग का कोई आश्वासन नहीं। अपने मार्क्सवादी मित्र श्री इसराइल के यहाँ बेटे को भेजता हूँ। फोन से बात करता हूँ, 'अपने स्वार्थ के लिए भी हमारा दुःख देखने उन्हें हमारी बस्ती में आना चाहिए।' इसराइल दोस्त की तरह आश्वासन देते हैं। अपने मित्र रेवतीलाल शाह के माध्यम से डॉ. जफर उगानवी को उनकी सुरक्षा की जिम्मेदारी सौंपता हूँ, जो उनकी बस्ती में स्वयं को अरक्षित महसूस कर रहे हैं। जफर साहब दायित्व-सचेत हैं। मेरे अनुरोध को अपेक्षित गुरुता देते हैं। अवकाश प्राप्त रेल अधिकारी श्री विश्वनाथ पाल अपनी आँखों की चिन्ता छोड़कर सम्बद्ध लोगों को निरन्तर पत्र लिख रहे हैं। बापी और सपन उन्हें सहयोग दे रहे हैं। डॉ. अमलेन्दु दत्त चौधुरी अपने मित्र लखन दा को बाजार दौड़ाते हैं। लखन दा अपने सम्पर्क के प्रभाव से गल्ले का प्रबन्ध कर रहे हैं। सपन चौधरी सारे कर्मियों के लिए कर्फ्यू-पास बनवाने थाना दौड़ाते हैं। संवेदना की एक उज्ज्वल लहर में सभी सक्रिय हैं। युवा बन्धुओं का दायित्व गुरुतर है। हिन्दू बस्ती के 'शरणार्थी शिविर' में दो मुसलमान परिवार हैं। रात में जागरूक युवकों की पहरेदारी तैनात की जाती है। राजनीति दूसरे मुद्दों पर पहरेदारी कर रही है। मेरी बस्ती में झाँकने की उसे फुरसत नहीं है। और मेरी

बस्ती जाग गयी है।

रात बीत रही है। गलियों में लोगों की आवा-जाही शुरू हो गयी है। आवाज आने लगी है। मेरी बस्ती में आदमी हैं। दूर-दूर कौए और कुत्ते की आवाज सुनाई पड़ने लगी है। अपने मेहमानों को देखने मैं 'ईशानचन्द्र प्राथमिक विद्यालय' जाने के लिए अपनी चादर खोज रहा हूँ। कृपलानीजी की पुस्तक 'Gandhi : His life and thought' बन्द कर उचित स्थान पर रखते सोच रहा हूँ, अपनी विरासत को समझने और उससे सीखने को आज कोई तैयार नहीं है। दुर्भाग्य का चरम बिन्दु यही है।

'जनसत्ता' के संवाददाता श्री फजल इमाम मल्लिक को हमारे मेहमान अयूब भाई बताते हैं कि 'हिन्दू से नहीं, दंगा से डर लगता है।' अयूब भाई की बात सुनकर चित्त आलोकित-आश्वस्त होता है कि राजनीति और मज़हब के ठेकेदारों द्वारा आम आदमी अभी पूरी तरह बरगलाया नहीं जा सका है। मैं आस्थाशील हिन्दू हूँ। अयूब भाई जैसे विस्थापित लोगों की सेवा में सक्रिय मेरे मित्र हिन्दू हैं। मेरा धर्म उन तमाम बातों का विरोध करता है जो आदमी को छोटा बनाती हैं, जो मानवीय मूल्यों के धरातल को प्रदूषित करती हैं। अयूब भाई के दिल में दंगा के प्रति नफरत है, हिन्दुओं के प्रति नहीं। अपनी प्राणरक्षा के लिए हिन्दुओं की बस्ती में हिन्दू मित्रों के साथ भाग आये हैं, और आश्वस्त हैं।

यूरोप के धर्म-प्रचारकों को सचेत करते स्वामी विवेकानन्द ने कहा था, 'बाइबल नहीं, रोटी हमारी आवश्यकता है।' जो जाति भूख से तड़प रही है उसके आगे धर्म परोसना उसका अपमान है। जो जाति रोटी को तरस रही है, उसके हाथ में दर्शन और धर्मग्रन्थ रखना उसका मजाक उड़ाना है। यद्यपि स्वामीजी का जागरूक विवेक समझता था कि धर्म-बुद्धि से अर्जित रोटी ही अपेक्षित पोषण देती है। किसने मार दिया इस धर्म-बुद्धि को कि दंगा को खुलकर खेलने का मौका मिल गया, कि मनुष्य उपभोक्ता संस्कृति की गिरफ़्त में आ गया। राजनीति और धर्म के सौदागरों की बात सोचता हूँ। क्या-क्या नहीं हो रहा है गाँधी, मार्क्स और ईश्वर, अल्ला के झण्डे की आड़ में। अनायास फिराक साहब का शेर याद आता है :

अल्लाह से याराना है, अरे ऐ हजरते वाइज!
अरे वाह मियाँ वाह मियाँ वाह मियाँ वाह!! ●

न मेधया

बटो के अंग-अंग में थिरकती आस्था चित्त को आलोकित कर देती है। उड़ीसा के गाँव में जन्मा बटो मेरे कॉलेज में चतुर्थ श्रेणी का कर्मचारी है। तीन बेटियों का बाप है। छोटी तनख्वाह और सुरसा की तरह बढ़नेवाली महँगाई का आतंक। लेकिन बटो का उल्लास म्लान नहीं पड़ता। जागतिक प्रपंच से आहत होकर प्राय: खिन्न रहनेवाले मेरे जैसे सुविधाजीवी आदमी को पता नहीं कैसे अपनी जाति का मानता है और मुझे गुण्डी पान खिलाने के बहाने प्राय: रोज ही माता आनन्दमयी का लीला-प्रसंग अपनी ऋजु शैली में सुनाया करता है। 'पण्डीजी, आपसे सच कहता है। माँ का दर्शन के वास्ते हम अपना नौकरी छोड़ दिया था।'...'अच्छा!' मेरी विस्मित मुद्रा से उत्साहित होकर वह कहने लगा, 'बहुत पहले का बात है। तब हम बहुत छोटा था। केमेस्ट्री डिपाट में तब भी काम करता था। लाड़ली मोहन बाबू बड़ा कड़ा प्रोफेसर था। माँ तारापीठ में आया है, हमको एक आदमी बोला। लाड़ली बाबू से छुट्टी माँगा। वह छुट्टी नहीं देगा, बोला। हमको बड़ा गुस्सा आया। इस्तिफा लिखकर हम तारापीठ चला गया। मगर माँ तो सबकुछ समझ जाता है। मुझको बोला, तुम झगड़ा करके आया है। काम से भागना भगवान को अच्छा नहीं लगता। जाकर अपना काम करो।' भक्ति-गद्गद कण्ठ से बटो बोला, 'माँ सबकुछ समझ जाता है। आपका मन में क्या है, माँ बिना बताने से ही समझ जाता है। माँ मन का सबकुछ समझ जाता है।' बटो की बात मैं धैर्यपूर्वक सुनता हूँ, महज इतने से उसकी भावना प्रसन्न हो जाती है और वह मुझे अपनी जाति का आदमी मान लेता है। मेरे सुख-सौभाग्य की सहज चिन्ता से वह मुझे माताजी का अनुग्रह भाजन बनाने को व्याकुल रहता है। आग्रहपूर्वक बटो ने मुझे दो बार माता आनन्दमयी के दर्शन कराये। एक बार आगरपाड़ा आश्रम में जब मेरी छोटी बहन रमा और मेरी गृहिणी मेरे साथ थीं। और दूसरी बार सियालदह रेलवे स्टेशन पर अपार भीड़ में वह मुझे खींच ले गया था और माताजी के मुझे दर्शन कराकर वह इतना खुश हुआ था, जैसे विशेष पुण्य अर्जित कर लिया हो! एक दिन मुझे कॉलेज में न पाकर वह

मेरे घर दौड़ा-दौड़ा आया। मैं अस्वस्थ था। घर में छुट्टी लेकर पड़ा था। माताजी के शुभागमन की सूचना लेकर आया था। मेरी पत्नी और साधु संस्कारवाले मेरे वैरागी मौसेरे भाई दीनबन्धु को माताजी के दर्शनार्थ आगरपाड़ा आश्रम में खींच ले गया था।

बहुत वर्षों पहले की घटना है। अपने नियम के मुताबिक वह रोज मुझे गुण्डी पान खिलाने प्राध्यापक कक्ष में आता है। कहने लगा, 'माताजी का बहुत बड़ा सभा हुआ था देशप्रिय पार्क में। माताजी ऐसा बोला कि सब लोगों का मन दूसरा माफिक हो गया।' मैंने पूछा, 'माताजी ने क्या प्रवचन दिया?'...'माताजी के बारे में दूसरा-दूसरा लोग बोला। लोग बहुत प्रार्थना किया तो माताजी बोला, राम कृष्ण हरि, एई सत्य कथा, आर सब बेथा, बेथा, बेथा।'...'बस इतना ही!'...'इसके ऊपर और क्या होगा, पण्डीजी, माँ तो सबकुछ बोल दिया।' और बटो की ऋजु मुद्रा ने मुझे चमत्कृत कर दिया था। मैंने लक्ष्य किया, बड़ी-बड़ी मेधा के मालिकों को पोथियों का भण्डार जो समाधान नहीं दे पाता वह समाधान—आलोक अल्पमति बटो ने माता आनन्दमयी के हृदय से निकले कुछ सरल शब्दों से उपलब्ध कर लिया है। अहन्ता बुद्धि से रिक्त बटो के मन ने सत्य को ग्रहण करने का उपयुक्त आधार तैयार कर लिया है। उपाधि-विशिष्टता और पद-विशिष्टता की ग्रन्थि से वह मुक्त है। शायद इसीलिए तर्कजाल की ठगिनी माया के प्रपंच में उसका मन नहीं उलझता और ऋजुता की ऐसी पूँजी उसके पास है कि सत्य का महँगा सौदा सहज ही कर लेता है। उसका गार्हस्थिक बोझा कम भारी नहीं है, लेकिन 'सत्य कथा' से जुड़ी उसकी आस्था उसे व्यथा-मुक्त रखती है। पण्डितों-ज्ञानियों को जो त्रास-सन्त्रास घेरे रहते हैं, बटो उस विषैली आबोहवा को पहचानता तक नहीं। वह दूसरी लहर के साथ क्रीड़ारत है, और अपने उपलब्ध आस्वाद को समाज में बाँटने के लिए बेचैन रहता है। उसमें सहज उदारता है। शायद इसीलिए अभाव-बोध की यन्त्रणा से उसका मन रिक्त है। बटो के बारे में सोचते मुझे माता टेरेसा का कारुण्य स्मरण हो आता है। पृथ्वी के सर्वाधिक समृद्ध राष्ट्र अमेरिका के भाव-दारिद्र्य से करुणार्द्र होकर माता टेरेसा ने कहा था, 'रोटी, वस्त्र, आवास की समस्या का समाधान खोज पाना कठिन नहीं है, कठिन है अकेलेपन की यन्त्रणा के रोग का उपचार।' बटो इस रोग से मुक्त है। रामकृष्ण परमहंस के आत्मीय शिष्ट लाटू महाराज की तरह वह गृहत्यागी परिव्राजक नहीं है, गृहस्थ है। तीन-तीन बेटियों का ऋण है उसके अर्थ-दुर्बल कन्धे पर। अनुज-पुत्र को आदमी बनाने की जिम्मेदारी के प्रति सजग-सक्रिय है। लेकिन भाव-सन्पन्नता उसके उल्लास को पोषण देती रहती है, जागतिक बोझ की गुरुता उसे क्लान्त नहीं करती, उसे अकेलेपन की यन्त्रणा का स्वाद नहीं मालूम है। मेरे जैसा पढ़वइया बटो की जाति का आदमी कैसे हो सकता

है? मगर बटो की विरादरी क्षीण नहीं है। भारत की माटी हर काल में ऐसी फसल उगाती रही है जो 'सत्य कथा' के खाद-पानी से फूलती-फलती और अपने वंश-प्रवाह को समृद्ध करती रहती है। बटो की जाति के असंख्य चरित्र हैं इस देश में, जिन्हें शिक्षा की औपचारिक सुविधा नहीं उपलब्ध हुई, नाना प्रत्यूह जिनके जागतिक विकास की राह छेंकते रहे हैं और गृहस्थी के पचड़े से जो दिन-रात जूझते रहे हैं, फिर भी भहराकर गिर नहीं जाते, समस्यावाहिनी से पंजा लड़ाने की कला उन्होंने अर्जित की है और अपने लोक-यात्रा को ऊर्ध्वमुखी आयाम से जोड़ने के लिए सदैव सजग-सचेष्ट रहते हैं। और धवल धरातल के प्रति उसके मन की टान इतनी प्रबल है कि बड़े से बड़े प्रलोभन को वह लात मार सकते हैं। बटो बताता है, माता आनन्दमयी के दर्शन के लिए उसने नौकरी छोड़ दी थी। और नामी-गिरामी विद्या-विशेष्ट लोगों के जीवन का यथार्थ है कि हलके प्रलोभन से उनके चरित्र की धुरी हिल जाती है। 'वाक्य-ज्ञान की निपुणता' और वाक्-चातुरी भोग-उपकरणों का सहज ही स्वामी बना देती है, लेकिन चारित्रिक धवलता की हिफाजत कर पाना किसी-किसी से सम्भव होता है! बटो की जाति के लोग चारित्रिक ढाही की चपेट में आने से बच जाते हैं। बचना कठिन होता है उनके लिए, जिन्हें अपने वैदुष्य का गुमान होता है। अपनी विकट ग्रन्थि के चलते समाज से भी वे अलग-थलग पड़ जाते हैं।

आर्ष मेधा ने विद्या की परिभाषा रची थी—'विद्या सा या विमुक्तये'—जो मुक्त करे, वही विद्या है। लेकिन विद्या-उपाधि का दर्प मुक्ति नहीं, बन्धन का कारण बनता रहा है। रामकृष्ण की धारणा ठीक लगती है कि ग्रन्थ ग्रन्थि का जनक है। इसलिए विकुण्ठ चित्त से दीपित साधुता के सामने निरुपाय होकर विद्या-विभूति को झुकना पड़ता है। सहज सन्त तुकाराम के सामने जगन्नाथ भट्ट को झुकना पड़ा था। नमित होने में ही विद्या की कृतार्थता सिद्ध होती है। रामकृष्ण परमहंस और उनके परम भक्त नाग महाशय तथा लाटू महाराज की सामान्य विद्या-पूँजी बहुत क्षीण थी, किन्तु उनके आध्यात्मिक उत्कर्ष के सामने बड़ी-बड़ी हस्ती निष्प्रतिभ लगने लगती थी। माता आनन्दमयी अपने बारे में भक्तों और विद्या-विशिष्ट श्रोताओं से प्राय: कहा करती थीं, 'यह लड़की पढ़ी-लिखी नहीं है। यह देह विद्या से रिक्त है।' मगर महामहोपाध्याय पण्डित गोपीनाथ कविराज जैसे असाधारण मनीषी और बड़ी-बड़ी विद्या-विभूतियाँ तथा अध्यात्म लोक के असाधारण पुरुष उनके सामने विनीत थे। रोशनी के सन्धान में महर्षि रमण के यहाँ दुनिया के कोने-कोने से समरसेट माम जैसे प्रख्यात विद्या-विशिष्ट पुरुष और साहित्यकार पहुँचते रहते थे, मगर सत्य-साक्षात्कार के लिए विद्या-वैभव को महर्षि अपर्याप्त मानते थे; अध्यात्म ज्योति को उपलब्ध करने की अनुशासन-विधि सर्वथा भिन्न होती है।

बटो जैसे ऋजु चरित्रों को करीब से समझने पर यह स्पष्ट हो जाता है कि अध्यात्म, जो मनुष्यता का ही पर्याय है, से मदरसे की सनद का कुछ लेना-देना नहीं है। यह सनद उस विद्या का प्रमाणपत्र नहीं है जिसे पुराने लोगों ने मुक्त करनेवाली ज्योति माना था। यह मुक्त नहीं करती, उलझाती और बोझा बढ़ाती है। बटो विद्या-बोझ से मुक्त है, इसलिए उसकी आस्था अक्षत है और उसकी राह में उलझन कम है। बटो का अध्यात्म सहज स्फूर्त है, अलंकार नहीं है। नये अभिजात वर्ग ने अध्यात्म को और 'योगा' को अपने ढेर सारे शोभा-प्रतीकों में सम्मिलित कर लिया है। ड्राइंगरूम में हस्तशिल्प के पदार्थों के साथ छटाँक भर अध्यात्म रखना जरूरी हो गया है। इसके अभाव में श्रीमन्तों और तथाकथित बुद्धिजीवियों का शोभा-छन्द लँगड़ाने लगता है जैसे जीवन की सार्थकता और वास्तविक आस्वाद को पाने के लिए बटो अध्यात्म की सच्ची ऊष्मा से, मानवी संवेदना-छन्द से जुड़ा रहना और सहज सद्भाव को क्षत करनेवाले बाँकपन से बचना जरूरी मानता है।

आधुनिक रईसी का तकाजा है, लोग अध्यात्म और 'योगा' से जुड़ रहे हैं। योग उनकी प्रकृति के प्रतिकूल पड़ता है, 'योगा' उनकी संस्कृति के अनुरूप बैठता है। नयी भाषा-मुद्रा सभ्यता की अधोगामी यात्रा का संकेत दे रही है। पर आधुनिकता का जोम इसी मुद्रा में चमकता है। इसलिए उनके यहाँ उसी का मान है। सेठ-साहूकारों में ही नहीं, तथाकथित विद्याव्रतियों में भी 'योगा' के प्रति आकर्षण और योग के प्रति विकर्षण बढ़ने लगा है। इसलिए 'योगा' की बड़ी-बड़ी दुकानें खुल गयी हैं। और इस व्यापार के बड़े-बड़े सौदागर अन्तरर्राष्ट्रीय बाजार पर अपना प्रभुत्व जमाते जा रहे हैं। भगवान जगन्नाथ के प्रदेश के ग्रामीण बटो को इस व्यापार की कुछ भी जानकारी नहीं है। वह शायद व्यथा से दूर रहना चाहता है, इसलिए 'सत्य कथा' से जुड़ा रहना चाहता है। 'सूधो'—मार्ग का यात्री है। गोपियों की तरह उसे भी उद्धव की राह अच्छी नहीं लगती। नये काँटों से घबराता है, भले ही वे अध्यात्म का हल्ला बोलते रोपे जा रहे हों। नये श्रीमन्तों और आधुनिक ज्ञानियों को चाकचिक्य-विवर्जित वातावरण रुचता नहीं। उनकी रुचि का चतुर धर्म-व्यवसायियों को पता चल गया है। इसलिए अपना व्यवसाय जमाने के लिए वे उन्हें अपनी मुद्रा-सिद्धि से भरपूर पोषण दे रहे हैं। बटो को पोषण-प्रकाश मिलता है माता आनन्दमयी की ऋजु वाणी से। उस अध्यात्म-वाणी की व्यंजना वह सहज ही पकड़ लेता है। उसके दीये की बाती जल गयी है। अपनी धुन में मग्न रहता है। आधुनिक विद्या-व्यापारियों की तरह निर्वासन की पीड़ा से घायल नहीं है। अवसाद के धुएँ से धूमायित नहीं है। गाँव छोड़कर वर्षों से महानगर में नौकरी करता है, लेकिन निपट देहाती शैली में लोगों से मिलता,

बतियाता है। हँसता रहता है और भागवत् भाव से अपने पात्र को समृद्ध करने की चिन्ता-चेष्टा में रहता है। बटो की राशि स्वामी अद्‌भुतानन्द से मिलती है। अद्‌भुत आवेग था छपरा के सर्वहारा चरित्र लाटू में। कलकत्ते के श्रीमन्त परिवार के भृत्य लाटू को रामकृष्ण की आध्यात्मिक विभूति ने इतने जोर से खींचा कि आगा-पीछा सोचे बगैर उसने नौकरी छोड़ दी और दक्षिणेश्वर की दुनिया में भाग गया। बटो बताता है, माता आनन्दमयी के दर्शन के लिए उसने भी नौकरी से इस्तीफा दे दिया था। वह भावावेग, वह पागल लहर आज दिखाई नहीं पड़ती। तर्क से तो लोग अपना हर मामला तय करते हैं। सुविधा-सुरक्षा के लिए अनुकूल तर्क रच लेने में विद्या-व्यापार से जुड़े लोग सक्षम हैं। तर्क बुरा नहीं है।

विज्ञान-युग का यही तकाजा भी है, मगर अपने आदर्श और आस्था के लिए मर मिटनेवाली सनक का कम्प्यूटर-संस्कृति के निकष पर क्या कुछ भी मूल्य नहीं है? हो या न हो, बटो अपनी धुन छोड़नेवाला नहीं है। अपनी आस्था से 'बेथा' यानी व्यथा का सौदा करना उसे पसन्द नहीं है, जैसे विद्या-लोक के पीठाधीश अपनी कूटबुद्धि से निर्मित पैनी रणनीति त्यागने को तैयार नहीं हैं, भले ही वह विद्या-गरिमा की ढाही का कारण बन रही हो, भले ही वह उनके त्रास-सन्त्रास का बोझा बढ़ानेवाली सिद्ध हो रही हो! ज्ञानमूर्ति शंकराचार्य उन्हें टोकते हैं, 'ज्ञाते तत्त्वे कः संसारः'—टोकते रहें, विद्या-व्यापारी आज के तत्त्वज्ञान के कायल हैं। आज का तत्त्वज्ञान कहता है, गोली मारो धर्म-बुद्धि को, सारे आदर्शों-मूल्यों को। आँख मूँदकर पैसा बटोरो अन्यथा बेचारा बन जाओगे। इसलिए हर मूल्य पर अपनी धन-सम्पदा बढ़ाने को लोग आकुल-व्याकुल हैं। मगर बटो न व्याकुल है, न बेचारा। प्रकाश से जुड़ा हुआ है और उल्लसित चित्त से लोगों को प्रकाश बाँट रहा है। विनोबा बुद्धिजीवियों पर आरोप लगाते हैं, ये बुद्धिजीवी नहीं, इन्द्रियजीवी हैं; अपने भौतिक पोषण की चिन्ता के कायल हैं, इसलिए वाक्-चातुरी से सत्य को ढँकनेवाला जाल बुन रहे हैं, हिंसा और लोक-शोषण की आबोहवा रच रहे हैं। उर्दू शायर गुलाम रब्बानी ताबाँ उदास हैं कि पूरी की पूरी पीढ़ी सोने की तलाश में उलझ गयी :

न तो रंज है न मलाल है मुझे सिर्फ़ इतना खयाल है,
वह अजीब दानिशे अस्र थी जो तलाशे ज़र में उलझ गयी।

मगर विद्या-व्यापारी लोकचक्षु की चिन्ता छोड़कर युगधर्म के इशारे पर नाच रहा है और अपनी भूमिका के प्रति पूर्ण आश्वस्त है।

बटो की दमकती आस्था-आभा को देखता हूँ और विद्यालोक के धुआँते

चेहरे तथा अपनी रिक्त चरित्रशाला पर नजर पड़ती है तो अपनी लघुता काटने लगती है। बटो का मन एक वड़ी रोशनी से जुड़ा है। अपने उल्लास की साझेदारी के लिए वह मुझे आग्रहपूर्वक आमन्त्रित करता रहता है। बटो न जाने क्यों मुझे अपनी बिरादरी का मानता है और रसायनशास्त्र विभाग जैसी ही प्रहरी-दृष्टि मुझ पर भी रखता है। बटो का अहेतुक छोह चित्त को आलोकित कर देता है। ●

आँगन की तलाश

शोभन की बाल-ऊर्जा मेरे संकीर्ण भूगोल में अँट नहीं रही। उछलती उल्लास-ऊर्जा दीवार से टकराकर प्रायः इस बालक के शरीर को क्षत कर देती है। अपनी लीला के लिए उसे बड़े आँगन की तलाश है। जिस संकीर्ण भूगोल में कैद है, उसकी नियति उसे अतिक्रान्त कर जाने को अकसर व्याकुल हो उठती है। मगर सयाने उसे भरपूर आजादी देने को तैयार नहीं हैं। कहाँ रुचती है बच्चों को सयानों की पहरेदारी!

घर की सामान्य चर्या के प्रतिकूल चलता है शोभन का उल्लास-आवेग और उसका क्रीड़ा-उत्पात घरवालों की असुविधा का कारण बन जाता है। इसलिए उसे दबाने की विधि सोची जाती है, जो शोभन के स्वभाव के अनुकूल नहीं पड़ती। दोपहर के पहले भरपूर खेल-खाकर कुछ देर गहरी नींद में सोना चाहता है। अकसर सो जाता है। नींद पूरी कर दोपहर के भोजन के समय तक जग जाता है। और एक बार जब जग जाता है, पूरे वातावरण को जगाये रखना चाहता है। दिवा-शयन के अभ्यस्त लोगों के विलास में बाधा पड़ती है। मुझे भी थोड़ी असुविधा होती है। दिन में सोने का वैसा व्यसन तो मुझमें नहीं है, पर दोपहर के भोजन के बाद कुछ समय नीरवता की गोद में पड़ा रहना चाहता हूँ। कभी नींद भी आ जाती है और कभी यों ही शिथिल पड़ा रहना चाहता हूँ। मगर दोस्तों ने ढोल पीटकर जगत को खबर कर दी है कि मेरा सबसे प्रिय व्यसन है दिवा-शयन। किसी की धारणा का विरोध कर बदनामी से बच पाना सम्भव होता तो मैं भी अपने पक्ष को स्पष्ट करने की कोशिश करता। मगर यह सोचकर कि मेरी कोशिश का कोई फल नहीं निकलेगा, लोगों के दिलचस्प व्यसन में बाधक नहीं बनना चाहता। दोष-दर्शन मनुष्य का नैसर्गिक व्यसन है। आज कुछ अधिक लोकप्रिय है। पढ़वइए और सफेदपोशों की बात छोड़िए, जिन्हें दुनिया जाहिल-गँवार समझती है, उनकी अंतरंग जिन्दगी में घुसिए तो पता चल जाएगा कि अपनी सारी कल्पना-शक्ति वे छिद्रान्वेषण में खर्च कर रहे हैं। होती बड़ी रंगीन है दोष की कल्पना। और निन्दा-

रस के आस्वाद में अच्छे-अच्छे लोग फँस जाते हैं। सो मित्रों के मनोरंजन की बात सोचकर उनके सरस कटाक्ष का सुख भोगता रहता हूँ। शोभन के कोलाहल का भी मैं भरपूर आस्वाद लेता हूँ। जिन्हें अपने व्यसन की ही चिन्ता रहती है, उन्हें शोभन की मुखर क्रीड़ा कष्ट देती है। सुबह नहाते ही शोभन ऊँघने लगता है, घरवालों ने उसकी कमजोरी लक्ष्य कर ली है। इसलिए इस जलक्रीड़ाप्रिय बालक को तपती दोपहरी में स्नान का सुख मिल पाता है। सयानों के भोजन के समय ताकि शयन-सुख शोभन के उत्पात से खण्डित न हो।

सीढ़ी के बीच के संकीर्ण भूगोल में शोभन की लहर बार-बार क्षत होती है और मेरे मन की आबोहवा बिगड़ जाती है। अपनी उल्लास-उर्मि की अबाधित अभिव्यक्ति के लिए शोभन को बड़े आँगन की तलाश है। शायद सबको फैलाव की खोज है। या कि कोई भी फैलाव में जीना नहीं चाहता। अपनी दुनिया को हर तरह से बन्द कर सुख भोगने की एकान्त साध से लोग व्याकुल हैं। मेरा देहाती मन मैदान-जंगल और बड़े आँगन से जुड़ी उन्मुक्तता के लिए पागल बना रहता है। महानगर की बन्द जिन्दगी के दरवाजे पर दस्तक देने में सहज संकोच होता है। नागर सभ्यता के आतंक से बिना पूर्व सूचना दिये किसी के यहाँ जाता नहीं। शाम को किसी के यहाँ जाने में और भी डर लगता है। किसी का रस-भंग करना नहीं चाहता। अनुभव से बात समझ में आ गयी है कि दूरदर्शन कार्यक्रम और वारुणी-लीला में बाहरी आदमी का हस्तक्षेप किसी को रुचता नहीं, शिष्टाचार के दबाव में भले ही कुछ देर कोई झेल ले अपने अतिथि को। इसलिए अर्गलाविहीन देहाती मन नये शऊर में जीने को मजबूर है। यह लाचारी मेरे मूल भाव को घायल करती रहती है, जैसे मेरे शोभन का उल्लास संकीर्ण भूगोल से आहत होता रहता है।

मगर आज जब मैं अपने गाँव के सिवान में प्रवेश करता हूँ, अनायास जाँनिसार अख्तर के शेर के पंक्ति याद आती हैं—'गाँव में आकर शहर बसे, गाँव बेचारे जाएँ कहाँ।' कहाँ गया गाँव का खुलापन? वह उन्मुक्त परिसर, जिसका चप्पा-चप्पा अपना लगता था, गाँव से किसने छीन लिया? अड़ोस-पड़ोस के दुआर-आँगन में अधिकारपूर्वक प्रवेश करनेवाले गँवई मन को किसने मार दिया? कहाँ गायब हो गयी मेरी माटी की सजातीय पहचान? नये लोगों को पुराने परिदृश्य- प्रसंग सरासर झूठ लगते हैं। और उनकी व्यंग्य-मुस्कान के दंश को झेलना हमारी नियति है। गाँव का नैसर्गिक खुलापन अब केवल कहने-सुनने की बात है; उस रहनि में जीना तो दूर, कोई उस संवेदना पर विश्वास करने को तैयार नहीं है। और मैं सोच में पड़ जाता हूँ कि आजादी के बाद कितनी गहरी गुलामी में हम फँस गये। सबसे बड़ी क्षति हुई कि हमारा लीला-परिसर बहुत छोटा हो गया। इतना छोटा कि मन को जब-तब खरोंच लग जाती है। जैसे मेरे शोभन के

उल्लास को मेरी सँकरी जगह प्राय: कुण्ठित करती रहती है। और उन्मुक्त परिसर की भूख मेरे भीतर गाँव की याद जगा देती है। मेरे बाल्यकाल के लीलाधाम की याद। उस गाँव की याद, जिसने हमारे उल्लास-नर्तन के लिए उन्मुक्त भूगोल दिया था, बड़े परिदृश्य का आस्वाद दिया था, धरती के छोह और चुनौती का मर्म समझाया था। वही अपना गाँव आज पराया लगता है। परायी क्यों लगने लगी अपनी माटी माँ? वह माँ, जिसकी स्वाभिमान-रक्षा के लिए व्याकुलताविद्ध युवक ने गवना की 'पीअरी' पहने अपने को होम कर दिया था। उस बलिदान का चौरा पूजनेवाले और अवदान बाबा को सर्वोच्च देव-प्रहरी मानकर संकटमोचन के लिए सुमिरते, उनकी जय-जयकार से हर अनुष्ठान शुरू करनेवाले गाँव के नवहीं 'रामगढ़ ढाला' पर बैठे कूटबुद्धि पैनी करने में मशगूल दिखाई पड़ते हैं। वे अवदान बाबा के मर्म को नहीं समझते। नहीं समझते उस अवदान के मूल्य को कि गाँव की अन्नपूर्णा के आँचल की रक्षा करते उस युवा सत्याग्रही ने अपने आँगन में सद्य:उदित शोभा को राख में मिला दिया था, और परवर्ती पीढ़ी के उल्लास की सुरक्षा के लिए उदग्र होकर धरती माता को अपने रक्त से सींच दिया था ताकि माटी माँ का आँगन सिकुड़ न जाए, गाँव का माथा न झुक जाए, नयी पौध की उल्लास-तरंगें संकीर्ण परिसर में कैद होकर ऊँचाई को स्पर्श करने के पहले ही मुरझा न जाएँ। अवदान बाबा के रक्त ने गाँव को बड़ा भूखण्ड उपलब्ध कराया, अन्यथा समृद्धि-दर्प का आधार गाँव के हाथ से निकल गया होता। बाबा का स्मरण करते गर्व होता है, और अपनी अपात्रता पर ग्लानि भी कि अपने शोभन की ऊर्जा-क्रीड़ा के लिए उपयुक्त आँगन नहीं सुलभ करा पा रहा हूँ। और पीड़क है कि उसकी उपद्रव-लीला का सहचर बनने को कोई तैयार नहीं है।

अपने विलास-सुख के लिए सयाने शोभन की प्रकृति बदलने की कोशिश में लगे हैं। उसकी सहज तरंग को मारने की सयानी कोशिश मेरी भावना को घायल कर देती है। उसके नहाने, खाने, खेलने, सोने और स्वच्छन्द लीला को शहराती चर्या-छन्द से अनुशासित करनेवाले बड़े लोग कितने नादान हैं कि चाहते कुछ और हैं, करते कुछ और हैं। एक बड़ी सम्भावना को अपनी महत्त्वाकांक्षा के अन्धे आवेग में तहस-नहस किये जा रहे हैं। बच्चे को 'आदमी' बनाने की सनकी स्पर्द्धा हर माँ-बाप को पागल बनाये रहती है।

शहर तो शहर, अपने गाँव के लोगों से बोलते-बतियाते मैंने लक्ष्य किया, बेटों के आचरण से लगभग हर बाप विक्षिप्त है। आतंकित रहता है कि बेटे का औद्धत्य कहीं घायल न कर दे। युवा पीढ़ी की ढीठ मुद्रा से बूढ़ी पीढ़ी भीत रहने लगी है। यह आश्वासन कि बेटा जवान होगा तो विपदा दूर होगी, कमजोर हो गया है। कभी-कभी सोचता हूँ कि जन्म के साथ ही जिसे भोग का व्याकरण समझाया गया,

उसकी नजर में माँ-बाप का मूल्यहीन हो जाना अचरज की बात नहीं है। पशु-पक्षी और वनस्पति-लोक के अमर्यादित भोग का अन्धा आवेग पगलाये आदमी की मनोवृत्ति का संकेत देता है कि पयपान से तुष्ट न होनेवाला आदमी माँ का मांस-भक्षण करने को व्याकुल हो उठा है। तथाकथित सयानों ने यह जीवन-कला सिखायी है। दुःख उन्हीं का गहराया है। माता की अवमानना आज का पीड़क यथार्थ है।

जिस धरती माँ की रक्षा करते अवदान बाबा ने अपनी नवपरिणीता के सौभाग्य को क्षार कर दिया था, वह माँ बेटों की अमर्यादित भोग की मार से श्रीहीन होती जा रही है। लोगों का विलास कुछ भी सुनने-समझने को तैयार नहीं है। दायरा सिकुड़ रहा है और मैला हो रहा है। दूसरे का भूगोल हड़पने और शोभाहीन बनानेवाली पाप-बुद्धि को पौरुष-प्रताप माना जाने लगा है। जिस पर हमें गर्व था, वह लम्बा-चौड़ा, हँसमुख परिसर मेरा क्रीड़ा-क्षेत्र और मेरा आँगन छोटा और उदास हो रहा है। भूगोल तो उतना ही है, पर छोटा लग रहा है। उसकी साँवली खुरदरी मुद्रा सँवर गयी है। पर अपना आत्मीय परिसर पराया लगता है। मूल पहचान दब गयी है। कुछ घट गया है। ऐसा कुछ जो बाँधे रहता था, अपनी सन्तान को हाँक लगाता रहता था। लगता है, यात्रा को विराम देने के लिए अपरिचित पड़ाव पर हम ठहरे हैं और अत्यधिक सतर्क हैं कि कहीं कोई चूक न हो जाए। अपने आँगन में जीने का यह ढंग नहीं है। मेरे शोभन की शैली ठीक है। खुल के उछलता है। घायल होकर भी अपने परिसर को अपना मानता है। अपने कौतुक से अपने संकीर्ण भूगोल को हँसमुख बनाये रहता है। घर के सयानों को असुविधा होती है तो होती रहे। अपना संकीर्ण भूगोल मुझे छोटा लगता है। शोभन को बड़ी जगह उपलब्ध कराने के लिए व्याकुल रहता हूँ। पर शोभन को सीढ़ी की सँकरी जगह हमेशा मुस्कुराती और बड़ी लगती है। अपनी क्रीड़ा के लिए वह दूसरे का भूगोल हड़पना नहीं चाहता। शोभन की चाल मेरे गाँव की चाल से कुछ अलग है।

गाँव गया था। मेरी पट्टीदारी की काकी अपना दुर्भाग्य निवेदित करते कहने लगीं, 'चकबन्दी में मेरा खेत खो गया। वही जीने का सहारा था।' उनकी पीड़ा मुझे अपनी गिरफ्त में ले लेती है। बौड़म ससुर और निठल्ले भँगेड़ी पति के चलते भूमि-सम्पन्न परिवार की बहू निःस्व हो गयी। ससुर-पति की सनक में स्वाहा होने से बची महज ढाई बीघे जमीन को चकबन्दी की चाल खा गयी। गाँव के समर्थ लोगों से काकी के दुर्भाग्यमोचन का संकेत करता हूँ, यह समझते हुए कि किसी को किसी की भूगोल-सुरक्षा की चिन्ता नहीं है। दूसरे के उल्लास को हड़पने की ताक में सारी दुनिया पगला गयी है। भावना के आग्रह से तथापि अनुरोध करता हूँ। अपनी संवेदना के करीब गाँव के बेटे कैफी आजमी को पाता हूँ, 'वो मेरा गाँव है

और वो मेरे गाँव के चूल्हे, जहाँ आग तो आग, धुआँ नहीं, मिलता।' थोड़ी तसल्ली मिलती है कि मैं अकेला घायल नहीं हूँ। मेरे गाँव का चपल युवक कटाक्ष करता है, 'बहुत दिनों बाद गाँव की याद आयी, भइया!' मैं कुछ जवाब नहीं देता। सोचता हूँ, जो गाँव को खा-चबा रहे हैं, उनको प्रकृति-परिसर का भरपूर सुख उपलब्ध है पर वह संवेदना, जो गँवई माटी से मन को जोड़ती है, गाँव की सही पहचान जगाती है, कहाँ है उनके हृदय में? कहाँ ध्यान है किसी को कि निसर्ग के आँगन पर सबका अधिकार होता है! अवदान बाबा को ध्यान था। समष्टि-सुख की चिन्ता और धरती माता की अस्मिता की रक्षा की प्रेरणा ने ही उन्हें बलिदान का बल दिया था। और वे देवता बन गये। पर उन्हें पूजनेवालों का नाता उनकी ग्रामीण संवेदना से, उनकी बलिदान कथा की रोशनी से क्षीण हो गया है।

एक रस्म पूरी करने के लिए जब-तब उनके नाम पर जय-जयकार कर लेते हैं। मन में पीड़ा कौंधती है, गाँव की माटी शहर के तंग भूगोल में जीने को अभिशप्त है। अपने शोभन के सहज क्रीड़ा-कौतुक के लिए अपेक्षित पोषण सुलभ कराना मेरे लिए असम्भव है, और सीढ़ी की सँकरी जगह में नाचते उसका उल्लास-आवेग बार-बार मार खाता है। पर उसकी मूल पीड़ा किसी को स्पर्श नहीं करती। संवेदना का गला घोंटकर आदमी बनाने की नयी तकनीक किसिम-किसिम के केन्द्रों में क्रियाशील हो गयी है। प्रधान केन्द्र आँगन है। दूसरे नम्बर पर विद्यालय हैं। और न जाने कितने-कितने सबल माध्यम खड़े हो गये हैं। शायद कायदे का आदमी बनने लग गया है, जो किसी के दुःख से संवेदित नहीं होता! न तो कोई मेरे गाँव की अभागिन काकी का साथ देने को तैयार है और न तो मेरे शोभन का लीला-सहचर बनने को।

निपट अकेला है हरिचरन बइठा। अपनी पत्नी के नाम मुझसे चिट्ठी लिखवाता है—'देवन्ती को मालूम हो कि बबुआ बरमेस्सर को मामा किंहा से जल्दी बुलवा लेना। ननिअउरे में लरिका बिगड़ जाते हैं, सो जानना। अउर खियाल रखना कि हमरा महतारी को जाड़े में कवनो तरह का तकलीफ ना होने पावे। रूपया का दरकार होने से जनाना। फगुआ के पहिले रामबचन कोइरी के हाथे रूपया भेजेंगे। टोल-पड़ोस का समाचार ठीक से लिखवाना। नींबू और शरीफा के गाछ पर नजर रखना।' और मेरा मन आलोकित हो जाता है कि महानगर में रोजी कमा रहा हरिचरन गाँव की संवेदना में जी रहा है। खोलाबाड़ी के एक अँतरे में जैसे-तैसे गुजारा करनेवाले हरिचरन के मन का परिसर बहुत बड़ा है। भूमिहीन होकर भी वह सर्वहारा नहीं है। सर्वहारा वे हैं, जिन्होंने केवल भोग का व्याकरण पढ़ा है, और जो बड़े भूखण्ड-भवन के स्वामी होकर भी छोटे मनवाले हैं। अड़ोस-पड़ोस के लिए जिनके आँगन में आमन्त्रण नहीं है। जड़ वस्तुओं के प्राचुर्य के बावजूद जो

अभाव-बोध से दहकते रहते हैं, और जिनके भूगोल को माँ-बाप का बोझ भी असह्य जान पड़ता है। हरिचरन को अपने नीबू-शरीफा की हिफाजत की ही नहीं, अड़ोस-पड़ोस की भी चिन्ता है। बेटे के भविष्य के लिए ही नहीं, महतारी के सुख के लिए भी वह व्याकुल है। उसका आँगन बड़ा है। मेरे शोभन को भी अपनी नियति से कोई शिकायत नहीं है। मगर मुझे अपने शोभन के लिए उन्मुक्त लीलाक्षेत्र की तलाश है। ●

गौरैया ससुराल गयी

बेटियाँ बाप का बड़ा ध्यान रखती हैं। अपने घर जाते मेरी लाड़ली बेटी जया हर बार अंजना को सचेत करती है, 'आमार बाबा के एकटू देखबी, अंजना।' (अंजना, मेरी पिताजी का जरा ध्यान रखना।) और मकान मालिक की भोली लड़की अंजना उसे छोह से झिड़कते हर बार कहती है, 'तूई तोर टा देख। जेठू के देखार लोग आछे।' (तू अपना घर देख, जेठू को देखनेवाले लोग हैं।) उसके जवाब से जया आश्वस्त होकर ससुराल की राह पकड़ती है। माँ के न रहने से जया अपने बाप के प्रति कुछ अधिक ही संवेदनशील हो गयी है। ऋचा भोर में गोरखपुर से अकसर फोन से पहला सवाल करती है, 'चाय पी ली?' उसे चिन्ता रहती है कि ब्राह्म वेला में ही सक्रिय होनेवाली पिता की चर्या को अपेक्षित साधन-सुविधा कौन उपलब्ध कराता होगा। जानती है, पिता के अलावा सभी देर से उठते हैं। इसलिए पूछती है, 'कौन उठा है?'

'जेठू, चाय खाबे? कीगो जेठू, बाजार थेके किछू आनते होबे? आमी एक टू सरकार बाजार जाच्छी।' (चाय पिओगे जेठू? बाजार से तुम्हारे लिए कुछ लाना है? मैं जरा सरकार बाजार जा रही हूँ।) बाँग्ला में पिता के ज्येष्ठ भाई को 'जेठू' कहते हैं। इस नाते अंजना मुझे जेठू कहती है। मेरी पत्नी को 'जेठी माँ' कहती थी। जेठी माँ के एकाएक संसार से नाता तोड़ने का आघात अंजना के लिए इतना गहरा था कि निरन्तर पूरे मकान और प्रतिवेशी के घर को गौरैया की तरह अपनी चहक से उल्लास-मुखर किये रहनेवाली अंजना हफ्तों अपनी माँ के कमरे में चुपचाप पड़ी रही। नादान बालिका ने मान लिया था कि छोह के जिस सैलाब में वह दिन-रात उछलती नाचती रहती है वह सदा कायम रहनेवाला है। सो जेठी माँ की आकस्मिक अनुपस्थिति को झेल पाना उसके लिए कठिन हो गया था। उदासी का आस्वाद उसे पहली बार मिला था। कुछ हफ्तों बाद किंचित् सहमते हुए मेरे कमरे की ओर भारी मन से झाँका था। शायद मुझे देखकर उसका घाव हरा हो जाता था। धीरे-धीरे उसकी चहक लौट आयी। अकसर मेरे लिए बाजार से पान के पत्ते, गोंद, सादे

लिफाफे ला देती है, 'यह लो जेठू, पैसा। इतना ही बचा है।'...'और तुम्हारी टॉफी?'...'टॉफी के लिए तुमने कहा नहीं था।' चमककर वह जवाब देती है। अकसर मैं उसे टॉफी लाने की बात कहता हूँ। उसके लिए और अपनी छोटी पौत्री मुस्की के लिए, और मुस्की अंजना की बाट जोहती रहती है। जब मैं भूल जाता हूँ तो अपनी माँ के पैसे से मुस्की के लिए टॉफी लाती है और मुस्की की प्रतीक्षा में गहरी मुस्कान रच देती है। प्रतिवेश के सारे घर अंजना को अपने आँगन की बेटी की तरह हाँक लगाते रहते हैं, और अंजना सारे घर पर अपने जैसा अधिकार मानकर सभी कोने-अँतरे में अपनी विकुण्ठ उपस्थिति से अँजोर रचती रहती है। समय-असमय की मर्यादा को उसकी ऋजु प्रकृति स्वीकार नहीं करती। शेफाली की तरह धवल यह बालिका केवल खुशी बाँटना जानती है। इससे अधिक पढ़ाई क्या होती है, उसे पता नहीं। थका देनेवाला बोझ पीठ पर लादकर भागते हुए स्कूल जानेवाली लड़कियों को अपने बरामदे में खड़ी-खड़ी मुँह बिराती है, 'बाबा पोड़ते जाच्छे!' (क्या खूब, पढ़ने जा रही है!) और खिलखिलाकर हँस देती है। अकसर हमसे भी सवाल करती है, 'क्यों जेठू, दिन-रात तुम क्या लिखते रहते हो? तुम्हारा हाथ दुखता नहीं?' जवाब में मेरी भावना महज हँस देती है।

'तुम स्कूल क्यों नहीं जातीं, अंजना?'...'दुर के जाबे स्कूले! अतो बड़ो बैग! आमी पारी ना।' (स्कूल कौन जाएगा! इतना बड़ा बैग मुझसे ढोया न जाएगा।) 'फिर तुम्हारा विवाह कैसे होगा?'...'विवाह क्यों होगा?' और माँ की हाँक सुनकर वह अपने कमरे की ओर भागती है, आवाज करते। मैं खिड़की से उसकी आवाज सुनता हूँ, 'जेठू बले माँ, आमार बिये की करे हबे यदि स्कूले ना जाइ। आमी बललाम बिये केनो हबे? से हाँसचे आमार कथा सुने। ओ किछु बूझे ना। की बलो, माँ?' (जानती हो माँ, जेठू कहता है, स्कूल नहीं जाओगी तो तुम्हारा विवाह कैसे होगा? मैंने कहा कि विवाह क्यों होगा, तो हँसने लगा। जेठू कुछ समझता क्यों नहीं, माँ?) उसकी माँ ने उसे टोका, 'ऐसा नहीं कहते रे। जेठू एक जन पण्डित मानस।' और मैं सोचने लगा, उम्र से सयानी हो चली अंजना कितनी नादान है। जगत का अर्थ वह इतना ही जानती है कि सारे परिचित चेहरों को अपना मानती है, सबके लिए सुविधा रचने के लिए सदा तैयार रहती है और सबको खुशी बाँटते रहने को फुदकती रहती है। जानती नहीं कि घर-पड़ोस के आत्मीय परिवेश से उसका नाता एक दिन टूटेगा और अपरिचित दुनिया ही अपनी दुनिया बनेगी। ऐसी मोहक दुनिया, जिसका दुःख-सुख ही केवल अपना दुःख-सुख बनेगा, बाकी तमाम नाते-रिश्ते औपचारिक होकर रह जाएँगे।

सयानी अंजना की कायिक स्थूलता और अशिक्षा उसके विवाह के रूपायन में बाधा खड़ी करने लगी तो माँ-बाप के साथ ही मुहल्लेवाले भी चिन्ता में पड़

गये, 'क्या होगा अंजना का?' मगर अंजना की ऋजु हँसी कभी उदास नहीं हुई। अनेक बार अनेक वर-पक्ष के सामने सजा-धजाकर पेश किया गया, पर प्रतिकूल परिणाम ने अंजना के शुभचिन्तकों को उदास ही बनाया। एक बूढ़ी औरत के मुँह से एक दिन अनायास व्यथा फूट पड़ी, 'यह लड़की इस मुहल्ले को कब खाली करेगी? इतनी सयानी बेटी माँ-बाप के घर में पड़ी रहे, डर लगता है, कहीं मुहल्ले की श्री न खा जाए!' इतनी गहरी व्यथा अंजना के लिए असह्य हो गयी। कहनेवाले को कहाँ अन्दाज था कि उसका दुःख अंजना को इस तरह घायल कर देगा।

और एक दिन बृहस्पति प्रसन्न हुए। अंजना के बड़े आँगन में उल्लास-आलोक उतर आया। अंजना की शादी तय हो गयी। और अंजना भी आत्मीयजन की तरह खुश है। चहक समृद्ध हुई है। शायद उसने विवाह का अर्थ समझ लिया है। मेरी नातिन मिनी को उसने उल्लसित कण्ठ से बताया है कि उसके घर अमरूद का बहुत बड़ा बाग है, और यह कि अपने प्यारे जेठू के लिए 'पेयारा' (अमरूद) भेजेगी। अंजना क्या सचमुच सयानी हो गयी?

विवाह-मण्डप में बैठी अंजना को असीसने के लिए उसके जेठू को बुलाया गया। आशीष के धान उसके सौभाग्य पर बरसाकर बंगीय रस्म के मुताबिक मैं उसके मुँह में सन्देश और दही खिलाता हूँ, जैसे अपने पौत्र-पौत्री को खीर खिलाकर अन्नप्राशन अनुष्ठान पूरा करता हूँ। और मेरी ओर केन्द्रित अंजना की आँखें बरस रही हैं। विवाह का अर्थ अंजना समझ गयी है। अपना उन्मुक्त लीला-परिसर छोड़कर गौरैया कल ससुराल चली जाएगी।

मेरे कमरे के सामने की खिड़की बन्द है, जिस पर खड़ी होकर अंजना अपने जेठू को सम्बोधित करती थी, 'जेठू, चाय खाबे? जेठू, तोमार किछु आनते हबो? सरकार बाजार जाबो।' (चाय पिओगे, जेठू? तुम्हारे लिए कुछ लाना है बाजार से? मुझे सरकार बाजार जाना है।) मेरे मकान की चहक, जो प्रतिवेश में थिरकन पैदा करती थी, चुप हो गयी है। अंजना ससुराल चली गयी है। अपने जेठू के लिए अपने बगीचे से अमरूद भेजेगी, मिनी से कहा है। मगर कहीं सयानी हो गयी अंजना तो क्या होगा, सोचकर मन उदास हो जाता है कि फिर तो छोह का आश्वासन कमजोर हो जाएगा। शायद तब अपने बूढ़े जेठू को भूल जाएगी। और तब वह एक नहीं, कई बगीचों की मालकिन बन जाएगी। मगर अपनी नैसर्गिक सम्पदा वह गँवा बैठेगी। जेठू को ऐसी सयानी बुद्धि रुचती नहीं। यह घाटे की राह है। गृहिणी अंजना में कुँआरी ऋजुता, जो घर-बाहर चहकते हुए रोशनी रचती थी, कायम रह पाती तो जिन्दगी के वास्तविक आस्वाद की तसल्ली टूटने से बच जाती। अपनी जेठी माँ की तरह अंजना भी उतनी पढ़ी-लिखी नहीं है। इसलिए उम्मीद है, अपने मूलभाव के पानी को अप्रदूषित रख पाएगी। यह अपेक्षा ही मंगल कामना के रूप

में मैंने उसके खोइँछे में गठिया दिया है। उसे जोहते पगलामी की ऐसी लहर पहले मन में नहीं उठती थी। मन एकाएक गाँव के अपने आँगन में पहुँच जाता है। करुण राग सुनाई पड़ता है, 'ताहारा बिना सून अँगनवा हो बेटी!' अंजना को अपने जेठू का अब भी ध्यान है। अपने बगीचे से अमरूद भेजेगी, मिनी के कान में कह गयी है। ●

नाम नहीं मिलता

सुखी थे वे आस्तिक माँ-बाप, जो भगवान का नाम सुमिरकर बेटा-बेटी का नाम रख देते थे। सन्तान के दीर्घ आयुष्य की चिन्ता से अनगढ़-अनाकर्षक नामकरण का भी अन्धविश्वास था। वह चलन अब भी जीवित है। कई नाम के मूल में किसी विशेष घटना का मर्म-मूल्य होता था। और कई बार सन्तान के जन्म-काल में घटित शुभ घटना का प्रभाव माता-पिता के मन पर इतना गहरा होता है कि उसे सन्तान के जन्म से जोड़कर उसके अनुरूप नाम की रचना कर ली जाती है, जैसे वैद्यनाथ को हजारीप्रसाद ने धकियाकर स्वयं लोकख्यात हो गया। द्विवेदीजी ने लिखा है कि उनके जन्म के साथ उनके पिताश्री को असम्भावित रूप में हजार रुपये की उपलब्धि हुई थी। यह सब था, पर तब आज जैसी जटिलता नहीं थी। सब कुछ सहज रूप में उल्लसित भाव से सम्पन्न हो जाता था।

आज का मामला थोड़ा जटिल हो गया है। भौतिक स्पृहा इतनी निरंकुश है कि किसी तरह तुष्ट होती ही नहीं। शायद यही पहचान है भौतिक लिप्सा की। और भौतिक संसक्ति मोह की जननी है, जो ऊँची साध की रंगीन लहरें जगाकर आदमी को व्याकुल बनाये रहती है। शायद इसीलिए भौतिक सपने को औपनिषदिक ऋषि ने 'अल्प' कहा है, क्योंकि सपना यथार्थ में रूपायित होते ही कई-कई सपनों को जगा देता है। प्रकृति है भौतिक साध की कि अनेक लिप्सा की जननी बनकर ही तुष्ट होती है। बाबा तुलसीदास ने भी भौतिकता की लघुता की ओर अपने तरीके से इशारा किया है कि लाभ के अनुपात में लोभ बढ़ता है। सत्य यही जान पड़ता है कि भौतिक कमाई से मनुष्य का मन कभी तुष्ट होता ही नहीं।

और क्या-क्या कमा लेने के सपने आदमी को किस तरह पगलाये रहते हैं। लोग कितना कुछ पाने के लिए। और नाम के लिए कैसे कर्म! मेरे एक मित्र कटाक्ष-मुद्रा में कहते हैं, जिन्हें अपने कर्म में खोट दिखती है, और विश्वास नहीं होता कि कर्म के आधार पर उनका नाम जीवित रहेगा, वे अपने बारे में मोटे-मोटे ग्रन्थ निकलवाते हैं, सेठ-साहूकार, राजनेता-मन्त्री ही नहीं, नामवर विद्यापति तक। वैसी

ही आत्म-प्रवंचना, जैसे पहले गाँव के अर्थ-समर्थ लोग कुआँ खुदवाते थे, मन्दिर बनवाते थे, और आज पैसेवाले धर्मशाला, पाठशाला, पुस्तकालय, चिकित्सालय के द्वार पर पत्थर की पट्टी पर अपना नाम खुदवाते हैं, और अपनी अमर कीर्ति के भ्रम में आँख मूँद लेते हैं। इन धनपतियों और विद्यापतियों की आँख कौन खोले कि बन्द करो बच्चों का यह खेलवाड़, हड़प्पा-मोहिंजोदड़ो के मोहक जोम को लीलते काल-देवता को जरा संकोच नहीं हुआ, तुम किस खेत की मूली हो!

पर आदमी है कि नाम के लिए मरे जा रहा है। कैसा प्रबल प्रताप है नाम का! कोई नाम उठने लगता है तो बहुतों के हृदय में दाह जगा देता है। दुर्योधन सह पाता अर्जुन की उन्नयनशील विभूति तो फिर शायद महाभारत की नौबत न आती। भौतिक वैभव का सपना देखते जो सोता-जागता है, 'पराय विभूति' उसी के लिए असह्य होती है। यह विकार आज असाध्य रोग हो गया है। इस रोग से धर्माचार्य तक आक्रान्त हो गये हैं। और अनुकूल उपचार-समाधान खोजते न्यायालय के दरवाजे दस्तक दे रहे हैं। यह उनकी दीन दशा है, धर्म-भीरु जगत् में जिनके नाम का भगत लोग अजपाजप करते हैं। पर काल-देवता के न्यायालय का फैसला बड़ा नृशंस होता है। खूब चमकता नाम बात की बात में कालिख में ऐसा डूबता है कि पहचानना मुश्किल हो जाता है। और अच्छे-अच्छे लोग लटका उछालते रहते हैं, 'नाम में क्या धरा है?' क्या नहीं धरा है नाम में! कोई एक नाम उचारता है तो सामने विकराल पाप-पुंज चीत्कार करते रोशनी को चबाता नजर आता है, और मानव-लोक आतंक-कम्पित हो उठता है। और एक नाम स्मरण आता है तो चित्त में समृद्ध अँजोर थिरकने लगता है, एक आश्वस्ति कि मानवीय मूल्यों को लीलनेवाली आसुरी सम्पदा पराजित होगी, आदमी मरेगा नहीं।

नाम कमाने की व्याकुल साध बड़े रंगीन सपने रचती है। सपना कब होता है अपना। लेकिन कितना रंगीन संसार रचता है सपना। आँख खुलते ही सपने दिखने लगते हैं। साँझ आते-आते टूट-बिखर जाते हैं ढेर सारे सपने, और लोप हो जाता है मोहक स्वप्न-लोक का आँख मुँदते ही। फिर भी आदमी है कि सपना देखना छोड़ता नहीं। शायद सपना न देखता तो आदमी न होता। तभी परिव्राजक विवेकानन्द युवकों को प्रेरित करते रहते थे, आज तुम वही हो, जो कल तुमने सपना देखा था। इसलिए सपना देखो। भारत में गेरुआ का प्रताप बड़ा उतान रहा है। जब गेरुआ बोलता है तो आस्था के कान ईश्वर की आवाज सुनते हैं। और धन्यता की पुलक जगती है। पर जब यह पुलक नहीं जगती तब भी सपने जगते हैं। और जगता है सपना तो मन को कहीं और ले भागता है, पर कितना तपता-रुलाता है सपना। तब भी आदमी है कि सपने का आस्वाद छोड़ने को तैयार नहीं है। और नामावरी

की भूख से हलकान रहता है। गुमनाम होकर जीने का एक विशेष आस्वाद होता है। इस रस में शायद ही किसी की रुचि हो। रामकृष्ण परमहंस के लीला-सहचर महेन्द्रनाथ गुप्त को उस दिव्य आस्वाद का अनुभव था। परमहंस देव के लीला-प्रसंग के चाक्षुष वृत्तान्त को, लोक-कल्याण के लिए, अपनी डायरी से प्रकाश में लाने को राजी तो हुए मास्टर महाशय लेकिन विचक्षण टंकक का नाम छिपा लिया। 'कथामृत' के लेखक के रूप में महेन्द्रनाथ गुप्त की जगह 'श्री म' प्रकाशित हुआ। 'गुप्त' को गुप्त ही रखा, अपनी ओर से। परवर्ती काल में उनके घर का नाम 'कथामृत भवन' पड़ा। परमहंस के अन्तरंग संस्पर्श का वह प्रताप था।

लेकिन सांसारिक सपनों के साथ नाम-रूप का गहरा रिश्ता होता है। यह नाम-रूप का मामला आदमी सनातन काल से ढोता आ रहा है। कभी-कभी नाम का प्रताप नामी के चारित्रिक दारिद्र्य को ढँक देता है। आज कुछ अधिक जटिल और भारी हो गया है नाम-नामी का मामला। आज अधिक उलझ गया है। नाम का प्रताप भारी हुआ है, नामी के चरित्र पर नजर नहीं जाती। और इस भार से आदमी का रस-कोष दबता जा रहा है। बोझ से मुक्ति पाने के लिए वह ठाँव-कुठाँव बड़ी व्याकुलता से दौड़ रहा है और विभिन्न दरवाजों पर दस्तक देता फिर रहा है। बुझते-खोते आस्वाद की तलाश में कितना दीन बन गया है सचमुच! सुनते हैं, चिकित्सकों और ज्योतिषियों का आस्वाद दिनोंदिन चटक होता जा रहा है। मन्दिरों, देव-स्थानों के परिसर में बौराये लोगों की भारी भीड़ और धक्का-धुक्की, जैसे त्रासद उच्चाटन की दवा बँट रही हो वहाँ, और कैसे अधिक बटोर लिया जाए, ऐसा सनकी आवेग। नादान हैं वे, जो दरगाह-देवस्थान की बढ़ती भीड़ को धर्म-अध्यात्म के ज्वार का सबूत मानते हैं। वह होता तो यह न होता कि हर आदमी अपने-आपको अरक्षित मानकर त्रास-सन्त्रास के असह्य बोझ को कपार पर लादे आतंक की साँस ले और दुनिया धर्म-प्राण देश हिन्दुस्तान के चेहरे पर कालिख पोते।

उपनिषद्-गीता की जन्मभूमि को चीन्हती है दुनिया। बुद्ध की करुणा और रामकृष्ण-गाँधी की सम्प्रदाय-सहिष्णुता से परिचित जगत् नाम-दाम के लिए बौराये आज के भारत की सनक को और धर्म का मर्म उजागर करनेवाली धरती पर क्रियाशील धर्म के सौदागरों के हिंसक औद्धत्य के आघात से कम्पित आश्वस्ति को लक्ष्य कर गहरे सोच में पड़ गया है कि कहाँ मर-बिला गया वह आलोक जो सघन तमस् में पूरे संसार की रहनुमाई करता था। भविष्य में काल देवता किस मुँह से नामोच्चार करेगा भारत का! विश्व धर्म-सम्मेलन के मंच से युवा भारतीय परिव्राजक ने अपने सम्बोधन में, भारत के वेदान्त का मर्म खोलते उन्नतशिर सनातन धर्म का नामोच्चार कर एक थिरकन और अश्रुत पूर्व आश्वासन जगाया था, वह क्या उनके

अभिनय की एक भंगिमा थी? श्री अरविन्द, रामतीर्थ और गाँधी इतनी छोटी अवधि में सन्दर्भच्युत और अप्रासंगिक कैसे हो गये? उनका सम्बोधन कोरा छल होता आज के बौद्धिकों और राजनेताओं की तरह, तो उससे उतनी बड़ी रोशनी कैसे पैदा होती, जिसके सामने अनमनीय अन्धकार को घुटना टेकना पड़ा? और छल रचनेवाले का नाम लोक-चक्षु में कैसा घिनौना बिम्ब रचता है? छली कैसे नहीं समझता कि कब्र तक खुद जाती है, और इतिहास उनकी त्रासद कथा सुनाता है?

उद्वेलित चित्त से दुनिया अन्धकार के समाधान की राह खोज रही है। ट्वायनवी जैसे विश्वविख्यात मनीषी ने संकेत दिया था कि उपनिषद् की धरती ही प्रकाश की सटीक राह दिखा सकती है। और दुनिया निरन्तर सघन होते अन्धकार की इस हताश घड़ी में ट्वायनवी के संकेत का स्मरण करते बुद्ध, रामकृष्ण और गाँधी के देश की ओर ऊँची उम्मीद लिये ताक रही है। दूसरे भरोसे टूट-बिखर गये हैं।

पर आज के हिन्दुस्तान को अपनी विरासत के उज्ज्वल अध्याय से कहाँ कुछ भी सरोकार रह गया है। किसी प्रच्छन्न हीन प्रयोजन से नाम-जप का कर्मकाण्ड जब-तब जग जाता है। महज इतना ही। और अवाम की नैसर्गिक समझ को असाध्य सनक में बदलने का धन्धा उतान होकर चल रहा है। देखते-देखते वे सारे ज्योति-केन्द्र, जहाँ से दुनिया को रोशनी मिलती थी, अन्धकार में डूब गये, और हम बड़े ठाठ से प्रकाश-पर्व मना रहे हैं! पहले भी ऐसी अन्हरिया ने मनुष्य की नियति पर आक्रमण किया था, पर उससे पंजा लड़ानेवाला मूल्य जीवित था, जहाँ लोक का भरोसा केन्द्रित था। कुछ नाम के भरोसे लोक रोशनी का सपना देखता था और उद्धार की राह सूझती थी। आज लोग केवल अपने नाम का सपना देख रहे हैं।

जीवन का पूरा व्याकरण जैसे बदल गया है। घरों में नये-नये पर्व घुस गये हैं। बच्चों का जन्मोत्सव बड़े पर्व की तरह आयोजित किया जाता है। जो जितना अर्थ-समर्थ होता है, उसका पर्व उतना ही रंगीन और संवेदनहीन होता है। मकान, दुकान और सन्तान के नाम-सन्धान की पगलामी भी लोगों को व्याकुल बनाये रहती है। परिचय की दुनिया के लोग मुझसे यदा-कदा नाम पूछते रहते हैं। बताता भी हूँ। पर साध के अनुरूप कहाँ ढूँढ़ पाता हूँ हर वक्त नाम। लोग मायूस होकर दूसरे दरवाजे झाँकते हैं। मेरी गृहस्थी से जुड़ी श्रमजीवी वर्ग की एक माँ ने अपनी बिटिया के लिए मुझसे नाम पूछा। ज्ञानी-गुनी मानती है। इसलिए मुझसे नाम पाकर खिल उठी। और एक ज्ञानी-गुनी मित्र ने अपने मकान का मुझसे नाम पूछा। नाम बताया तो उसकी महिमा की सम्पुष्टि में उन्होंने 'रामचरित मानस' की बीसियों चौपाइयाँ मुझे दिखा दीं। पर बड़े शौक से बनाये अपने भव्य भवन का नाम कुछ और ही

रखा अन्ततः। खास के मिजाज की यह आम बात है।

खास नाम यों ही नहीं खास हो जाते। हिन्दी में एक नाम है विद्यानिवास, जहाँ विद्या पैर तोड़कर बैठी है। और दिल्ली में एक नाम है लक्ष्मी निवास, जहाँ सुना है, अर्थ-विभा सदा मुस्कुराती रहती है। यह नाम का प्रताप है या प्रारब्ध का प्रताप या कि साधना की विभूति? विवेक साधना के पक्ष में हाथ उठाता है। साधना के बल पर नितान्त साधारण और अनाकर्षक नाम कितना बड़ा हो जाता है। मोतीलाल, जवाहरलाल, हजारीप्रसाद कोई ऐसा मोहक नाम नहीं है जो बरबस ध्यान खींचे। पर इतनी पुष्ट साधना जुड़ी है इनके साथ कि इतिहास अपने पन्ने पर इन्हें टाँककर धन्य है। साधना ने इनका मोल इतना उठा दिया। अन्यथा राजा-महाराजा का श्रृंगार उपकरण होने के बावजूद पत्थर-माटी को कौन पूछता!

कभी-कभी नामकरण का मामला बड़ा बखेड़ा खड़ा कर देता है। पढ़ा है कहीं कि वेदान्त और बेलूर मठ से जुड़े कवि निराला ने इकलौते लाड़ले बेटे का नाम, ऊँची साध से, रामकृष्ण रखा तो मठ के संन्यासी चिढ़ गये, इस सोच से कि हिन्दी कवि ने ठाकुर की महिमा का अवमूल्यन कर दिया। और निराला ने गहरी श्रद्धा के साथ बाँग्ला में प्रकाशित रामकृष्ण-साहित्य का हिन्दी में अनुवाद किया है, जिस पर रेणु ने टिप्पणी की है, 'निराला ने अनुवाद नहीं, पूजा की है।'

मेरा एक प्रीतिभाजन छात्र है, जो अपनी बेटी के लिए नाम ढूँढ़ रहा है। उसकी दुनिया ने दुनिया-भर के नाम सुझाये। एक नहीं जँचा। मैंने कहा, 'श्रावण में जन्मी है, शिवानी नाम रखो।' मुँह बिदकाकर बोला, 'पड़ोसी की नौकरानी का नाम शिवानी है।' मुझे बाबा तुलसीदास याद आये, 'मोह सकल व्याधिन कै मूला।' बच्चों के पुकार नाम आज अँग्रेजी तर्ज पर ऐसे रखे जाते हैं कि कुत्ता-बिल्ली और मनुष्य को अलगाना कठिन हो जाता है। मेरी भोजपुरी अच्छी है, जिसने मेरी पौत्री के लिए व्यंजक नाम सुझाया—मुस्की। एक विद्वान मित्र ने, जब मैंने अपनी मुस्की को आवाज दी, चौंककर पूछा, 'अरबी कहाँ से घुस गयी आपके घर में? यह मुस्की नहीं, मुश्की है, जिसका अर्थ कस्तूरी होता है।' मैंने कहा, 'होगा, मेरी तो मुस्की है, जिसका अर्थ कस्तूरी नहीं, मुस्कान है। अरबी नहीं, यह मेरी मातृबोली भोजपुरी का शब्द है। मुझे तो अपनी जमीन की सुरभि और मुस्कान चाहिए, कस्तूरी मेरे किस काम आएगी!' मेरे मित्र थोड़े मायूस जरूर हुए। भली है मेरी मुस्की, जो बाबा की हाँक सुनते ही गौरैया की तरह चहकते कमरे में हाजिर हो जाती है, और अपनी मुस्कान से अँजोर रच देती है।

पर उस आम आदमी की गहरी हताशा का क्या समाधान है, जिसे एक भी नाम आज दिखाई नहीं पड़ता, जिसके प्रति, रोशनी के लिए वह आश्वस्त हो सके।

नाम और नामी का फासला इतना गहरा हो गया है कि आम आदमी गहरे असमंजस में पड़ गया है। और उसे एक भी नाम नहीं मिलता जो उसके लिए थोड़ी तसल्ली रच दे। ज्ञानी-गुनी-योद्धा की उपस्थिति से सम्पन्न चीरहरण-दरबार में द्रौपदी को हताशा की घड़ी में भी एक नाम पर भरोसा था। पर आज? 'गहन है यह अन्धकारा।' ●

बाउल

आज मैना से भेंट हुई थी। मिलती है तो मन में रस रच देती है। इसलिए सुबह-सुबह इसे जोहता रहता हूँ। पर जोहने पर मिलती कहाँ है, चाहे जहाँ भटकूँ। अनायास मुलाकात होती है। कई बार तो सामने की छत पर अपने साथी के साथ फुदकती दिख जाती है, और दो क्षण अपना गत्वर जोम दिखाकर फुर्र से उड़ जाती है। पर उसकी मनस्विता की छोटी छटा भी मन में थिरकन पैदा कर देती है। एक प्रीतिकर सम्भावना कि कुछ खास घटनेवाला है। जड़ता और उदासी को छाँटनेवाली कोई घटना। इसलिए जिस सुबह नहीं दिखती मैना, मन खिन्न हो जाता है। पूरे दिन एक मनहूस लहर मन को दबाये रहती है। बोली बूझती तो पूछता मैना से कि ऐसी निठुराई क्यों करती है। वह क्यों नहीं यह समझती कि ठाँव-कुठाँव से अपना आहार चुनकर जीनेवाली मैना के दर्शन के लिए व्याकुल रहनेवाले मेरे जैसे लोग भूमण्डल में थोड़े ही हैं।

स्थान-कुस्थान से अपना आहार सन्धान करनेवाली मैना की उल्लसित मुद्रा को देखते ही अन्नपूर्णा की माँ मेरे सामने खड़ी हो जाती है। और मैं निहाल हो जाता हूँ। फिर सोचने लगता हूँ। सारे संसार में बेचैन आवेग में उत्पात रचनेवाले लोभ और संग्रह से मैना का नाता-रिश्ता होता तो शायद उसका नाच देखने को मन व्याकुल न होता। मैना जानती है, जागतिक प्रपंच और ढेला-माटी बटोरने के धन्धे में रस नहीं है। इसलिए सम्राज्ञी की मुद्रा में चलती है! दरवेश और पाखी का धर्म संग्रह को नहीं स्वीकारता। इनके धर्म पर नजर पड़ती है तब बोध-नेत्र खुलते हैं। वैराग्य कितना रसपूर्ण होता है! और सोचने लगता हूँ। जब-तब कि दरवेश से खाली हो जाए संसार और आसुरी भाव उजाड़ दे पाखी-लोक को तो पृथ्वी का आकर्षण मर जाएगा। कौन संवेदनशील आदमी पागलखाने में रहना चाहेगा! इसलिए मैना से मुलाकात होती है तो जीवनप्रियता पुनर्नवा हो जाती है। हिंसा की सनक से जन्मे कड़ुए धुएँ को झेलने का बल जैसे मिल जाए एकाएक।

देखा है करीब से कि अकेला पड़ जाने पर मैना उदास हो जाती है। मुँह

लटकाये चुपचाप कुछ गुनती रहती है। और तब उसे चीन्हना कठिन हो जाता है। सगे-सम्बन्धियों के बीच ही उसका जोम जगता है। और तब उसका नाच रोशनी रचता है। जुड़ा देनेवाली आश्वस्ति कि साथ में मैना है तो गन्दी बस्ती में जीना दुर्भाग्य नहीं है।

क्या सौभाग्य लेकर जन्मी है मैना! ऐसी मस्ती और दमकती गुमानी चाल समर्थ से समर्थ मानुष के मन में ईर्ष्या जगा दे। सचमुच कितना दीन है आदमी मैना की नैसर्गिक सम्पदा के सामने! शायद इसीलिए इसे नजरअन्दाज कर अपनी सनक में जीना उसे निरापद जान पड़ता है। महीनों बाद रामकृष्ण परमहंस की साधना-भूमि दक्षिणेश्वर गया था। एक शहराती बन्धु साथ थे। परमहंस की तन्त्र साधना-स्थली-पंचमुण्डी आसन से उनका परिचय कराकर मन्दिर की ओर लौट रहा था कि मैना का उल्लसित परिवार दिखाई पड़ गया। और उस उल्लास-रस में मन ऐसा डूब गया कि मेरे साथी को ऊबकर टोकना पड़ा, 'कहाँ डूबे हैं? चलिए, चलें, अभी मन्दिर की पूजा बाकी है। देर हो रही है।' रस पर जैसे किसी अरसिक ने लाठी मार दी हो। ध्यान-विरत हो मैंने उन्हें अपनी लाचारी बतायी, 'माँ का सौन्दर्य तो यहाँ थिरक रहा है। और कहाँ पूजा करेंगे।' चिढ़कर बोले, 'यह कौन-सा पक्षी है, जिसे देखते आप खो गये हैं। इससे सुन्दर तो मुर्गा होता है।' धक्का लगा, कितने अभागे हैं, मैना को नहीं चीन्हते। और उनकी नियति पर दया आयी। कुछ बोलने जा रहा था तभी उनके मोबाइल फोन की घण्टी बजी और मारे व्याकुलता के वे अस्त-व्यस्त हो गये। उनकी पूजा का मुहूर्त वहीं शेष हो गया। शहर से इतनी दूर आये थे भवतारिणी मन्दिर में पूजा करने। सो खाली कैसे लौटते, जैसे-तैसे पूजा का कर्मकाण्ड पूरा किया और अपने ठाँव की ओर हम लौटे। एक ने बेचैनी कमायी थी, दूसरे ने संगति-दोष से मन के उल्लास की उजास गँवायी थी।

भली है मैना, जो मोबाइल फोन नहीं रखती, अखबार नहीं बाँचती, घड़ी की कैद में देर-सबेर के आतंक में नहीं जीती। अन्यथा उसका उल्लास-राग कब का मर गया होता, और वह अनाकर्षक हो गयी होती, आज के आदमी की तरह। अपने एक प्रातिभ मित्र की टिप्पणी याद आयी थी। कौतुक-मुद्रा में विदग्ध टिप्पणी करते रहते हैं, 'अखबार असत्य के धुआँ-परिवेशन की सबल विधा है, और मोबाइल फोन चैन-हरण-यन्त्र है। मुझे याद आया था, रामकृष्ण परमहंस एक दिन जब अपने प्रीतिभाजन नाट्यशिल्पी गिरीशचन्द्र घोष के घर गये थे, अपने आसन पर तब तक नहीं बैठे थे जब तक कमरे से अखबार बाहर नहीं निकाला गया। ठाकुर ने अपनी पीड़ा प्रकट की थी।'...'इसमें केवल झूठ छपता है।' और अकबर इलाहाबादी शायराना अन्दाज में कह गये हैं कि अखबार तोप से भी सबल यन्त्र होता है, जिसके आघात से सत्ता काँपती-गिरती है। पर मैना उस अखबार को नहीं चीन्हती। जैसे

मोबाइल फोन का मालिक मैना को नहीं चीन्हता।

मोबाइल नहीं है उसके पास। पर उसकी गतिशीलता-गत्वरता मोबाइल की तरह बेचैन नहीं बनाती, मुस्कुराती रहती है और विधाता की सृष्टि में मुस्कान जगाती है। घर-घर पानीय जल पहुँचानेवाली अधेड़ स्त्री ने मेरे प्रतिवेश की स्त्री को एक दिन गली के किनारे किसी के इन्तजार में खड़ी देखा तो मुस्कुराते हुए मधुर टिप्पणी जड़ी, 'एई बऊटी शुदु हाँसे। एटाई भालो। की मिष्टी चेहरा। हाँसते थाको बऊ माँ।' (यह स्त्री केवल हँसती रहती है। यही ठीक है। कितना मीठा चेहरा है। इसी तहर हँसती रहे बहू भाँ।) ऐसा मूल्यवान आशीर्वाद केवल गँवार माँ ही दे सकती है, मैना की तरह। सहजता जिसकी सम्पदा है, ऐसी उच्छल वदान्यता केवल उसी में दिखाई पड़ती है, जिसका नाता न तो तिजोरी की चिन्ता से है और न तो प्रदर्शन की प्रदूषित बयार उन्हें छू पाती है। पर आज की दुनिया इस नैसर्गिक उल्लास को कुछ भी मूल्य देने को तैयार नहीं है। हर चेहरा मुखौटे में छिपा है, क्योंकि जमाने की तहजीब ने दुनिया के कान में कह दिया है कि दुनियाबी तरक्की की यही असली राह है। और चिन्ताशील जगत् 'बाजारवाद' का हल्ला करते आतंक मचाये है। चीखने-चिल्लाने की इस सघन अन्हरिया में मैना की और मेरी पड़ोसिन की मुस्कान को देखने-समझने की किसे फुर्सत है। 'बाजारवाद' जन्मा कैसे, किसकी औलाद है यह, यह सवाल हवा में मुक्का मारनेवाले पण्डितों के लिए कोई मतलब नहीं रखता। इसीलिए आज के पण्डितों की पंचायत का फैसला बहुत डराता है। रोग के कारण को समझे बिना ऐसा हल्ला बोल देते हैं, जैसे मनुष्य की रचनात्मक ऊर्जा और सर्जनशीलता को सदा-सदा के लिए बाजारवाद लील जाएगा। मैना इतनी हताश नहीं है। शायद सृष्टि के विधाता की सूक्ष्म रेखाओं को वह सयाने मनुष्य से अधिक सटीक रूप में समझती है। इसलिए आश्वस्त है कि मनुष्य के उद्धार की राह निकलेगी इसी भीड़-अन्धड़ के बीच से।

शायद उस उज्ज्वल विकल्प की सम्भावना को लक्ष्य कर ही उसका उल्लास उजास बिखेरते थिरक रहा है, जैसे कल हाथ में एकतारा लिये अपने राग में बाउल थिरक रहा था, और मेरी पूरी पल्ली को रोशनी से नहला दिया था।

आमार घरेर चाबी परेर हाते।
केमने खुलिये से धन दखबो चक्षते॥
आपन घरे बोझाई सोना,
परे करे लेना-देना,
आमि हलेम जन्म-काना, ना पाई देखिते॥
राजी हले दरओजानि

द्वार छाड़िये देबे न तिनि,
तारे वा कइ चिनि-शुनि, बेड़ाइ कुपथे॥
एइ मानुषे आछेरे मन,
जारे बले मानुष-रतन,
लालन बले पेये से धन
पारलाम ना रे चिनिते॥

और मुझे मैना याद आयी थी। आँखें तुष्टि की उस दमकती मुद्रा को जोहती रहती हैं, जो आश्वस्ति-आलोक रच दे और भरोसा का आधार ढहने से बच जाए। ●

जो निज मन परिहरै विकारा

सन्त तुलसीदास कहते हैं कि यदि मन का विकार मिट जाए तो द्वैत बुद्धि का नाश हो जाता है। और जागतिक सन्ताप-ज्वाला से मनुष्य केवल तभी बच सकता है जब वह द्वैत बुद्धि की ग्रन्थि से मुक्त हो।

मन के विकार को धोना और उसे उच्चतर धरातल से जोड़ना हिन्दू कर्मकाण्ड की मूल प्रतिज्ञा है। इस प्रतिज्ञा से च्युत होने पर कर्मकाण्ड की महत्ता घट जाती है। जड़ शैली में जीवन से जुड़े कर्मकाण्ड का कुछ भी विधायक मूल्य नहीं होता। मन में अड़े पाशव-भाव और कलुष का मोचन कर उसकी अधोमुखी यात्रा को नियन्त्रित करने तथा आनन्दकोष को निरन्तर संवर्द्धित करते रहने में उसकी महत्ता है। कर्मकाण्ड का यही मूल प्रयोजन है।

अनुशासन-अर्गला से जीवन-छन्द को व्यवस्थित और संस्कृत बनाये रखना कर्मकाण्ड-आयोजन का दूसरा मुख्य प्रयोजन जान पड़ता है। व्यक्ति की भोगेच्छा और अनाचार समष्टि के मंगल का संहार न कर दे, इस सहज चिन्ता ने तरह-तरह की आचार-मर्यादा के विधान की प्रेरणा दी। हिन्दू कर्मकाण्ड के उद्योक्ताओं के मन में यही चिन्ता रही होगी कि जीवन की अनुशासन-अर्गला पुष्ट रहे और मनुष्य की संस्कृति-यात्रा अपनी राह छोड़कर अधोमुखी दिशा में न धावन करने लगे।

अनुशासन का सवाल उसी मुहूर्त में खड़ा हुआ था जब अपनी सुख-सुविधा के लिए मनुष्य ने निसर्ग के अनुशासन-छन्द में हस्तक्षेप किया था। और संस्कृति की यात्रा भी सही रूप में तभी शुरू हुई थी जब प्रकृति के स्वरूप को अपनी क्षुधा के पोषण के लिए मनुष्य ने अपने संस्पर्श द्वारा नया रूप दिया था। भौतिक पदार्थ के भोग और संस्कार के मूल्य में एक ही स्पृहा क्रियाशील थी —स्व-विकास की स्पृहा। अमर्यादित होकर मानवीय स्पृहा मूल उद्देश्य से विच्छिन्न हो जाती है; संस्कृति का धरातल छोड़ देती है और भोग की फूहड़ मुद्रा मनुष्य को पाशव-भाव में इस तरह उलझा देती है कि उसकी मानवीय पहचान मिटने लग जाती है। संस्कृति-सचेत लोगों को मूल्य-रक्षा की चिन्ता तब अधिक उद्वेलित करती है।

अनुशासन के संरक्षण के लिए आचार-संहिता की रचना-व्यवस्था जरूरी हो जाती है।

संस्कृति के आदिपर्व से ही आचार-मर्यादा की चेतना सक्रिय हो गयी थी। अनुशासन-छन्द, जिसे आर्ष भाषा में ऋत कहा गया है, दुर्बल न हो, यह प्रतिभा सजगता ऋषियों में भरपूर थी। इसलिए हर काल में नयी-नयी आचार-संहिता और विधि-निषेधों का आयोजन होता रहा। प्रयोजन एक ही था, मनुष्य की महिमा को अक्षत रखना। यह और बात है, और तथ्य है कि विधि-निषेधों और काल-विशेष की वर्जनाओं ने मनुष्य की विकास-यात्रा को कुण्ठित और उसकी महत्ता को क्षत किया है। तथापि लोक-चक्षु की लाज और कठोर अनुशासन का बाँध यदि न होता तो मनुष्य मनुष्य न बन पाता, आज जो उसे सांस्कृतिक सम्पदा आयत्त है, उससे उसका जीवन रिक्त होता और तब उसके गर्व का कोई आधार न होता।

मगर संस्कृति-सजगता और अनुशासन के आग्रह के मूल में स्वातन्त्र्य-अपहरण की चिन्ता नहीं थी। कर्मकाण्ड के आयोजन का उद्देश्य मनुष्य की स्वतन्त्रता को कुण्ठित करना नहीं था। मनुष्य की महिमा को बहुविध समृद्ध करना ही कर्मकाण्ड-उद्योक्ताओं की प्रधान चिन्ता थी। ऋषि भली प्रकार परिचित थे कि स्वातन्त्र्य-कामना मनुष्य की सहज कामना है। स्वातन्त्र्य की सुरक्षा और संवर्द्धन के लिए भी आत्मानुशासन पहली शर्त है। आरोपित भाव विधायक नहीं होता, इतिहास में इसके असंख्य प्रमाण हैं। समाजतन्त्र और सरकारी फरमानों से अनुशासन की जो आबोहवा तैयार की जाती है, उसके मूल में मानवीय स्वातन्त्र्य के अपहरण का हीन उद्देश्य होता है, इसलिए उसका प्रभाव ऊपर-ऊपर से निकल जाता है, क्योंकि स्वातन्त्र्य से अनुशासन का सौदा करने को मनुष्य की प्रकृति तैयार नहीं होती। स्वातन्त्र्य और अनुशासन सजातीय भाव हैं। स्वातन्त्र्य-महत्ता का जिसमें जितना ऊँचा और प्रखर बोध होता है उसी का व्यक्तित्व अनुशासन की पुष्ट भित्ति पर खड़ा होता है। ऋषि सत्ता इसका प्रमाण है। आधुनिक युग में महात्मा गाँधी का चरित्र इसी तथ्य की पुष्टि करता है। गाँधीजी जैसा स्वातन्त्र्य-महत्ता का विवेक और वैसी अनुशासन-निष्ठा आधुनिक युग में विरल है। सामाजिक अनुशासन की पहरेदारी में भी गाँधीजी की तुलना में कोई, कम-से-कम इस युग में, अग्रगामी और ज्येष्ठ नहीं प्रमाणित हुआ। इसलिए यह धारणा भीति-प्रसूत है कि सामाजिक अनुशासन की रक्षा के लिए व्यक्ति-स्वातन्त्र्य का बलिदान जरूरी है। ऐसे दुराग्रह अपने तात्कालिक प्रयोजन को भले ही सिद्ध कर लें, मानव-संस्कृति के विकास में अवरोध उत्पन्न करते हैं। आतंक द्वारा अनुशासन का भ्रम पैदा किया जा सकता है, अनुशासन नहीं। दुर्भाग्यवश जिन्हें अपनी बौद्धिक क्षमता का गुमान है, वे भी इस सत्य को, मन्तव्य-विशेष के चलते, स्वीकार नहीं करते कि अनुशासन की सच्ची

ऊष्मा स्वातन्त्र्य से ही पैदा होती है। आत्मानुशासन की सजगता-सक्रियता उसी में दिखाई पड़ती है जो स्वातन्त्र्य का सही मूल्य समझता है। मनीषी चिन्तक अज्ञेय की धारणा को विवेक स्वीकार करता है कि 'मानव' पहला स्वाधीन पशु है, और स्वाधीन होने के नाते पशु नहीं है। मानवेतर सभी प्राणियों के जीवन की चरम सम्भावनाएँ उनकी शरीर-संरचना से मर्यादित हैं। मानव पहला ऐसा प्राणी है जो भाषा पाकर, अवधारणा की शक्ति पाकर, प्रतीकों का स्रष्टा होकर, पूर्व कल्पना से परे चला गया है, अकल्पनीय और असीम सम्भावनाओं से सम्पन्न हो गया है, एक परोक्ष सत्ता से जुड़ गया है, स्वाधीन हो गया है। वह मूल्यों की अवधारणा करता है,—उनकी सृष्टि करता है—और स्वाधीनता उसका सबसे पहला, सबसे आधारभूत मूल्य है—क्योंकि यही उसके मानवत्व की कसौटी है, इसके बिना वह पशु है। और वह जब पशु नहीं, मनुष्य है तो उसका मन:लोक सहज अनुशासन से संस्कृत है। और वह संस्कृति का स्रष्टा और संवाहक है।

प्राचीन ग्रन्थों में आचार-पक्ष को उन्नत करने के लिए अनुशासन पर बल दिया गया है, वहाँ भी स्वातन्त्र्य का निषेध नहीं है। प्रतिबन्ध-अंकुश अनाचार पर ही लगाये गये यानी उस आचरण पर जो दूसरे की स्वतन्त्रता को भी अपेक्षित मूल्य देता है और सहज ही देता है। इसलिए सारे पुराआख्यान में सामान्य अनुशासन का विवेक वहीं दुर्बल दिखाई पड़ता है, जहाँ स्वातन्त्र्य-बोध दुर्बल है।

हिन्दू कर्मकाण्ड का विधान अनुशासन-अर्गला की भित्ति को पुष्ट करने का ही आयोजन है। मनुष्य को पाशव भाव के समुचित प्रशिक्षण और संस्कार द्वारा मानुष चेतना के संवर्द्धन की चिन्ता ने विविध कर्मकाण्ड की रचना की। कर्मकाण्ड से जुड़े मन्त्र उस अभीप्सा का स्पष्ट संकेत देते हैं कि देवत्व को आयत्त करने को व्याकुल कामना ही इसके मूल में रही है। सहज अनुशासन से चालित जीवन-चर्या ही दिव्य जीवन की अवतारणा का निमित्त बनती है। कर्मकाण्ड की आर्ष व्यवस्था का महत् उद्देश्य कालान्तर में बाह्याचार के भार से दब गया। हिन्दू कर्मकाण्ड की जिस जटिलता का भगवान बुद्ध से लेकर कबीर तक ने कड़ा विरोध किया है, वह कर्मकाण्ड का जंजाल है, जो मनुष्य के दिव्य जीवन में सहायक नहीं, बाधक है और जिसका समर्थन वेदान्त भी नहीं करता। ज्ञानविहीन को तीर्थयात्रा अपेक्षित फल नहीं देती।

कुरुते गङ्गासागर नमनं व्रतपरिपालनमथवा दानम्,
ज्ञानविहीन: सर्वमतेन मुक्तिं न भजति जन्मशतेन।

कहनेवाले शंकराचार्य कर्मकाण्ड की अपर्याप्तता से भली प्रकार परिचित थे। अत्याधुनिक युग, उन्नीसवीं और बीसवीं शताब्दी में जो हिन्दू धर्म के सच्चे प्रवक्ता

और उन्नायक हुए, उनका जीवन इस तथ्य का प्रमाण है कि स्वकीय संवेदना द्वारा चेतना के उस स्तर को अर्जित किया जा सकता है, जहाँ से दिव्य जीवन की यात्रा शुरू होती है, इसके लिए कर्मकाण्ड में निष्णात होना या उसके द्वारा विहित संकीर्ण सरणि से यात्रा करना जरूरी नहीं है। और इसलिए धार्मिक साधना की स्वाधीनता, विशिष्टता और उसकी उपलब्धि को स्वीकार करते हुए भी कोरे कर्मकाण्ड को सत्य के साक्षात्कार का हेतु नहीं माना जा सकता। कर्मकाण्ड-विशेष और विशिष्ट धर्म-साधना-विधि कई प्रकार की सिद्धि का कारण मानी जाती है, खास सिद्धि के लिए खास आचार-संहिता का आग्रह किया जाता है, निर्देश दिया जाता है। उसकी अपनी स्वतन्त्र महत्ता है। मगर मनुष्य की चेतना के सम्यक् विकास और उन्नयन के लिए तथा समष्टि के मंगल के लिए व्यक्ति की अनुशासन-अर्गला का पुष्ट और समृद्ध होना जरूरी है। कर्मकाण्ड के आदि उद्योक्ता की मनीषा का लक्ष्य भी यही रहा होगा।

हिन्दू कर्मकाण्ड के आयोजन के मूल में जीवन को कला-समृद्धि से सम्पन्न करने की स्पृहा रही होगी। इस महत् प्रयोजन पर कर्मकाण्ड-विरोधियों की दृष्टि पड़ी होती तो कदाचित् वे कर्मकाण्ड के विरोध पर नहीं, युगानुरूप रूपान्तरण और संस्कार पर जोर देते। कर्मकाण्ड का विधायक पक्ष है कि जीवन में रोज डरावनी मुद्रा में खड़ी होनेवाली रिक्तता को वह उल्लास-आलोक से आपूरित करता रहता है, जागतिक अभाव की कुरूपता से उचटते मन में नये-नये आस्वाद की रचना होती है कर्मकाण्ड की कला-मुद्रा द्वारा और मनुष्य की जीवनप्रियता पुनर्नवा बनी रहती है।

हिन्दू कर्मकाण्ड का वैविध्य उसके कला-सुमुख और संस्कृति-सचेत मन का परिचायक है। नाना संस्कारों से जुड़ा कर्मकाण्ड जीवन की रस-सम्पदा को समृद्ध करता रहता है। इसीलिए बड़ी सजगता के साथ उसमें युगानुरूप परिवर्तन होता रहता है। शव-संरक्षण का संस्कार हिन्दू संस्कार नहीं है। हिन्दू कर्मकाण्ड शव हो क्षार करने का निर्देश देता है। जीवन के रस को मारने और किसी प्रकार के अवरोध की सृष्टि करनेवाले कर्मकाण्ड और विश्वास के परित्याग की आग्रहशीलता हिन्दू मन का सजातीय भाव है, जो उसकी प्रगतिशील दृष्टि और सहज आध्यात्मिकता का परिचायक है। भारतीय मनीषा मानती है कि 'तमाम स्वस्थ विकास के लिए निरन्तरता और परिवर्तन आवश्यक है। जब तक हमारे मन मृत रीति-रिवाजों, क्रूर प्रतिबन्धों और पंगु बना देनेवाली सामाजिक आदतों से मुक्त नहीं होते, हम स्वतन्त्र नहीं कहला सकते।' (डॉ. राधाकृष्णन्) कदाचित् इसीलिए काल और सन्दर्भ के बदलने के साथ हिन्दू कर्मकाण्ड की मुद्रा बदलती रही है और इसीलिए उसकी विधायक भूमिका अशिथिल है।

वैराग्य भाव और जगत् की नश्वरता की जैसी तीव्र प्रतीति भारत को है, कदाचित् दूसरे भूखण्ड के लोकों को नहीं है, मगर इस प्रतीति से जीवन को औदास्य-धूमायित न कर उसे हरा-भरा बनाये रखने और जड़ जगत् को चिन्मय में रूपान्तरित करने की जैसी प्रबल अभीप्सा भारत में दिखाई पड़ती है वैसी अन्यत्र दुर्लभ है! उदात्त भाव और दिव्य जीवन की महत् स्पृहा भारतीय मन का सजातीय भाव है। जगत्-संसक्त होकर भी वह जागतिक भोग की अल्पायु से परिचित है—इसलिए भोग-विरति की साधना साथ-साथ चलती रहती है। पूजन, भजन, आराधना से छन्दित भारतीय जीवन इसी का संकेत है। तुच्छ भोग से विरत होने और महत् ज्योति से जुड़ने की स्पृहा भारतीय है और हिन्दू मन की सनातन पहचान है। सारे धर्माचार का उद्देश्य है लघुता से उत्तीर्ण होकर महत् से युक्त होना। भारतीय मनीषा ने जागतिक अल्पता को ठीक से समझा है कि वह सच्चे सुख का हेतु नहीं हो सकती, इसलिए भूमा से जुड़ने को वह व्याकुल रहता है। यह व्याकुलता आत्म साक्षात्कार का कारण बनती है। कर्मकाण्ड के सारे विधान का एकान्त उद्देश्य है उसी उर्ध्वमुखी चेतना को समृद्ध करना।

विशिष्टता हिन्दू कर्मकाण्ड की है कि वह रससिक्त है, उल्लास-मुखर है। परासत्ता की पहचान ही रस है, 'रसो वै सः।' इसीलिए उपासना रसमय है। अपनी आराध्य भगवती भवतारिणी देवी से आर्त्त स्वर में रामकृष्ण परमहंस ने प्रार्थना की थी, 'रसेबसे राखिश माँ' (रस से वंचित न करना माँ)। रस से वंचित होने का अर्थ है अपने मूल लक्ष्य से दूर चला जाना। इसलिए बड़ी जागरूकता के साथ कर्मकाण्ड-छन्द को संगीत से, सौन्दर्य से समृद्ध किया गया था। मन्त्र और गीत से स्फूर्त हिन्दू कर्मकाण्ड पूरे भूमण्डल में अप्रतिम है, जो उदात्त हिन्दू मन, समृद्ध संस्कृति और उन्नत सौन्दर्यबोध का परिचायक है। कर्मकाण्ड की विशिष्टताओं को रचनेवाली मेधा बड़ी प्रखर थी। भिन्न-भिन्न संस्कार और प्रयोजन से जुड़े कर्मकाण्ड की रस-रचना जिन उपकरणों, मन्त्रों, गीतों और क्रम-विवेक से की गयी है, उसमें किंचित् व्यतिक्रम पूरे सौन्दर्य-छन्द को विरूप करते कर्मकाण्ड के मुख्य प्रयोजन को ही खण्डित कर देता है। दूसरे देश और जाति से जुड़े कर्मकाण्ड में भी व्यवस्था-सजगता दिखाई पड़ती है, मगर हिन्दू कर्मकाण्ड की उल्लास-मुद्रा, और जीवन-प्रीति अन्यत्र नहीं दिखाई पड़ती; एक मूक अनुशासन निहायत उदास-मुद्रा में कर्मकाण्ड के रूप में शासन करता है उनके जीवन पर। विपरीत इसके हिन्दू कर्मकाण्ड का लक्ष्य ही जीवन की अनुशासन-अर्गला को पुष्ट रखते आनन्द कोष का संवर्द्धन है।

कर्मकाण्ड लक्ष्य नहीं है, बहुत ही महत्त्वपूर्ण साधन है। साधन को जब साध्य समझने की भूल की गयी तब साध्य तो दूरस्थ हो ही गया, साधन की भी

महत्ता घट गयी। और तब उसकी विधायक भूमिका के प्रति अनास्था स्वाभाविक थी। विवेक-विवर्जित अतिरेक का परिणाम हमेशा अशुभ होता है। कर्मकाण्ड मनुष्य की लोकयात्रा में अवरोध उत्पन्न करते हैं तब, जब जड़ शैली में मनुष्य उसे ढोने लगता है। मनुष्य पर कर्मकाण्ड हावी हो जाता है और मानवीय संवेदना उसके नीचे दब जाती है। इस प्रकार उसका उद्देश्य ही खण्डित हो जाता है। कर्मकाण्ड के अतिरेक का प्रतिरोध हुआ है—मानुष सत्य की रक्षा के उद्देश्य से। महावीर, बुद्ध और कबीर ने इसी उद्देश्य से अर्थात् कर्मकाण्ड के भार से दबकर बुझती मानवीय संवेदना-ऊष्मा की रक्षा के लिए कर्मकाण्ड की रूढ़ पन्था का कड़ा प्रतिरोध किया था। विडम्बना यह है कि उक्त महात्माओं ने मनुष्य की महिमा को अक्षत रखने के लिए जो विचार रचा था, उसमें विश्वास करनेवाले ही कर्मकाण्ड के जंजाल में उलझ गये। अन्ततः उन विचार-सरणियों की परिणति अराजकता और अमानुषिक चर्या के रूप में देखी गयी। वैराग्य की अति की स्वाभाविक प्रतिक्रिया थी भोगासक्ति। वज्रयानी का भोग-औद्धत्य इतिहास-प्रसिद्ध तथ्य है, जिसने समष्टि के मंगल के विरूपण में सबसे कुत्सित भूमिका अदा की। धर्म की आड़ में क्रियाशील उद्दाम विलास की वह हीन साधना जटिल कर्मकाण्ड से जुड़ी थी। कर्मकाण्ड की वह अधोमुखी मुद्रा विनायक-धर्म से विच्छिन्न हो गयी थी। जिस वैदिक कर्मकाण्ड का बुद्ध ने कड़ा प्रतिरोध किया था और मनुष्य के मंगल के लिए कर्मकाण्ड की व्यर्थता की घोषणा करते प्रज्ञा, करुणा, अहिंसा और मैत्री को मानुष धर्म का वास्तविक लक्षण बताया था, उस वैदिक कर्मकाण्ड से अधिक अमंगलकारी था परवर्ती काल की धर्म-साधना से जुड़ा कर्मकाण्ड का मायाजाल। उसका उद्धत कार्य-व्यापार मानुष धर्म को लील जाने को व्याकुल था। वह अनुशासन-अर्गला की शिथिलता से जन्मी अराजकता का स्वाभाविक परिणाम था। चारित्रिक धवलता शेष हो गयी थी और सामाजिक आचार-संहिता की रक्षा का न्यूनतम दायित्व जिनमें नहीं था, वे ही धार्मिक-सामाजिक व्यवस्था के नियामक बन गये थे। वे अपने पापाचार के पोषण के लिए नये-नये कर्मकाण्ड की रचना-व्यवस्था कर समष्टि-हित के संहार पर तुले हुए थे। उस अराजकता की प्रतिक्रिया में जो बोध जगा, उसमें नैतिकता और शील-निष्ठा पर जोर दिया गया। शील-निष्ठा के शिथिल होने और नैतिकता का धरातल छूट जाने पर मनुष्य का चरित्र बहेतू हो जाता है, इस प्रतीति ने जीवन-चर्या को कर्मकाण्ड से अनुशासित रखने का आग्रह किया। उसका मुख्य उद्देश्य था व्यक्तिगत और सामाजिक जीवन की धवलता की रक्षा करना। सामाजिक सुव्यवस्था के लिए व्यक्तिगत जीवन की पवित्रता को भारतीय चिन्तकों ने शीर्ष महत्त्व दिया है। इसी उद्देश्य से जीवन की शील-निष्ठा और नीतिबद्धता का आग्रह किया गया है और इसी आधार को पुष्ट करने के लिए विविध कर्मकाण्ड की आयोजना की गयी थी।

लेकिन चेतना के दिव्य धरातल को जिसने अपनी साधना से उपलब्ध कर लिया है, जो विकार-मुक्त चित्त का स्वामी है और जिसके मन ने धवलता अर्जित कर ली है, उसके लिए नीति-नियम, वर्जना और कर्मकाण्ड महत्त्वहीन है। इनका महत्त्व सामान्य मनुष्य के लिए ही है। रामकृष्ण परमहंस का जीवनवृत्त प्रमाण है कि आम लोगों को वे छोटी-छोटी बातों के प्रति सचेत करते रहते थे, पुरानी वर्जनाओं और विश्वासों के प्रति लोगों को सुमुख करते रहते थे, मगर स्वयं उस धरातल को छोड़ चुके थे। अपनी आराध्या भवतारिणी माँ के आँगन के अपने कक्ष में अपनी गृहिणी शारदा माँ को बैठाकर विधिवत् षोडशोपचार किया था। इस प्रकार न केवल चिन्मय की महत्ता की ओर सूक्ष्म इंगित किया था, बल्कि हिन्दू कर्मकाण्ड की संकीर्ण मर्यादा को भी आघात दिया था। रामकृष्ण देव भोजन रसिक थे और सामान्य गृहस्थ की तरह तम्बाकू का सेवन करते थे। महर्षि रमण कॉफी और पान का सेवन करते थे। श्री अरविन्द की आचार-संहिता, विशेषत: भोजनविधि, वैष्णव दृष्टि से अपुनीत मानी जा सकती है। अध्यात्म-साधना से जुड़ने के बहुत दिनों बाद तक वे सिगार पिया करते थे। आधुनिक भारत के आध्यात्मिक लोक की बृहत्त्रयी का ऊपरी आचरण सामान्य धर्म-भीरु व्यक्ति की सुचिता और कर्मकाण्डभित्तिक मन को आघात दे सकती है। इस सन्दर्भ में महर्षि रमण के जीवन से जुड़ा एक व्यंजक प्रसंग है। श्रद्धा के अतिरेक से प्रेरित कर्मकाण्ड पर मधुर कटाक्ष करते महर्षि रमण कहते हैं, ''एक दिन शीतकाल में प्रात: मैं जब विरूपाक्ष गुहा में निवास करता था, बाहर खुले में बैठा था। शीत प्रतीत हो रहा था। लोग आ रहे थे तथा मेरा दर्शन कर लौट रहे थे। आन्ध्र के कुछ यात्री आये थे। मुझे ध्यान नहीं था, वे क्या कर रहे थे। वे मेरे पीछे थे। सहसा 'टक्' की ध्वनि के साथ जल मेरे सिर पर गिरा! मैं शीत से काँपने लगा। मुड़कर देखा, उन्होंने नारियल तोड़कर उसका जल मेरे मस्तक पर उड़ेल दिया था। उन्होंने इसे ही पूजन समझा, और मुझे पाषाण मूर्ति मान लिया।''

तुकाराम से सम्बन्धित एक प्रसंग महर्षि रमण सुनाया करते थे, ''महान मराठी सन्त तुकाराम दिन के समय समाधि में रहा करते थे तथा रात्रि में जनसमूह के साथ कीर्तन एवं नृत्य किया करते थे। निरन्तर श्रीराम नाम का उच्चारण करते थे। एक समय वे शौच क्रिया करते हुए 'राम-राम' का उच्चारण कर रहे थे। एक पुरातनपन्थी पुजारी को पवित्र नाम के अशुचि उच्चारण से बहुत क्षोभ हुआ तथा उसने श्री तुकाराम की लांछना कर उन्हें शौचादि के समय मौन रहने का आदेश दिया। तुकाराम ने 'जो आज्ञा' कह मौन साध लिया। तुरन्त ही तुकाराम के रोम-रोम से राम-नाम की ध्वनि उत्पन्न होने लगी तथा पुजारी इस उच्च नाद से भयभीत हो गया। तब उसने तुकाराम से विनती की, ''नियमादि सामान्य जनों के लिए है, आप जैसे सन्तों के निमित्त नहीं।'' महर्षि की इंगिति स्पष्ट है कि कर्मकाण्ड की उपयोगिता और महत्त्व सामान्य धरातल के मनुष्य के लिए ही है, चेतना के उच्च

शिखरों पर निर्द्वन्द्व यात्रा करनेवाले महापुरुष सर्वतन्त्र-स्वतन्त्र होते हैं। वे कर्मकाण्ड की उपयोगिता ही नहीं, उसकी सीमा को भी पहचानते हैं। एक साधक की जिज्ञासा का जवाब देते श्री अरविन्द ने लिखा था, ''नैतिकता साधारण जीवन का अंग है। यह बाह्य आचार को किन्हीं मानसिक नियमों द्वारा नियन्त्रित करने अथवा उन नियमों से किसी मानसिक आदर्श के अनुरूप चरित्र गढ़ने का प्रयत्न है। आध्यात्मिक जीवन मन से परे जाता है, वह आत्मा की गम्भीरतर चेतना में प्रवेश करता और आत्मा के सत्य में स्थित होकर कर्म करता है। नैतिक जीवन और ईश्वर का साक्षात्कार करने की आवश्यकता का जो प्रश्न है, उसके विषय में सब कुछ इस बात पर अवलम्बित है कि जीवन की सार्थकता और कृतार्थता से तुम क्या अभिप्राय लेते हो। यदि आध्यात्मिक चेतना में प्रवेश पाना इस कृतार्थता के अन्तर्गत है तो ऐसी कृतार्थता तुम्हें केवल नैतिकता के बल पर प्राप्त नहीं होगी।'' यह ठीक है कि आध्यात्मिक कृतार्थता और उपलब्धि के लिए उच्चतर शर्त की पूर्ति करनी पड़ती है, किन्तु इससे सामान्य शीलनिष्ठा और धवल नैतिक धरातल का महत्त्व कम नहीं हो जाता। और फिर हिन्दू कर्मकाण्ड का एक आध्यात्मिक प्रयोजन भी है। पुनीत आचार-संहिता से अनुशासित जीवन-चर्या का अपना आध्यात्मिक मूल्य है, राजनीति के क्षेत्र में महात्मा गाँधी ने इसे अपनी सत्य-निष्ठा द्वारा सिद्ध किया था।

व्यक्ति-स्वातन्त्र्य के महत्त्व को रेखांकित करनेवाली भारतीय आर्ष मनीषा ने समष्टि के मंगल के लिए कर्मकाण्ड और पुनीत आचार-संहिता की परिकल्पना-रचना की थी। विविध संस्कारों, तीज-त्योहारों और धार्मिक कार्य व्यापारों से जुड़े कर्मकाण्ड की उल्लास-मुद्रा को उजाड़ देने पर भारतीय जीवन का विशिष्ट आकर्षण ही नहीं, उसका आनन्दकोष रिक्त हो जाएगा और तब जीवन जीने लायक नहीं रह जाएगा। आज भयावह सूनापन उनके असह्य त्रास का कारण बन गया है, जिनका जीवन भारतीय विश्वास की रंगत से रीत कर सूना हो गया है। इस भयावह सूनेपन से त्राण पाने के लिए यान्त्रिक सभ्यता के दरवाजे रोशनी की भीख माँगते वे दीन मुद्रा में खड़े हैं। और धर्मभित्तिक कर्मकाण्ड से श्रद्धया जुड़ा एक निपट निरक्षर अपनी आस्था-ऊष्मा से अपने स्वातन्त्र्य को भी जिलाये चल रहा है और जागतिक समस्या का भी समुचित विधि से मुकाबला कर रहा है। उसकी जीवनचर्या उल्लास-मुखर है, अध्यात्म-सुमुख है। उसके जीवन में सूनापन के लिए जगह नहीं है। बेशक वह समस्यावाहिनी से घिरा है, लेकिन उससे जूझने और अपनी रस-सम्पदा की रखवाली की कला भी उसे आती है। वह अपनी जमीन से जुड़ा है, पहचान के प्रति सचेत है, कर्मकाण्डप्रसूत अनुशासन-अर्गला का मूल्य समझता है और बिना पोथी-ज्ञान के, विरासत के पन्नों को बाँचते-सीखते, संस्कार से उज्ज्वल होती उसकी जीवनचर्या भूमा के सन्धान में क्रियाशील है। लघुता से उत्तीर्ण होने की उसमें सहज अभीप्सा है। गोबर को गणेश बनाने की उसे कला

आती है। प्राण-प्रतिष्ठा की विधाता-विधि का वह विकुण्ठ चित्त से प्रयोग करता है। सामान्य दूर्वा में देवत्व देखने की उसमें प्रातिभ-दृष्टि है। तन्दुल को अक्षत बनाने की विधि हिन्दू कर्मकाण्ड ने उसे सिखायी है। आलोक का मूल्य पहचानता है; मृत्तिका को सँवारकर मंगल का आह्वान करना उसे आता है। कलश के शृंगार का संविधान उसके उन्नत कला-बोध का परिचायक है। दृश्यमान जगत् के कण-कण के प्रति उसका कर्मकाण्ड उदार है। आदि से अन्त तक की सारी लोक-यात्रा कर्मकाण्डभित्तिक है और इसीलिए रससिक्त है। उसके व्यावहारिक विवेक को परम्परा ने पोषण दिया है। अपने पुरुखों के उपकार के प्रति सूखी भाषा में वह आभार नहीं प्रकट करता, आनुष्ठानिक ढंग से कृतज्ञता ज्ञापित करता है। वह जानता है, तुलसी दल, आम्र पल्लव और कटहल के पात का कब, कहाँ और कैसे उपयोग करना चाहिए। अपरा के धूल-धुआँ के बीच परा-द्युति को उतारने की कला उसका कर्मकाण्ड सिखाता है। आग-पानी को, नदी-पहाड़ को, खेत-खलिहान को, चूल्हा-चक्की को, पेड़-पौधे को पूजनेवाला हिन्दू जड़ की रूढ़ उपासना में नहीं लगा है और न तो किसी के विश्वास को चिढ़ाने के लिए वह ऐसा करता है। उसकी मृत्तिका-उपासना और उसके जीवन-छन्द को बहुविध सहारा देनेवाले उपकरणों की पूजा-अर्चा का विशेष प्रयोजन है। पेड़ और कुएँ तक के विवाह का जिस धरती में कर्मकाण्ड-विधान है, वहाँ जिन्दगी का मतलब उतना ही नहीं है जितना जड़वादी दृष्टि मानती है।

भारत सनातन काल से जिन्दगी को घेरे हर प्रकार के अशुभ के परिहार और रीतेपन को उल्लास-ज्योति से आपूरित करने का आयोजन रचता रहा है। विविध कर्मकाण्ड-विधान शुभाग्रही मन की व्यवस्था है। और यह व्यवस्था जिन्दगी के आस्वाद और सुरभि को जिलाये रखने में विशिष्ट भूमिका निभाती रही है। जागतिक संघात से पैदा होनेवाली ऊब, उच्चाटन और अवसाद से मनुष्य की रक्षा करने में हिन्दू कर्मकाण्ड की कला-मुद्रा की विशिष्ट भूमिका है। कर्मकाण्ड साधन है, साध्य नहीं है,...किन्तु साध्य से कम महत्त्वपूर्ण साधन नहीं होता, यह सूझ भारतीय मेधा की स्वकीय विशिष्टता है। आज की भौतिक उपलब्धि यदि मनुष्य को सुख नहीं दे पा रही है तो सोचना और सन्धान करना जरूरी है कि कहीं हमारा कर्मकाण्ड प्रदूषित तो नहीं हो रहा है या कि हम सजातीय धरातल से च्युत तो नहीं हो गये हैं? ●

शेखावाटी की अर्द्ध परिक्रमा

मूर्ति-शिल्पी मातुराम की निर्मिति 'मंगल महादेव' की पैंसठ फीट की मूर्ति गुड़गाँव के प्रवेश-द्वार पर खड़ी है। आस्थाशील मन के लिए आश्वस्ति-विग्रह कि मंगल सुरक्षित है कि मंगल के प्रहरी के रूप में जागरूक और सौम्य मुद्रा में अन्नपूर्णा का सौभाग्य क्षेत्र-द्वार पर खड़ा है।

सहृदय सहचर पं. श्यामजी मिश्र के इशारे पर गाड़ी रुकी और 'मंगल महादेव' के परिसर में कौतूहल और श्रद्धा-स्फूर्त चरणों से हमने प्रवेश किया। इस पथ के पुराने बन्धु, मेरे अन्तरंग मित्र रेवतीलाल शाह, जो गणित और कविता को अपनी प्राण-नाड़ी मानते हैं, अपनी विद्याभूमि पिलानी की युवा प्रतिभा का पहली बार साक्षात्कार कर रहे थे। कवि मित्र शंकर महेश्वरी ने श्रद्धा-विभोर भाव प्रकट किया, ''इतनी बड़ी मूर्ति मेरी कल्पना में कभी मूर्त नहीं हुई थी।'' और मेरा मन विधाता के दर्शन के लिए व्याकुल हो उठा था। प्रीतिकर आश्वासन दिया श्यामजी ने, ''कल मेरे आँगन में कलाकार से आपकी भेंट होगी।''

हरियाणा के औद्योगिक उल्लास के बीच से दौड़ती हमारी गाड़ी पिलानी की ओर भागी जा रही थी। पड़ोसी आबोहवा के संस्पर्श से रेवती बाबू का आनन्द-कोष मुखर हो गया था। हाफिज शिराजी से फिराक तक के शेर उनके कण्ठ से फूट रहे थे। फारसी-उर्दू की कविता में श्यामजी की कम दिलचस्पी नहीं है, और रेवलीताल शाह उनके ऐसे मित्र हैं, जिनके सुख के लिए वे अपना धर्म छोड़ने को मन से तैयार करते हैं, हर वक्त। कौतुकी मानुष हैं। उन्हें चुहल सूझी, ''मंगल महादेव के दर्शन के बाद यह उर्दू-फारसी का राग बेतुका है। शंकर बाबू, आप कोई गीत सुनाइए।'' बेहद लजाधुर प्रकृति के शंकर महेश्वरी जैसे इसी आमन्त्रण की प्रतीक्षा में थे। 'मंगल महादेव' का सघन प्रभाव उनके सिद्ध कण्ठ से फूटने का मुहूर्त जोह रहा था। विकुण्ठ स्वर में उन्होंने 'शिव ताण्डव स्तोत्र' के आरम्भिक तीन छन्द सुनाये :

'जटाटवीगलज्जलप्रवाहपावितस्थले
गलेऽवलम्ब्य लम्बितां भुजङ्गतुङ्गमालिकाम्।
डमड्डमड्डमड्डमन्निनादवड्डमर्वयं
चकार चण्डताण्डवं तनोतु नः शिवः शिवम्॥

जटाकटाहसम्भ्रमभ्रमन्निलिम्पनिर्झरी-
विलोलवीचिवल्लरीविराजमानमूर्द्धनि।
धगद्धगद्धगज्ज्वलल्ललाटपट्टपावके
किशोरचन्द्रशेखरे रतिः प्रतिक्षणं मम॥

धराधरेन्द्रनन्दिनीविलासबन्धुबन्धु-
रस्फुरद्दिगन्तसन्ततिप्रमोदमानमानसे।
कृपाकटाक्षधारिणीनिरुद्धदुर्धरापदि
क्वचिद्दिगम्बरे मनो विनोदमेतु वस्तुनि॥

देवभाषा के सस्वर उच्चारण से पं. श्यामजी का ब्राह्मण प्रीत हो गया। चाय पिलाने के लिए उन्होंने गाड़ी एक खास सरकारी पड़ाव पर रोकी, जिसे 'मिड्वे' कहते हैं। राह में आधुनिक नागर सुविधासम्पन्न विश्राम-स्थल का चेहरा बेहद आकर्षक था, पर खाद्य प्रदार्थ स्वादहीन और महँगा। स्वाद बनाने के लिए श्यामजी मिश्र की ललित बतकही और रेवती बाबू के कण्ठ से मुखर शायरी ही एकमात्र सहारा थी।

गुड़गाँव के व्यावसायिक क्षेत्र को पार कर हमारी गाड़ी अन्नपूर्णा के आँगन में पहुँच गयी थी। चैती फसल का सौभाग्य उठान पर था। गेहूँ और सरसों की परिपक्व समृद्ध मुद्रा से सटकर हमारी गाड़ी दौड़ रही थी और अनायास मेरे मन में मेरा गाँव जाग गया था। द्वाबा के चौरासी क्षेत्र की स्वर्णिम शोभा को अँकवार में भर लेने को अभिलषित मेरा गँवई मन अपनी माटी-सुरभि के आस्वाद से क्षण-भर के लिए सम्पन्न हो गया। और अपने बगीचे के पाद-प्रदेश में सजे खलिहान में चैता राग गूँजता सुनाई पड़ा :

आहो रामा, ओहिरे, जमुनवा के करिया पनिया,
देखत मन घबरइले हो रामा जमुना में,
आहो रामा, मानिक हमरो हेरइले हो रामा जमुना में
केहू नाहीं खोजेला हमरो पदारथ हो रामा, जमुना में।

धरती-मोह में बेसुध मन को शंकरजी ने जगाया। सरसों की फसल से उनका परिचय नहीं था। उसकी नाजुक प्रकृति और जोम को मैं करीब से पहचानता हूँ। शंकरजी को बताया, "स्नेह की जननी है। नजाकत स्वाभाविक है। और इसकी

मुस्कान आप देख लें तो निहाल हो जाएँ। रूपगर्विताएँ अपनी लघुता से लजा जाती हैं। कोमल काया का पोर-पोर स्नेह से मसृण! पीत पुष्प अन्नपूर्णा के आँगन को मांगल्य से सम्पन्न कर देता है।''

गाड़ी हरियाणा के क्षेत्र लाँघ गयी थी। ऊँट गाड़ी पहली बार देख रहा था। अपने क्षेत्र में ऊँट को बोझ ढोते देखा है। बारात का छन्द तो हाथी, घोड़ा और ऊँट के बिना पूरा ही नहीं होता। पर गाड़ी का भारी बोझ खींचते ऊँट को पहली बार देखा। मेरे ग्रामांचल में बैल गाड़ी का चलन है। बैल गाड़ी खींचता है, मुँह लटकाकार, काँखते-कूँखते, परवशता से, निहायत दीन बनकर। संवेदनशील मन में सहज ही करुणा जगती है। ऊँट की मुद्रा भिन्न है। माथा उन्नत किये सहज मस्ती में भारी बोझ से लदी गाड़ी तेज रफ्तार में खींचता है—अपना धर्म मानकर। अपनी नियति के प्रति जैसे कोई शिकायत नहीं है उसके मन में। इस भाव-मुद्रा में ऊँट बैल से सुन्दर लगा। बैल की बोझिल मुद्रा मन में अपराध-बोध जगाती है। ऊँट की फरहर चाल आश्वस्त करती है कि वह बोझ को बोझ नहीं, धर्म मानकर गत्वर है।

और श्यामजी मिश्र अपने भूगोल से हमारा परिचय कराने को व्याकुल हो उठे थे। राजस्थान में प्रवेश करते ही उनका धरती-मोह उल्लसित हो उठा था, ''यह सिंघाना है। कोट्याधीश सिंघानिया का गाँव। यह जुग्गीलाल कमलापति प्रतिष्ठान के मालिक की जन्मभूमि है। और यह चिड़ावा है, रमा जैन का नैहर। घनश्यामदास बिड़ला मेरे साढ़ू थे। चिड़ाव हम लोगों की ससुराल है।'' शायद मिर्जा गालिब की ससुराल की बात सुनकर श्यामजी को अपनी ससुराल की याद आ गयी थी। लुहारू के करीब से जब हमारी गाड़ी गुजर रही थी, रेवती बाबू ने हुलसकर मुझे सम्बोधित किया था, ''डॉक्टर साहब, दुनिया के महान् कवि की ससुराल के इलाके से आप गुजर रहे हैं। लुहारू मिर्जा गालिब की ससुराल है, जो यहाँ से कुछ ही दूरी पर है।'' ग़ालिब की ससुराल में रेवती बाबू की दिलचस्पी उतनी ही स्वाभाविक और गहरी थी जितनी किसी वैष्णव की श्रीधाम में होती है। किंचित् कौतूहल के साथ मैंने पूछा, ''यह प्रामाणिक तथ्य है रेवती बाबू?''... ''मिर्जा साहब का समय कोई दो-चार हजार वर्ष पुराना तो है नहीं। कल की बात है। रामकृष्ण और विवेकानन्द का जीवन-प्रसंग प्रामाणिक है तो मिर्जा गालिब से जुड़े तथ्य को हम शक की नजर से क्यों देखें? उनके पत्रों में भरपूर तथ्य हैं। और क्या प्रामाणिकता चाहिए?'' चमककर रेवती बाबू ने जवाब दिया। श्यामजी का भूगोल-मोह उफान पर था, ''यह अरावली की उपत्यका है—खेतड़ी। यहाँ एशिया की सबसे बड़ी कॉपर माइन है।'' खेतड़ी का नाम सुनते ही मुझे रोमांच हो आया। मैंने धीरे-से अपनी साध प्रकट की, ''कलकत्ता से चलते समय अपने बंगाली मित्रों से कहा था कि उस भूमि

को प्रणाम करने जा रहा हूँ, जिसने रामकृष्ण के प्रधान शिष्य की प्रतिभा को पहचाना था, विवेकानन्द नाम दिया था, अध्यात्म-दायित्व का आरोपण करते गैरिक साफा से सूर्य-प्रतिम प्रकाश से दीप्त माथे को सज्जित किया था। शिकागो विश्व धर्म-सम्मेलन में वेदान्त-प्रवक्ता के रूप में सम्मिलित होने के लिए पाथेय का प्रबन्ध किया था।'' मेरी भावना के आग्रह को समझकर श्यामजी ने मुझे आश्वस्त किया, ''इस पुण्य भूमि को चलतू ढंग से देखकर आपका मन तुष्ट नहीं होगा और घर पहुँचने में अत्यधिक देर हो जाएगी, यदि उधर मुड़ते हैं। एक पूरा दिन हाथ में लेकर हम खेतड़ी चलेंगे।'' और अपनी ब्राह्मणी को उन्होंने चिढ़ावा से अपनी पहुँच की सूचना फोन से दी, ताकि अपराह्न से प्रतीक्षा करती गृहिणी निश्चिन्त हो सके। दिल्ली में नहाते-खाते और रेवती बाबू के फुफेरे भाई के बड़े बेटे सन्तोष बागड़ोदिया का सांसद-आवास खोजते अत्यधिक देर हो गयी थी। यात्रा घण्टों पिछड़ गयी थी।

अपनी मातृ संस्था (बी. आई. टी, पिलानी) के परिसर में प्रवेश करते ही रेवती बाबू के मन में थिरकन शुरू हो गयी। अपने घर पहुँचने के पहले श्यामजी मिश्र ने मुझे अन्तरंग मित्र डॉ. गुरुदेव त्रिपाठी के दरवाजे पर खड़ा कर दिया। बत्तीस वर्षों के बाद हम एक-दूसरे को देख रहे थे। गुरुदेवजी मुझे अपने वक्ष से वियुक्त करने को तैयार नहीं थे। पर श्यामजी के व्यावहारिक विवेक ने भाव-प्रवाह पर विराम लगाते कहा, ''कल का पूरा दिन आपके नाम बुक किये देता हूँ, त्रिपाठीजी।'' और सवा दस बजे रात में हम लोग श्यामजी के आँगन में पहुँचे, जहाँ उनकी अन्नपूर्णा हम लोगों की अगुवानी के लिए शाम से ही व्याकुल खड़ी थीं। बाबा की प्रतीक्षा में पौत्री की नींद गायब हो गयी थी। अपनी गुड़िया को श्यामजी ने हुलसकर गोद में उठा लिया।

श्यामजी मिश्र की गृह-रचना पर कायदे से दृष्टि पड़ी सुबह और मन प्रीति हो गया। ''मेरी आवास-परिकल्पना को श्यामजी के साधना-कौशल ने मूर्त कर दिया है, रेवती बाबू,'' अनायास मेरा उल्लास प्रकट हुआ। शोभन और सुविधा-सम्पन्न छोटा घर। आँगन में तुलसी और घरेलू फूल। द्वार पर फल-नमित अनार गाछ। पुष्पित छोटा अमरूद। चहारदीवारी को मुलायम सहारा देती लाल फूलों से शोभा-सम्पन्न झाड़ी। घर की श्री को दीप्त किये गृहस्वामिनी अतिथियों के बहुविध सत्कार के लिए व्याकुल। और श्यामजी मिश्र ने अपने आँगन में कायदे से मित्रों के स्वागत की तैयारी कलकत्ता से ही शुरू कर दी थी, जो दिल्ली में पूरी हुई। श्यामजी की गृहशोभा-उदार ब्राह्मणी को देखकर उनके उन्नत सौभाग्य के सामने माथा सहज ही नमित हो गया।

अँजोर होते ही मातुराम, श्यामजी मिश्र के घर हम लोगों से मिलने पहुँच गये

थे। डॉ. गुरुदेव त्रिपाठी मिलने-बतियाने के लिए अलग व्याकुल थे। सबेरे-सबेरे उन्होंने फोन दिया। अपनी गृहिणी से बात करायी। उन्होंने छोह-भरा ओरहन दिया कि पिलानी पहुँचकर मैं 'अपने घर' क्यों नहीं ठहरा। गुरुदेवजी से यह न्यूनतम अपेक्षा मेरे मन को रहती है। श्रीमती त्रिपाठी की शिकायत से भावना प्रसन्न हो गयी। लाचारी की सफाई दी—श्यामजी के प्रेम-बन्धन का संकेत करते।

स्नान-जलपान कर हम पिलानी की परिक्रमा करने निकले। म्यूजियम द्वार पर गुरुदेवजी बाट जोह रहे थे। भारत के शीर्ष उद्योगपति घनश्यामदास बिड़ला का जन्म-गाँव पिलानी देश का विशिष्ट विद्या-केन्द्र बन गया है। एक व्यवसायी की मूर्त विद्या-परिकल्पना महामना मालवीयजी के निर्देशानुसार उनके विचक्षण प्रतिनिधि कुलपति सुखदेश पाण्डे की देखरेख में रूपायित हुई है। विद्यापीठ के आँगन में स्थित श्वेत पत्थर का सरस्वती मन्दिर भारत का कदाचित् एकमात्र सरस्वती मन्दिर है। सरस्वती की मूर्ति-भंगिमा में बंगीय प्रतिभा मुखर है। मन्दिर की बाहरी दीवारों पर विश्व के पांक्तेय चिन्तकों और विद्या-साधकों की आकृति अंकित है। मन्दिर के ठीक सामने एक दूरी पर प्रणति मुद्रा में घनश्यामदास बिड़ला की मूर्ति खड़ी है, और द्वारपाल के रूप में उनके माता-पिता की मूर्ति स्थापित की गयी है। लक्ष्मी के आँगन में सरस्वती के अभिषेक की विवेक-व्यवस्था में घनश्यामदास बिड़ला की प्रतिभा के अपरिचित आयाम का साक्षात्कार कराया और मेरा विद्या-स्वाभिमान प्रसन्न हो गया।

प्राक्तन पुस्तकालयाध्यक्ष और 'मरुभारती' के सम्पादक पं. मदनलाल शर्मा से भेंट कराने गुरुदेवजी और श्यामजी हमें पुस्तकालय में ले गये। संक्षिप्त मुलाकात मदनलालजी के परिचय के लिए पर्याप्त थी। दोपहर के भोजन के बाद गोशाला देखते हम मातुराम वर्मा के यहाँ पहुँचे। गोशाला के द्वार पर सीमेण्ट की गाय और साँड़ देखकर हम एक क्षण के लिए भ्रम में पड़ गये। गोशाला के व्यवस्थापक श्री गोपीकृष्ण रुंगटा ने बताया, "मातुराम की रचना है।" गोशाला की परिकल्पना और वैज्ञानिक व्यवस्था के मूल में जीवन के प्रति भारतीय संवेदना को लक्ष्य कर आश्वस्त-प्रीत हुआ कि आज का निष्करुण अन्धड़ भारतीय पहचान को मिटा नहीं सकता। करुणा की पाताल-प्रविष्ट जड़ों से फूटनेवाली सनातन ज्योति मरणधर्मा नहीं है। गोशाला-व्यवस्था राजस्थान का विशिष्ट रचनात्मक आयोजन है। रचनात्मक कार्य के प्रति लोगों की रुचि मरी नहीं है। और यह निष्ठा मूल्यों की सुरक्षा का बड़ा आश्वासन है। प्रीतिकर आश्वस्ति कि मूल के प्रति संवेदनशील राजस्थान अपनी पहचान में जीवित है।

'पंचवटी' दिखाने मातुराम हम लोगों को लेकर निकले। 'पंचवटी' के द्वार पर स्थित महाकवि तुलसीदास की मुखर मूर्ति को मैंने मनसा प्रणाम किया। मातुराम

की यह सृष्टि है। 'पंचवटी' में रामकथा के मार्मिक प्रसंग को मातुराम की प्रतिभा ने सीमेण्ट से मूर्त किया है। क्षत-विक्षत सत्याग्रही जटायु से राम का मिलन और शबरी की कुटिया में राम का पदार्पण सर्वाधिक मार्मिक प्रसंग है। पाखी-संवेदना और गँवार की निश्छल निष्ठा ने राम को उपलब्ध कर लिया था। जटायु और शबरी के सामने कितने बौने दिखते हैं हम! पर न हमें अपनी लघुता का बोध है और न राम का। छल से प्रदूषित हो गया है हमारा सरोकार। रामत्व से रहित राजनीति केवल विष रच सकती है, हमें राम की राह नहीं दिखा सकती। इसी सोच में मन था, तभी मेरी संवेदना को मातुराम ने सचेत किया, ''यह मेरी माँ है।'' शबरी की स्वनिर्मित मूर्ति की ओर संकेत करते मातुराम ने मातृभक्ति से भीगे कण्ठ से कहा, ''बड़ा तपना पड़ा था माँ को हमें पोसने के लिए।'' शबरी की जगह मातुराम ने अपनी माता की प्रतिमा रचकर बैठा दी है। उनकी मातृभक्ति और संवेदना को देखकर चित्त आलोकित हो गया। आस्था यह कि अपनी उपलब्धि को मातुराम माता के आशीर्वाद का फल मानते हैं। मुझे स्मरण हो आया कि दुनिया के अधिकांश कृती पुरुष मातृभक्त रहे हैं। शिशु सुलभ विनय मातुराम का नैसर्गिक गुण है। अपने साधनाकक्ष में बैठे उन्होंने अपनी साधना-सरणि और कला-अनुशासन का मर्म समझाते कहा, ''यात्रा चित्रकला से शुरू की थी। प्रख्यात चित्र-शिल्पी एस. एम. पण्डित का आशीर्वाद लेने एक दिन बम्बई गया। उनका प्रातिभ विवेक बहुत उन्नत था। मेरे कला-कर्म के बारे में विशेष कुछ जाने बिना ही उन्होंने मेरा धर्म निश्चित कर दिया, बलपूर्वक यह कहते हुए कि चित्र-शिल्प मेरा धर्म नहीं हो सकता, मूर्तिकला ही मेरी एकमात्र साधना-सरणि है। उसी क्षण मेरी आँख खुल गयी और मैंने यह राह पकड़ ली। कुम्हार का बेटा मिट्टी को रूप देना जन्म से ही जानता है। इसलिए अपनी जमीन पहचान लेने पर मेरी निष्ठा जीवन-भर के लिए वहीं केन्द्रित हो गयी।''

'पंचवटी' परिक्रमा पूरी कर हम गुरुदेव त्रिपाठी के यहाँ पहुँचे। वे बड़ी बेसब्री से हमारी बाट जोह रहे थे। उनकी गृहिणी से दूसरी बार मिल रहा था। बत्तीस वर्ष पूर्व क्षण-भर के लिए काशी में मुलाकात हुई थी। कुछ ही दिन पहले परिणीता बनकर गुरुदेवजी की भाग्य-मणि के रूप में उनके घर आयी थीं। आजमगढ़ के गाँव की बेटी आधुनिक नागर तहजीब में रस-पग गयी हैं, मैंने प्रीतिकर परिवर्तन लक्ष्य किया। उल्लसित मुद्रा में उन्होंने हम लोगों का स्वागत किया। सज्जित 'ड्राइंगरूम' हम लोगों की उपस्थिति से खिल उठा था। काफी देर तक मुक्त बतकही चलती रही। भोजनोपरान्त हम दोनों मित्र पुरानी स्मृतियों में खोये गपशप करते रहे। हमारा मन अस्सी-भदैनी और काशी हिन्दू विश्वविद्यालय के परिसर में पहुँच गया था। भोगे अतीत का आस्वाद बड़ा मादक होता है। अन्य मित्रों

का ध्यान कर महफिल पर विराम लगाना पड़ा।

दूसरे दिन सुबह मदनलालजी श्यामजी मिश्र के घर पहुँचकर जलपान का नेवता दे गये। पिलानी के पड़ोसी गाँव के बाशिन्दे हैं मदनलाल शर्मा। पिलानी में बड़े आँगनवाला सुरुचिपूर्ण घर बनवाया है। बड़ा मकान, बड़ा आँगन, बड़ा परिवार और बड़ी पितृभक्ति मदनलालजी की बड़ी संवेदना और बड़े मन का संकेत दे रही थी। वृद्ध पिता को शिव की तरह पूजते हैं शर्माजी। आँगन-परिसर नैष्ठिक ब्राह्मण संस्कार की गहरी सुरभि से आपूरित-स्फूर्त। बैठका (ड्राइंगरूम) में सुरुचि की मुखर व्याप्ति।

अतिशय वृद्ध पितृदेव पूजाकक्ष में ध्यानस्थ थे जप-साधना में। बाहर से ही हमने मदनलालजी के देवता को प्रणाम किया। और उनकी श्री का रहस्य मेरे सामने उजागर हो गया। भारत की सनातन धर्म-धुरी पर पं. मदनलालजी की संवेदना केन्द्रित है—'पिता देवो महेश्वरः।' शेखावाटी के चप्पे-चप्पे के सांस्कृतिक मूल्य को समझनेवाले मदनलालजी की निष्ठा अपने क्षेत्र की लोक-संस्कृति और आध्यात्मिक सम्पदा के संग्रह-संरक्षण में क्रियाशील है। सम्प्रति शेखावाटी की धरती में व्याप्त नाथ साहित्य और नाथ मत के अध्यात्म-पदों का व्याख्या सहित एक संकलन 'सरण मछन्दर गोरख बोलै' सम्पादित-प्रकाशित किया है। परती-परिदृश्य में जहाँ-तहाँ गूँजनेवाले अध्यात्म-संवेदना के कई छन्द मदनलालजी ने सुनाये। अपनी पुस्तक हम लोगों को भेंट की। मैंने लक्ष्य किया, क्षेत्र की वाचिक परम्परा को विजातीय प्रदूषण से बचाने के लिए उनकी प्रज्ञा व्याकुल है। अपनी सांस्कृतिक सम्पदा से पढ़े-लिखे लोग उदासीन हैं, और उपभोक्तावाद को अपना धर्म मानकर उसी को जगाने और समृद्ध करने में स्पर्द्धा-व्याकुल हैं, शर्माजी के संस्कारी मन की यह गहरी पीड़ा है।

बड़ी व्यथा के साथ उन्होंने बताया कि पुस्तकालय में हिन्दी का स्तरीय साहित्य उपलब्ध है, पर उसे देखने-पढ़नेवाला कोई नहीं है। कक्षाओं में हिन्दी साहित्य का परिचय अँग्रेजी माध्यम से दिया जाता है। पाठ्यचर्या के बारे में जानकारी पाकर विस्मय और पीड़ा हुई कि डॉ. गुरुदेव त्रिपाठी जैसा अधीत और विचक्षण अध्यापक अमेरिकी पद्धति की नौकरी कर रहा है। उनकी सारस्वत उपलब्धि का विश्वविद्यालय विहित पद्धति से लाभ नहीं उठा पा रहा है। हिन्दी भाषा-साहित्य में अभिज्ञ पुरुष को अपनी कक्षा में भारतीय साहित्य-संस्कृति का अँग्रेजी में परिचय देना पड़ता है। यही पाठ्यचर्या है। जिस विद्यापीठ का संस्थापक महात्मा गाँधी और महामना मालवीयजी का भक्त रहा है, जिस विद्यापीठ के आँगन में 'शिव गंगा' और 'सरस्वती मन्दिर' है और जहाँ 'पंचवटी' में रामकथा के मार्मिक प्रसंग मूर्त हैं, वहाँ की आबोहवा भारतीयता छोड़कर अमेरिकी रंग में रँग गयी है।

हिन्दी प्रदेश के प्रमुख विश्वविद्यालय में हिन्दी का कोई स्वतन्त्र अस्तित्व नहीं है। मालवीयजी और गाँधीजी की स्वदेशी शिक्षा-चिन्ता विलायती आबोहवा के नीचे दब गयी है। पिलानी का आदर्श अमेरिकी शिक्षा-पद्धति और विश्वविद्यालय हैं, भारतीयता का संस्पर्श अत्यन्त क्षीण है। इस त्रासद विपर्यय की अभिज्ञता ने मुझे उदास बना दिया। मेरे मित्र डॉ. गुरुदेव त्रिपाठी और पं. मदनलालजी इतर माध्यमों का सहारा लेकर अपने विद्या-संस्कार को अपेक्षित पोषण दिये चल रहे हैं। सामान्य प्रवाह से इनका व्यक्तित्व अप्रभावित है, जो प्रीतिकर आश्वासन है। अत्यन्त सुबह श्यामजी के घर पहुँचकर मदनलालजी हम लोगों को अपनी गाय का मट्ठा पिलाने का नेवता दे गये थे; मगर उतने से उनकी सहृदयता तुष्ट होनेवाली नहीं थी। घर पहुँचकर उन्होंने फोन से आग्रह किया कि दोपहर का भोजन उनके साथ ही करना है। दोपहर में हम लोगों को झुँझुनू के लिए प्रस्थान करना था। इसलिए अपना झोला-झण्डा लिये हम लोग यथासमय शर्माजी के घर पहुँच गये। सुस्वादु मट्ठे से हम लोगों का स्वागत किया गया। फिर काफी देर तक वे अपनी विद्या-परिकल्पना पर बात करते रहे। मेरे भाव-पोषण के लिए शर्माजी ने मेरे मित्र गुरुदेव त्रिपाठी को अपने घर बुला लिया था। भोजन करते समय पटना स्टेशन पर बाबूलाल दूगड़ की व्यवस्था से उपलब्ध केसरिया दूध और मगही पान एकाएक याद आ गया। सुना है, पीत रंग सगुन को समृद्ध कर देता है। आंचलिक वैशिष्ट्य-सम्पन्न शर्माजी के घर के सात्त्विक भोजन की राजसिक मुद्रा उनके उन्नत रुचि-बोध और मानसिक आभिजात्य का संकेत दे रही थी। विशिष्ट आस्वाद ने मेरी भोजनभीरुता को दबा दिया था और मेरे काशिकेय मित्र डॉ. राममोहन पाण्डेय, भोजन करते समय, अनायास याद आ गये थे। भोजनोपरान्त दोनों बन्धु हम लोगों को झुँझुनू तक पहुँचाने चल पड़े, तब उनकी उच्छल सहृदयता ने फिर हम लोगों को अपने सघन स्पर्श से प्रीत कर दिया।

रेवती बाबू ने हम लोगों की यात्रा की सूचना अपने शहर में भेज दी थी। उनके घर पहुँचते ही उनके मित्रों का मेला लग गया। मेरी आँखें हकीम यूसुफ साहब के सुदर्शन चेहरे को खोज रही थीं। और मुस्कुराते हुए हकीम साहब ने मुझे अँकवार में बाँध लिया। उनकी मूँछ पहचान में एक क्षण-भर के लिए बाधक बन गयी थी। अवकाशप्राप्त अध्यापक मोहन सिंह रेवती बाबू की गली में घुसते ही मिल गये थे। विलग हुए खेतड़ी से हम लोगों को दिल्ली के लिए बिदा कर चायपान के बाद मदनलाल शर्मा और गुरुदेव पिलानी लौट गये।

महाव्याधि से आक्रान्त विमलेशजी के घर हम पहुँचे तो मेरठ से गीतकार भारतभूषण पहले से हाजिर थे। रेवती बाबू और श्री अभयसिंह सुराणा के आग्रह से वह हम लोगों की टोली में शरीक होने झुँझुनू पहुँचे थे, और अपनी उपस्थिति

से विमलेशजी के राग को प्रसन्न कर दिया था। व्याधि ने विमलेशजी की आभा सोख ली हैं। मृत्यु-भय से वारुणी प्रिया से मुँह फेर लिया है। अपने निहायत अजीज रेवतीलाल शाह को अपने आँगन में पाकर वे अपना दुःख भूल गये थे। खुशी के आवेग ने उनके मन की आबोहवा को थोड़ा अस्त-व्यस्त कर दिया था। रेवती बाबू से गले मिलकर जब मेरी ओर मुखातिब हुए, वय-ज्येष्ठता की बात भूलकर मेरे पैरों की ओर झुके, मगर मेरी तत्परता ने मर्यादा की रक्षा की। बिना भोजन कराये विमलेशजी हम लोगों को मुक्त नहीं कर सकते थे। उनकी मर्यादित चर्या में व्यतिक्रम मैं लक्ष्य कर रहा था, पर अपनी भाव-भूख का काम्य उपचार उपलब्ध कर विमलेशजी थिरक रहे थे। सधे कण्ठ से 'दारू दोहावली' के कई दोहे, सहज उत्साह में, तरन्नुम में सुनाते रहे। उनके दुर्बल शरीर के लिए खुशी का आवेग भारी पड़ रहा था, लेकिन उनकी उल्लास-मुद्रा थकान को दरेरा देकर मित्रों की संगति को दीर्घ करने का आग्रह प्रकट कर रही थी। आज के सामान्य अध्यापकों की तुलना में विमलेशजी का अध्ययन अधिक गम्भीर है। तीन-चार घण्टे की बैठक में पहली बार उन्हें सही रूप में पहचाना। उनके आँगन का वातावरण एक संस्कृत और संरक्षणशील ब्राह्मण परिवार का वातावरण है। किंचित् विस्मय हुआ, ऐसे सात्त्विक वातावरण के स्वामी ने वारुणी से इतनी गहरी संगति कैसे निभायी! और इसी पवित्र वातावरण के अभिभावक के रूप में सजग स्वाभिमान के साथ जीते विमलेशजी ने 'दारू दोहावली' की रचना की, जो प्रकाश्य है। अपनी भावना के आग्रह से हम लोगों के रैन बसेरा का विमलेशजी ने प्रबन्ध कर रखा था। ऊपर के कमरे में बिस्तर लगवा दिये थे। पर हमें रेवती बाबू के बैठका की उन्मुक्तता हाँक लगा रही थी। गमछा-लुंगी लिये भारतभूषण भी हम लोगों के साथ हो लिये।

श्रीमन्त शैली का रेवती बाबू का पैतृक मकान घरनी के अभाव में वैरागी मुद्रा में खड़ी मठिया जैसा लगता है। इसलिए संकोचमुक्त होकर साँस लेते हमें एक विशेष प्रकार का आस्वाद मिल रहा था। स्नान-ध्यान की आधुनिक सुविधा से सम्पन्न घर के प्रहरी राजू और महेश अपना निजी काम छोड़कर हम लोगों की सुख-सुविधा के लिए हर क्षण सजग-सक्रिय थे। व्यावहारिक असुविधा एक ही थी। रेवती बाबू का बाजार उन्हीं की तरह देर से जागता है। मैं सुबह चार बजे उठने का अभ्यस्त और शंकर माहेश्वरी पलँग-चाय के आदी। अन्ततः एक मुसलमान भाई की दुकान हम लोगों ने खोज निकाली, जो शाह बस्ती से जरा हटकर है और सुबह तीन बजे ही खुल जाती है। दुकानदार शायरी का शौकीन है, शिराज फारूकी ने बताया। मगर हमारा-उसका नाता खरीदार-दुकानदार का था। उसकी नजर में हम परदेशी थे, और उसके शहर के बारे में अच्छा खयाल लेकर लौटें, इस मुद्दे पर वह सजग था।

रेवती बाबू के पुराने दोस्त शिराज साहब बड़े दिलचस्प आदमी हैं। जख्मी पैर लिये भागते-दौड़ते रेवती बाबू से मिलने आ गये थे। कहने लगे हमसे, "इस घर की अपनी खासियत है, साहब। रेवतीजी के पुरखों के खून में संगीत था। तब जब मारवाड़ी बनियों की नजर में गान-वाद्य दोष माना जाता था, इस बैठका में संगीत की महफिल जमती थी। देश के नामवर गायक और वादक इस घर को अपनी कला से रौशन कर गये हैं। दीवारों में उसकी झंकार आज भी गूँजती है। यह घराना पूरे झुँझुनू में अपनी अलग पहचान रखता है। शायरी और संगीत-प्रेम रेवतीजी को विरासत में मिला है।" तभी पड़ोसी से मिलकर रेवती बाबू आ गये थे। शिराज मियाँ ने अपनी बात जारी रखी, "सद्दीक की महफिल याद आ गयी थी एकाएक। सद्दीक के साथ ही कव्वाली का रंग चला गया। इस बैठका में पहुँचते ही मन की आबोहवा में ठुमरी थिरकने लगती है। मगर रेवतीजी, यह आपने गलत किया। आप ऐसे दोस्तों के साथ अपने गाँव आये और इतना कम समय लेकर। यह आपने ठीक नहीं किया। आँख-भर देख भी नहीं पाये कि आँख से ओझल हो गये। यह कोई बात हुई!" रेवती बाबू ने शिराज साहब को तसल्ली दी, "चूरू से लौटकर आते हैं, तब महफिल जमेगी। डॉ. मधूलिका ने अपने कॉलेज में एक कार्यक्रम रखा है। बाकी समय दोस्तों के नाम।" मगर मैं दूसरी बात सोच रहा था कि प्रेम के ज्वार को रेवती बाबू हजम कैसे करते हैं। कृष्ण इनके आदर्श चरित्र हैं। शायद उन्हीं से सीखी होगी कला। तभी मेरे कान से सटकर मोहन सिंह ने कहा, "हमारे शहर का अकेला बेटा है रेवती, जो करोड़पतियों से दबता नहीं। अच्छे-अच्छे की दुम हिलने लगती है पैसेवालों के सामने। रेवती है कि अपनी विद्या के बल पर माथा ऊँचा करके चलता है उनके सामने, जो अपनी और समाज की नजर में बड़े आदमी हैं, महज इस बिना पर कि पैसेवाले हैं।"

'गोशाला' से जुड़े एक कार्यक्रम के सन्दर्भ में एक बड़े सेठ से गरम बतकही कर रेवती बाबू लौटे थे। हकीम साहब को बता रहे थे, "किसी की साझेदारी को नेवता देना उसे सम्मान देना है। कोई सहयोग देने को तैयार न भी हो तो काम रुकेगा नहीं। गोशाला से पूरी बस्ती का नाता है। उसमें सबको कन्धा लगाना चाहिए। इस समझ से सबको आवाज दी। किसी का पैसा हमें लुभा-दबा नहीं सकता। ऐसे मौकों पर अकसर मुझे गालिब मियाँ याद आते हैं। उस शायर का मिजाज मुझे रोशनी देता है, और उसके सामने सारी दुनिया बौनी लगती है, सारी प्रभुता और चमक-दमक तमाशा।

बाजीच : ए-एतफाल है दुनिया मेरे आगे,
होता है शब-ओ-रोज तमाशा मेरे आगे।"

शेखावाटी और खास तौर से झुँझुनू के चप्पे-चप्पे का जितना प्रामाणिक ज्ञान हकीम यूसुफ झुँझुनवी को है, शायद ही किसी और को हो। मगर उनके साथ घूमने निकलना थकानेवाला व्यापार है। एक तो अपने शहर के हर जर्रे का मर्म समझाते वे कण-कण से हमारा परिचय करा देने को व्याकुल थे, दूसरे हर कदम पर उन्हें सलाम करनेवाले उन्हें बतियाने के लिए दो-चार मिनट रोक लेते; जबकि अपने छोटे शहर में हर वक्त हर आदमी के लिए यूसुफ साहब उपलब्ध हैं। बाजार और बस्ती की सीमा से पार होने पर थोड़ी राहत महसूस हुई। अपने गाँव-शहर के लोगों से ऐसी प्रियता उपलब्ध करना खास उपलब्धि है। हाँ, यूसुफ साहब अजातशत्रु हैं। दरगाह और गोशाला में, ईद और होली में उनकी समान दिलचस्पी है। हर वर्ग-वर्ण के लोगों का उन्हें विश्वास और स्नेह प्राप्त है। उनके घरेलू भोज में जोशी ब्राह्मण बड़ी संख्या में शरीक होते हैं। बावड़ी, हवेली और मन्दिरों का इतिहास समझाते हुए, ममत्व से अपनी प्राच्य सम्पदा दिखाते यूसुफ साहब हम लोगों को लिये-दिये श्री चन्द्रप्रकाशजी के श्री अरविन्द आश्रम में पहुँचे। चन्द्रप्रकाशजी बच्चों को कक्षा में पढ़ा रहे थे। रेवती बाबू पर दृष्टि पड़ते ही उन्होंने कक्षा छोड़ दी और दौड़कर उनके गले लिपट गये। हकीम साहब ने हम सबका शायराना अन्दाज में परिचय दिया और चन्द्रप्रकाशजी की चर्या हम लोगों से जुड़ गयी। ''दोपहर का भोजन साथ ही करेंगे भाईजी!'' उन्होंने टोली के नायक रेवती बाबू को सम्बोधित किया और आश्रम के आँगन में दूब पर बैठकर हम लोगों से बतियाते आत्मीय ऊष्मा से हमें समृद्ध कर दिया। वर्षों बाद सात्त्विक भोजन का आस्वाद मिला, जो आश्रम की छात्र-छात्राओं की सुरुचि और पाक-दक्षता का प्रमाण था। निष्पाप शिशुओं की परिवेशन-पद्धति इतनी कलात्मक कि सहज ही भूख जाग जाए। दिव्य संस्कार-जागरण और लौकिक कुशलता ही चन्द्रप्रकाशजी के शिक्षा-आयोजन का एकान्त लक्ष्य है। अर्थशास्त्र में डॉक्टरेट की उपाधि प्राप्त चन्द्रप्रकाशजी ने विदेश में अध्यापन-कार्य किया है, और उनके जागरूक विवेक ने आधुनिक शिक्षा-प्रणाली के खोखलेपन को करीब से समझ लिया है। जीवन को सार्थक करने की अभीप्सा से उन्होंने श्री अरविन्द की राह पकड़ी है। सघन प्रदूषण के रचनात्मक प्रतिरोध में दिव्य संस्कार-बीज रचने में लगे हैं। अप्रदूषित आधार चुनकर चेतना की नयी ज्योति जगाने के उनके आध्यात्मिक अनुष्ठान में उनकी बहन की निष्ठा उनके साथ क्रियाशील है। वायदा करके भी हम दूसरी बार चन्द्रप्रकाशजी के आश्रम में जा नहीं पाये। डर था कि उनके प्रेम-बन्धन से मुक्त होना कठिन न हो जाए। रेवतीलाल शाह के अध्येता के स्वकीय चिन्तन-कोण और चारित्रिक आधार को चन्द्रप्रकाशजी ने अपनी दृष्टि से पढ़ लिया है और आग्रहशील हैं कि जीवन का उत्तरकाल उनके साथ अपने शहर में व्यतीत करें। बिना किसी भूमिका के रेवती बाबू से सीधे अनुरोध

किया, "भाईजी, अब तो साथ ही रहें।" व्यावहारिक कठिनाई को समझ लेने के बाद भी वे आठ-दस दिनों के पहले किसी मूल्य पर मुक्त करने को तैयार नहीं थे। उनके प्रेमहठ को देखते, वचन देकर भी, फिर हम उनके आश्रम-अंचल की ओर नहीं गये।

न केवल चन्द्रप्रकाशजी बल्कि झुंझुनू का हर मिलनेवाला रेवती बाबू के प्रेम में पागल था, और अपनी धरती के प्रति रेवती बाबू की मोहासक्ति भी विस्मयकारी है। महानगर की जिन ऊँची महफिलों में रेवती बाबू उठते-बैठते हैं, कलकत्ता से उनका राग-बन्ध जितना प्रगाढ़ है, उसे देखते सामान्य स्थिति यही होनी चाहिए कि वे अपने धरती-धाम को भूल जाएँ। पर फिराक की संवेदना ने आदमी के मन को ठीक समझा था—'घर है घर फिर भी' और मैंने लक्ष्य किया कि श्रीचन्द्र नाहटा और अभय सिंह सुराणा जैसे असंख्य राजस्थानी बेटों की संवेदना, व्यावसायिक प्रयोजन से दीर्घकाल से कलकत्ता में प्रवास करते हुए भी, अपने मूल धाम से प्रगाढ़ रूप में जुड़ी है, जड़ से कटने की आज की सनक को देखते राजस्थानी बन्धुओं का धरती-मोह अत्यन्त प्रीतिकर लगा। रेवती बाबू का ममत्व बार-बार बेकाबू होता नजर आया, माँ के लिए आकर्षण-आवेग की तरह, 'वाकई इतना कम समय लेकर मुझे अपने गाँव नहीं आना चाहिए, हर बार यह पीड़ा महसूस करता हूँ। कायदे से मुलाकात भी नहीं हो पाती पूरे शहर से।' जन्म-धाम खास लोगों के लिए खास खयाल नहीं रखता। सब धान बाईस पसेरी। तुलसीदास को गहरी पीड़ा हुई थी। मगर झुंझुनू के साधारण दुकानदार को भी अपने शहर के बेटे रेवतीलाल शाह की विद्या-विशिष्टता पर गर्व है, पर इस भाव को लक्ष्य कर मेरे मन ने कहा कि यूसुफ साहब और रेवती बाबू का जन्म सही जगह हुआ है, जहाँ मोहनसिंह जैसा जाट मक्खन की तरह कोमल और सहृदयता का विग्रह है, जहाँ अध्यात्म की बाती जलाने को पागल राग चन्द्रप्रकाशजी के समर्पित व्यक्तित्व में गूँज रहा है। बड़ा रस है मरुभूमि में। राजस्थान में प्रवेश करते ही विरल आस्वाद मिला। और एकाएक गंगाटतीय अपना ग्रामांचल मुझे याद आ गया। एक गहरी उदासी का अहसास अपनी दरिद्रता पर, किसी अशुभ शक्ति ने बंजर बना दिया मेरी रसस्वला धरती माँ को!

तीसरे दिन मोहनसिंहजी ने झुँझुनू की अत्यन्त प्राचीन गोशाला और रानी सती के मन्दिर की परिक्रमा करायी। दोपहर में हकीम साहब के घर राजसिक भोजन कर अपराह्न में हम लोगों ने चूरू के लिए प्रस्थान किया और शाम को श्री अभयसिंहजी की हवेली में पहुँच गये। चूरू ही हमारा मुख्य गन्तव्य था, जहाँ के श्रीमन्त श्री अभयसिंह सुराणा का आमन्त्रण हमारी यात्रा का हेतु था। जैन समाज के देवता आचार्य तुलसी और युवाचार्य महाप्रज्ञ शिष्य मण्डली के साथ चूरू पहुँच चुके थे।

उनके अभिषेक में जैन समाज की श्रद्धा मुखर हो उठी थी। अभयसिंहजी की हवेली अतिथियों से समृद्ध हो गयी थी। सुराणाजी हम लोगों की आकुल प्रतीक्षा में थे। देखते ही खिल उठे। सुराणाजी कलकत्ता से हम लोगों को अपने साथ लेकर निकले थे और अपने स्नेहभाजन बाबूलाल दूगड़ को हम लोगों की सुख-सुविधा के व्यवस्थापक के रूप में नियुक्त कर दिया था। बाबूलालजी की व्यवस्था-पटुता और सरस बतकही ने पूरी यात्रा को रससिक्त कर दिया था। राजस्थान में हमारे मेजबान सही अर्थ में अभयसिंह सुराणा ही थे, जो जैन मुनियों के दर्शन के ब्याज से अपना धाम दिखाने को इच्छुक थे।

मैंने हवेली पद-भर सुना था। पदार्थ का पहली बार साक्षात्कार कर रहा था। हवेली की गुरुता मुझे दबा रही थी। झुँझुनू में बाहर-बाहर से हवेली देखी थी । चूरू में हवेली के हम मेहमान थे, जिसका भारी-भरकम अस्तित्व भारी लग रहा था। रेवती बाबू के कान में अपनी कमजोरी का इशारा किया। अपनी गहरी मुसकान से उन्होंने मुझे आश्वस्त किया। सहज भाव से अपने सहृदय आतिथेय अभयसिंहजी के साथ हम मुनि-दर्शन को निकले। हवेली-द्वार से निकलते मुझे गुड़गाँव के द्वार पर खड़ी मातुराम की विशाल सृष्टि एकाएक याद हो आयी, और कलाकार की ऋजुता-विनम्रता। मैंने विशेष आश्वस्ति-बल महसूस किया।

अभयसिंहजी का प्रभाव-प्रताप देखा कि सघन भीड़ ने उनके लिए रास्ता बना दिया। अपने आत्मीय अतिथियों को उन्होंने विदुषी साध्वी कनकप्रभाजी से मिलाया। हम लोगों को सुनने-सुनाने का आग्रह कनकप्रभाजी की साधु मुद्रा ने प्रकट किया। आचार्य तुलसी और युवाचार्य महाप्रज्ञ के कक्ष में जाकर हमने प्रणति निवेदित की। मुनियों से सुराणाजी के नैकट्य का रहस्य पत्रकार रामलाल शर्मा ने बताया कि आचार्य तुलसी की विवादास्पद पुस्तक 'अग्निपरीक्षा' ने साम्प्रदायिक तनाव पैदा कर दिया था। मरने-मारने पर लोग आमादा हो गये थे। राष्ट्रीय महत्त्व का समाचार बन गया था वह प्रसंग, जिसके चलते भागते-दौड़ते जयप्रकाश नारायण को चूरू आना पड़ा था। उस साम्प्रदायिक उत्तेजना को अभयसिंहजी की विचक्षण भूमिका ने शान्त किया था। उस ऐतिहासिक भूमिका ने सुराणाजी को जैन समाज के शीर्ष पुरुष का अनुग्रहभाजन बना दिया। दूसरे दिन सुबह मुनियों के अन्तरंग सान्निध्य में हम काफी देर तक बैठे। महावीर स्वामी के एक मार्मिक जीवन-प्रसंग (चण्डकौशिक) को केन्द्र में रखकर भारतभूषण ने एक लम्बी कविता लिखी है, जिसे कवि के सिद्ध स्वर में सुनकर महाप्रज्ञजी प्रीत हो गये।

आचार्य तुलसी ने भी हम लोगों को बहुत समय दिया, और ज्वलन्त सांस्कृतिक प्रश्नों से जुड़े अपने विचार-कोण का संकेत दिया कि धर्म-सम्प्रदाय मनुष्य से छोटा है। इसलिए मनुष्य का समग्र मंगल ही विद्याव्रती की चिन्ता का

केन्द्रीय बिन्दु होना चाहिए। विज्ञान-विवर्जित धर्म की गुहार से मनुष्य का मंगल नहीं हो सकता है। दूसरी प्रत्येक राह अपर्याप्त है। हम लोगों की उपस्थिति से आचार्य तुलसी प्रसन्न थे और अपनी सन्त शैली में हमें मानव-मूल्यों की पहरेदारी की प्रेरणा दे रहे थे। उनकी प्रसन्नता का सहज अन्दाज मिला, जब वृद्ध कण्ठ से अपनी नैसर्गिक ओजस्वी आवाज में एक पद का कुछ अंश सहज भाव से गाकर हमें सुनाया :

'म्हारो हीराँ जड़ियों आँगणियों कुड़ मैलो कर गोरे,
मैलो कर गोरे कूँडै से भरगो रे।...'

और हमने अपने को बड़भागी माना। अपने आत्मीय बन्धु अभयसिंहजी की सहृदयता के प्रति कृतज्ञता का भाव मन में सहज ही जगा, जिसके चलते जैन मुनियों से अन्तरंग सत्संग का अवसर उपलब्ध हुआ। हमारी संवेदना ने उस साम्प्रदायिक अनुशासन के दबाव को गहराई से महसूस किया, जो मुनियों की मण्डली में व्याप्त था और जो बोझिल तथा असहज था—मानवीय संवेदना को उदास बनानेवाला, विचार-लोक में क्षोभ जगानेवाला। बाबू लालाजी और रामलालजी का असन्तोष निराधार नहीं है।

मुनि-कक्ष से लौटते गली में मंसूर साहब मिल गये। लगा, जैसे साक्षात् कविता मिल गयी, जिसकी हम सबको तलब थी। चूरू-यात्रा का एक बड़ा आकर्षण, और हम अपनी जमीन पर पहुँच गये। सुराणाजी के अलावा चूरू के दो ही चरित्रों से हमारा अन्तरंग परिचय था—एक तेजस्वी कवि अहमद अली मंसूर और दूसरा उनका निष्काम भक्त टोरमल। मानवीय गुणों का सम्राट है टोरमल। मंसूर और उनके मित्रों के प्रति समर्पित। मगर संस्कार-वर्जना इतनी प्रबल कि मंसूर के दुःख-सुख के साथ साँस लेते हुए भी उनके घर खाना तो दूर, पानी तक नहीं पीता। नगरपालिका के जल से प्यास बुझाने मंसूर के आँगन से बार-बार सड़क पर निकलता है। अपने गुरु से बढ़कर रेवतीलालजी के प्रति सम्मानशील, क्योंकि रेवती बाबू से मिलकर टोरमल का स्वाभिमान उन्नत हुआ है कि बनिया कोरा संख्या नहीं, भरपूर इनसान है, और बनिया पैसे की प्रभुता से ही नहीं विशिष्ट होता, विद्या की प्रभुता का भी मालिक हो सकता है। टोरमल को किसी शब्दसिद्ध आदमी ने समझा दिया था कि बनिया आदमी नहीं, संख्या होता है; और इस पहेली से उलझकर उसकी संवेदना उदास हो गयी थी। रेवती बाबू की अन्तरंग संगति ने उसकी भावना को प्रसन्न कर दिया था, और अब अपने 'भाईजी' के बल पर वह किसी से लोहा लेने को तैयार रहता है। मगर उसकी भावना और संस्कार को गहरी खरोंच लग गयी रेवती बाबू के उदार आचरण से। मायूस अन्दाज में कहने लगा, "भाईजी

विद्वान ही नहीं, देवता आदमी हैं; मगर यह उन्होंने बड़ा गलत किया कि आप जैसे सात्त्विक ब्राह्मण को मुसलमान के घर खाना खिला दिया। मैं तो कहूँगा डॉक्टर साहब, कि आप हरिद्वार के रास्ते कलकत्ता लौटें, हरिद्वार की गंगा ही पाप धो सकती हैं।'' टोरमल की संस्कार-आस्था को मैंने टोका, ''अपना सनातन धर्म तो आदमी और आदमी में फर्क नहीं करता, टोरमल।'' चमककर टोरमल ने जवाब दिया, ''मगर मियाँ लोग तो अपने खुदा को अलग मानते हैं और तनकर अपने मजहब की बड़ाई हाँकते रहते हैं, तो क्या हम अपना संस्कार छोड़कर उनकी राह पकड़ लें?''...''पान खिलाइए, टोरमलजी।'' बड़ी मृदुता से शंकर माहेश्वरी ने टोरमल के भावावेग को शान्त करना चाहा। ''अंगूर खाइए, शंकर बाबू, अभी पान लाता हूँ।'' राजा के घर मोती का अभाव नहीं था। मेवा-मिठाई से भरी थी अभयसिंहजी की हवेली; पर टोरमल की भावना को तृप्त करने के लिए वह पर्याप्त नहीं था। अंगूर-सन्तरा और विशेष प्रकार का पान लादे वह रोज सुबह-सुबह हम लोगों के पास पहुँच जाता। मंसूर साहब के घर पर भोजन करने गये तो अपने घर से प्रचुर मात्रा में खीर बनवाकर पहुँच गया था। उसकी प्रीति का सहज आग्रह था कि चूरू-प्रवास में हमारे आप्यायन-सत्कार का एकमात्र दायित्व और हक उसी को है। दोपहर में अवसर देखकर टोरमल थोड़ी देर के लिए अपने घर धीरे से खाने निकल जाता और अपराह्न में फिर पान लिये हवेली में हाजिर। उसके पान का स्वाद लेने सुराणाजी भी बीच-बीच में हमारे कक्ष में आ जाते। प्रेम से अभिभूत टोरमल रोज ही मुझसे एक बार कहता, ''लगता है, सपना देख रहा हूँ, डॉक्टर साहब। भाईजी की बात अलग है, पर आप चूरू पहुँच जाएँगे, यह तो सपने में भी नहीं सोचा था। यह सुख भाईजी ने ही उपलब्ध कराया।''...''आपके गाँव के सेठ अभय सिंहजी के प्रेम का प्रताप है कि राजस्थान का एक हिस्सा देख सके।''...''सो तो ठीक है, डॉक्टर साहब, मगर भाईजी न होते तो आप कलकत्ता से हिलते नहीं।'' खिलखिलाकर टोरमल हँस पड़ा कि रिश्ते की ऊष्मा को समझता है कि मेरी यात्राभीरु प्रकृति से परिचित है।

चूरू-प्रवास में मंसूर साहब और उनके अनन्य भक्त टोरमल के अलावा कई पुराने परिचित और नये सहृदयजन से भेंट हुई। बीकानेर राज्य के राजगुरु और गीतकार बल्लभेश दिवाकर को सुराणाजी ने मुम्बई से आग्रहपूर्वक बुला लिया था। अपने भक्तों में 'गुरुजी' के रूप में ख्यात-सम्मानित बल्लभेशजी की उपस्थिति हर बैठक को उल्लास-मुखर बना देती है। उनके सिद्ध कण्ठ से लोक-राग फूटता है तो मरुभूमि की संवेदना मूर्त हो उठती है। अपनी ललित बतकही से गोष्ठी को हँसमुख बनाये रखने का कौशल बल्लभेशजी को सिद्ध है। विकुण्ठ चित्त से धरती-राग अलापते हैं तो लगता है, जैसे किसी बीहड़ प्रदेश की माटी-महिमा किसी

बंजारा के कण्ठ से फूट पड़ी हो।

और उसी सहज अन्दाज में कालिदास का सौन्दर्य सस्वर उछालते हैं:

'आस्था सर्गविधौ प्रजापतिरभूच्चन्द्रो न कान्तिप्रद:
शृंगारैकरस: स्वयं नु मदनो मासो न पुष्पाकर:।
वेदाभ्यासजड: कथं नु विषयाव्याकृत्त कौतूहल:
निर्मातुं प्रभवेन्मनोहरमिदं रूपं पुराणो मुनि:॥'

[इस सुन्दरी—उर्वशी—की रचना के लिए या तो अमित कान्तिवाला चन्द्रमा या एकमात्र शृंगार रस में रमनेवाला स्वयं कामदेव या पुष्प-आकर बसन्त मास रचयिता बना होगा। निरन्तर वेदाभ्यास से जड़ीभूत विषयोपभोग के कौतूहल से उदासीन बूढ़ा ब्रह्म भला ऐसे मोहक रूप की रचना कैसे कर सकता है!]

फिर गीतकार बल्लभेशजी के प्रिया-वियोग से दग्ध हृदय में 'मेघदूत' जाग जाता है :

'त्वामालिख्य प्रणयकुपितां धातुरागै: शिलायां,
आत्मानं ते चरणपतितं यावदिच्छामि कर्तुम्॥
अश्रुस्तावन्मुहूरूप चितैर्दृष्टिरालुप्यते मे,
क्रूरस्तस्मिन्नपि न सहते संगमं नौ कृतान्त:॥'

[प्रिये—यक्षप्रिया—कभी-कभी मैं गेरू से तुम्हारे उस रूप का चित्र शिला पर आँकता हूँ, जब तुम प्रणयलीला में मान किया करती थीं। कोशिश करता हूँ कि अपनी उस मुद्रा को भी उकेर दूँ, जब तुम्हें मनाने के लिए तुम्हारे चरणों पर गिर जाता था, लेकिन साध पूरी नहीं हो पाती। आँखों में बार-बार उमड़कर आँसू बाधा रच देते हैं। क्रूर विधाता चित्र में भी हमारा मिलना बरदाश्त नहीं कर पाता।]

अपने राग से पूरी महफिल को संवेदित कर सौन्दर्य-विभा से बेहद उत्प्रेरित बल्लभेशजी एकाएक अस्वाभाविक आवेग में कमरे से निकले, जैसे हवेली परिसर के बाहर से काम्य लहर ने उन्हें हाँक लगायी हो! और उस लहर को पकड़ने को व्याकुल बल्लभेशजी हमारे चूरू-प्रवास में फिर दिखाई नहीं पड़े। राम जाने मुम्बई गये या बीकानेर या कि किसी बंजारिन के राग के पीछे वे किसी बीहड़ लोक में भटक रहे हैं! माटी-सुर के सन्धान के सन्दर्भ में इसी की अधिक सम्भावना है। मुम्बई की फिल्मी दुनिया में राजस्थानी धुन का रंग जमाने के लिए माटी की संवेदना के साथ अंतरंग क्रीड़ा को बल्लभेशजी बुनियादी शर्त मानते हैं शायद।

बड़ी माया पसार दी थी बल्लभेशजी ने। अपने शहर बीकानेर हमें ले जाने का हठ कर रहे थे। और नाटकीय ढंग से एकाएक अदृश्य हो गये। उनके लालित्य

के प्रति हमारा मन सतृष्ण हो उठा था। एक प्रसन्न लहर से हमारा मन क्रीड़ारत था, तभी अभय सिंहजी चूरू के पत्रकार माधव शर्मा को लिये हमारे कमरे में पहुँचे। चूरू का भूगोल-इतिहास समझाने के लिए माधव शर्मा व्याकुल थे और हम शिष्टाचार के दबाव में उन्हें सुनने को निरुपाय। अपनी धरती की महिमा बखानते उन्होंने गर्व-स्फूर्त वाणी में बताया कि 'वेंकटेश्वर प्रेस' के उद्योक्ता सेठ खेमराज बजाज और 'गीता प्रेस' के संस्थापक सेठ जयदयाल गोयनन्दका तथा हनुमान प्रसाद पोद्दार चूरू और चूरू जनपद के ही कृती पुरुष थे। और मेरे विवेक ने स्वीकार किया कि माधव शर्मा का गर्व साधार है। 'वेंकटेश्वर प्रेस' और 'गीता प्रेस' के विशिष्ट अवदान से विद्या जगत् परिचित है। वाणिज्य-व्यापार से जुड़े सामान्य शिक्षा-प्राप्त लोगों में संस्कृति-चिन्ता कितनी गहरी थी, तब उसके उत्तम उदाहरण चूरू के खेमराज बजाज, जयदयाल गोयनन्दका और हनुमान प्रसाद पोद्दार हैं। व्यवसाय के साथ-साथ स्वतन्त्रता-संग्राम की विप्लवी राह से यात्रा शुरू कर 'गीता प्रेस' और 'कल्याण' के माध्यम से हनुमान प्रसाद पोद्दार ने प्राच्य विद्या प्रकाशन का कृती आयोजन किया। चूरू की जलवायु मवेशी तक के प्रतिकूल पड़ती है। ऐसे-ऐसे कुएँ हैं इस जनपद में, जिनका पानी पीकर मवेशी मर जाते हैं, पर इस भूमि ने हनुमान प्रसाद पोद्दार और गोविन्द अग्रवाल जैसे कृती पुरुषों को जन्म दिया है।

सुराणाजी ने एक और पत्रकार से परिचय कराया। रामलाल शर्मा से परिचय एक उपलब्धि है। वह सहृदय और जागरूक व्यक्ति हैं। विद्या-संस्कार अपेक्षाकृत प्रखर और उन्नत। पत्रकारिता के साम्प्रतिक परिदृश्य से खिन्न रामलालजी को पं. रामव्यास पाण्डेय का संकलन 'एक लघु पत्रिका की रजत भूमिका' रतनलाल सुराणा से उपलब्ध हो गया था। मेरे निबन्ध पढ़ लिये थे। विचार और भाषा का उन पर असर था। उसी प्रभाव में बतकही शुरू की। कुछ ही समय में वे हम सबके मन के मानुष बन गये। अपने सामाजिक प्रभाव से रामलालजी ने कई स्तरीय कार्यक्रम आयोजित किये। चूरू आकाशवाणी पर उन्होंने हम लोगों के अलग-अलग कार्यक्रम रखवाये। इतने करीब पहुँच गये थे कि पत्रकारिता विषयक मेरे वक्तव्य पर तीखी टिप्पणी करते उन्हें संकोच नहीं हुआ। अच्छा लगा कि रामलालजी का अपना स्वतन्त्र विचार है। इसलिए असहमति स्वाभाविक और प्रीतिकर है। चूरू मुनि-दर्शन के लिए पड़ोसी गाँव से आये 'मित्र परिषद'(कलकत्ता) के अध्यक्ष मानिकचन्द नाहटा और दिनकर तथा भवानीप्रसाद मिश्र के भक्त कन्हैयालाल फूलफगर आकस्मिक रूप से मिले तो लगा, जैसे हम कलकत्ता की किसी गोष्ठी में बैठे हैं। हमारी मण्डली के शीर्ष पुरुष श्री सुभाष मुखोपाध्याय को दिल्ली से लेकर 28 मार्च को सुबह आत्मीय बन्धु नन्दकिशोर खेमका चूरू पहुँच गये थे। उसी दिन शाम को सुराणाजी के आँगन में रामलाल शर्मा ने काव्य-गोष्ठी आयोजित की

थी। राजस्थान का प्रतिनिधित्व मंसूर ने किया। सुभाष दा ने बाँग्ला में संक्षिप्त भाषण दिया और दो छोटी कविताएँ सुनायीं। साथ-साथ शंकर माहेश्वरी ने बाँग्ला का हिन्दी रूपान्तर प्रस्तुत किया। भारतभूषण कण्ठ-सिद्ध कवि हैं। मुझे शंकर माहेश्वरी की चिन्ता थी। एक तो गोष्ठीभीरु आदमी, दूसरे दो दिनों पहले उनके पैर की गहरी चोट ने हमें मायूस बना दिया था। पर शंकरजी की और मंसूर की प्रस्तुति अधिक पसन्द की गयी। आकाशवाणी और राजस्थान के पत्रों ने गोष्ठी की विस्तृत रपट प्रस्तुत की।

चूरू में हम लोगों की उपस्थिति की सूचना पाकर खेतड़ी का निमन्त्रण लिये राम अवतार शर्मा भागते-दौड़ते सुराणाजी की हवेली में पहुँच गये थे। खेतड़ी का आमन्त्रण आकस्मिक और प्रीतिकर था। खेतड़ी-दर्शन की साध मन को व्याकुल किये थी। कार्यक्रम निश्चित कर राम अवतारजी लौट गये। खेतड़ी हमारी यात्रा का आखिरी पड़ाव था।

हम लोगों की आवभगत में हमारे सुराणाजी और उनकी अंतरंग परिषद निरन्तर सक्रिय थी। सुराणाजी का हँसमुख आतिथ्य संकोच-नमित कर देता था, जब सेवकों की भीड़ के बावजूद अपने हाथ से बनाकर और जूठा प्याला धोकर सुबह साढ़े पाँच बजे मुझे और शंकरजी को चाय पिलाते थे। जलपान और भोजन स्वयं परोसते थे। हमारे संकोच का समाधान करते बाबूलाल दूगड़ ने बताया कि 'अभय सिंहजी अपना काम अपने हाथ से करते हैं। सेवकों के रहते सुबह की चाय अपने हाथ से बनाते हैं। रोज अपने कपड़े स्वयं धोते हैं। बाजार से साग-सब्जी लाने की जिम्मेदारी स्वेच्छा अपने हाथ में ले ली। तड़के भोर में उनकी चर्या शुरू हो जाती है और देर रात तक सामाजिक प्रपंच को कन्धा लगाये दौड़ते रहते हैं। बाबूलालजी श्रीचन्द नाहटा के आदेश से हमें सरदार शहर ले जाने चूरू पहुँचे थे। हावड़ा स्टेशन से हमें राजस्थान के लिए बिदा करते श्रीचन्दजी ने आग्रह किया था कि सरदार शहर में हम उनके घर रुककर वहाँ के शिक्षा संस्थान देखें। रेवती बाबू के अन्तरंग सखा मदनचन्द्र श्यामसुखा का अलग आकर्षण था, जो उस समय सरदार शहर में ही थे। मगर शंकर माहेश्वरी के पैर की चोट के चलते हम लोगों का हिलना-डुलना मुश्किल हो गया था। बाबूलालजी को हम लोगों ने चूरू-प्रवासकाल तक बाँध रखा था। उनकी गत्वर उपस्थिति से वातावरण में थिरकन थी और उनके भरोसे सुराणाजी भी हम लोगों की ओर से एक अंश तक निश्चिन्त थे। हवेली में भरे अतिथियों की संख्या बड़ी थी। मुनियों के दरबार में भी उन्हें दो-तीन बार हाजिरी दर्ज करानी पड़ती थी। अभयसिंहजी की कार्यक्षमता देखकर हम लोग विस्मित थे और उनके उच्छल आतिथ्य से अभिभूत। कवियों की उपस्थिति से प्रेरित सुराणाजी के कण्ठ में राजस्थान की लोकधुन थिरकती रहती थी। लोकधुन में रचना भी करते हैं।

बल्लभेशजी के आग्रह से उन्होंने मुक्त मुद्रा में गाकर अपने कई गीत सुनाये, जो उनके समृद्ध रस-कोष का परिचायक है। सहृदय लोगों की संगति से हम लोगों का छन्द प्रसन्न था, पर सुभाष दा को नन्दकिशोर खेमका की संगति में ही सुख मिलता था। नन्दू बाबू की क्षण-भर की अनुपस्थिति से सुभाष दा की चर्या उदास हो जाती थी। अभयसिंहजी की श्रद्धा, आत्मीय बन्धुओं की संगति और नन्दू बाबू की जागरूक सेवा-निष्ठा के चलते किंचित् विजातीय वातावरण में भी सुभाष दा प्रसन्न थे, अन्यथा उनका शाक्त मन जैन समाज की आत्यन्तिक अहिंसा-मर्यादा से क्षण-भर में बिदक जाता।

29 मार्च को हम झुँझुनू लौटने की तैयारी कर रहे थे। तभी श्यामजी मिश्र पिलानी के मित्रों—डॉ. गुरुदेव त्रिपाठी, श्री मदनलाल शर्मा और मातुरामजी—को लिये-दिये सुराणाजी की हवेली में पहुँच गये। जैन मुनि चूरू का प्रवास पूरा कर कुछ मील दूर स्थित गाँव में पहुँच गये थे। पिलानी के मित्रों को लेकर मुनियों के दर्शन कराने सुराणाजी चले तो उनके साथ मैं भी हो लिया। गुरुदेवजी दशकों बाद मिले थे। बतियाते मन की भूख तृप्त नहीं हो रही थी।

काशी के अस्सी घाट पर स्थित 'द्वारकाधीश मन्दिर' में गुरुदेवजी ने अपने छात्र जीवन में कठोर तपस्या की है। प्रारब्ध के प्रताप से उनकी विद्या शक्ति को समुचित मान मिला है। अमेरिका के मिशीगन विश्वविद्यालय से पिलानी के 'विद्या विहार' तक में व्याप्त ठगिनी माया के रंगीन वातावरण में रहते गुरुदेवजी ने यत्नपूर्वक अपने माटी-पानी की रक्षा की है और काशिकेश विद्या संस्कार की ज्योति बाँटते रहे हैं। अपने गर्दिश के दिनों के आत्मीय साक्षी को सुख देने के लिए अपने भौतिक सुख को चर्चा करते हैं। तभी हमारे उल्लास को सामान्य जमीन पर नचाने के लिए रसिक बन्धु अभय सिंह सुराणा गुरुदेवजी को रंगीन अन्दाज में छेड़ने लगे, "त्रिपाठीजी, आप मधुमेह से डरते हैं या अपनी ब्राह्मणी से?"..."डर दोनों का है।" वाक्पटु गुरुदेवजी ने जवाब दिया। अपनी चटक बतकही से सुराणाजी गुरुदेवजी को धीरे-धीरे खोल रहे थे, "मगर मेरे गुरुदेव (मेरी ओर इशारा करते) तो किसी से नहीं डरते। आप इनके कैसे मित्र हैं? मिठाई खाइए, पण्डिताइन को हम लोग बताएँगे नहीं।" सुराणाजी ने चुटकी ली, "नहीं, ब्राह्मणी मुँह सूँघकर अपराध पकड़ लेती है।" गुरुदेवजी का नैसर्गिक लालित्य जाग गया था। सुराणाजी-जैसे रसिक को यही काम्य था। गुरुदेवजी की हँसमुख प्रकृति से छेड़छाड़ करते वे शेष तक रस लेते रहे और अपने रस-राग में मुझे लपेटने का भी कौशल आजमाते रहे। मगर रस के नाम पर मुझे माता-पिता से रसराज का नाम-भर मिला है। झूठे लोगों ने ललित निबन्धकार का विरुद देकर लालित्य का स्रष्टा मान लिया है। रंगीन आबोहवा के साथ बंजर यात्रा कर लेता है, यही बहुत है।

पद और पदार्थ का विपर्यय कहीं-कहीं बड़ा विस्मयकारी लगता है। मेरे अन्तरंग मित्रों की शिकायत रहती है कि जिसका नाम कृष्ण पद से जुड़ा है, वह अनासक्ति और उन्मुक्त लीला भाव से छूँछ कैसे है। शिकायत शायद निराधार नहीं है।

मेरे मित्र गुरुदेव त्रिपाठी की रसलिप्सा इतनी प्रबल है कि उपलब्ध होने पर रस-सागर का तट छोड़ना ही नहीं चाहते। मुझे और मेरे सहृदय मित्रों को छोड़कर पिलानी लौटने का उनका मन तैयार नहीं था। भारतभूषण की 'जल समाधि' शीर्षक कविता कवि के सिद्ध कण्ठ से सुनकर वे अभिभूत हो गये थे। पं. मदनलालजी ने उन्हें सचेत किया। झुँझुनू में मिलने का वायदा करके वे लोग बिदा हुए।

सुभाष दा का मन उचट गया था; यद्यपि अभयसिंहजी उन्हें प्रसन्न रखने के लिए बहुविध सक्रिय थे। दोपहर का भोजन कर हम झुँझुनू लौट रहे थे। चूरू और झुँझुनू के बीच मरुभूमि की सही पहचान लिये एक भूखण्ड मिला। बालू के टीले, जिन्हें मरुभूमि के उत्पाती अन्धड़ एक जगह से उठाकर दूसरी जगह बैठाते रहते हैं, इन टीलों का स्थायी धाम नहीं है। बंजारों की तरह स्थान बदलते रहना इनकी नियति है। बबूल और रेगिस्तानी वृक्षों का धूसर कँटीला झुण्ड। मोरों को जहाँ-तहाँ चहलकदमी करते देखकर सुभाष दा का कवि-मन थिरकने लगा। नन्दू बाबू ने उन्हें प्रसन्न करने की गरज से आश्वासन दिया, "दो-चार राजस्थानी मोर कलकत्ता ले चलेंगे।" और ऋजु हँसी हँसते सुभाष दा ने बीड़ी सुलगा ली। भारतभूषण सहज भाव से अपने कुल के ज्येष्ठ पुरुष तुलसीदास का 'रुद्राष्टक' स्तोत्र सधे कण्ठ से गा रहे थे। रेवती बाबू के बैठका में पहुँचते ही सुभाष दा भूख से व्याकुल हो गये। "रेबती, किछु खाबो।" चूरू के राजसिक निरामिष भोजन से उनकी भूख तृप्त नहीं होती थी।

रेवती बाबू उनकी व्यावहारिक कठिनाई समझ रहे थे। पहले तो मिठाई मँगवायी, फिर सुभाष दा की स्वरुचि का भोजन मिल सके, इस विवेक से अपने शहर के सर्वोत्तम होटल में ठहराने की तत्काल व्यवस्था की। आनुकूल्य उपलब्ध होते ही सुभाष दा खिल उठे। दूसरे दिन उनकी रुचि का भोजन हकीम साहब ने अपने घर बनवाया। फिर तो सुभाष दा अपने सहज रूप में आ गये। हम लोगों के साथ मोहन सिंह के घर बाजरे के खिच्चड़-घी का शक्कर मिलाकर भरपूर आस्वाद लिया।

शाम को शाह गर्ल्स कॉलेज के अनुष्ठान में हम सोल्लास सम्मिलित हुए। चूरू और पिलानी के मित्र भी यथासमय पहुँच गये थे। सभा के विशिष्ट अतिथि थे श्री अभयसिंहजी सुराणा। कॉलेज के मन्त्री श्री सक्सेना और प्रिंसिपल डॉ. मधूलिकाजी ने हम लोगों का आनुष्ठानिक शैली में सम्मान किया। संयोजक

के आदेश पर मैंने राजस्थान की सांस्कृतिक महत्ता के सम्बन्ध में संक्षिप्त वक्तव्य रखा। श्रोता कविता सुनने को उत्सुक थे। सुभाष मुखोपाध्याय और शंकर माहेश्वरी ने एक-एक कविता पढ़ी। सुकण्ठ कवि भारतभूषण काफी देर तक कविता सुनाते रहे, जो खूब सराही गयी। पूरा छन्द भारतभूषण के कण्ठ से थिरक रहा था। बाकी हम सब मंच की शोभा के पूरक तत्त्व के रूप में बैठे जान पड़े।

शाह परिवार की ओर से रेवती बाबू ने अतिथियों के सम्मान में एक भोज आयोजित किया था। भोज-स्थल पर जाते मेरे मित्र गुरुदेव त्रिपाठी ने प्रसिद्ध गणितज्ञ डॉ. घासीराम द्वारा निर्मित लड़कियों का छात्रावास दिखाया और उदारमना अपने मित्र घासीराम का माहात्म्य मुझे बताते रहे। असाधारण विद्या-शक्ति और विरल सहृदयता के मालिक घासीरामजी जाट-वंश में पैदा हुए हैं। किसी जमाने में जाटों की जिन्दगी कृषि कर्म तक ही सीमित थी। आज इस बिरादरी में एक-से-एक विद्यारत्न हैं। इनके लिए विद्या-आयोजन करनेवालों में शीर्ष पुरुष हैं महामना भागीरथजी कानोड़िया। अवकाशप्राप्त प्रधानाचार्य मोहनसिंहजी ने कृतज्ञ कण्ठ से स्वीकार किया कि "भागीरथजी की कृती प्रचेष्टा ने ही मुझे आदमी बनाया, अन्यथा मैं विद्याविहीन रह गया होता।" मनुष्यमात्र में प्रतिभा और समान सम्भावना नैसर्गिक रूप में होती है, जिसे मनुष्य की हीन मति से जन्मी सामाजिक कुव्यवस्था कुचल देती है। इस चिन्ता ने भागीरथजी और उनके अन्तरंग सखा सीताराम सेकसरिया को उस मानव समूह को विद्या की ज्योति से जोड़ने को प्रेरित किया, जो दीर्घकाल से अवहेलित समाज था। शिक्षाविहीन जाट कुनबा, सामाजिक कुव्यवस्था से दलित जातियों और चूल्हा-चक्की से जूझती मूक नारी-समाज—सभ्यता का दावा समाज किस आधार पर कर सकता था, संवेदनशील लोगों को यह सवाल परेशान कर रहा था। सीतारामजी और भागीरथजी झुंझुनू के पड़ोसी गाँव के बेटे थे, जो अपने कृती आयोजन के बल पर रवीन्द्रनाथ ठाकुर और महात्मा गाँधी के स्नेहभाजन बन गये थे। कैसी-कैसी विभूतियों की जननी है शेखावाटी की यह माटी! कोट्याधीशों की ही नहीं, कलावन्तों, मर्मी अध्यात्म-साधकों और विद्या-विभूतियों की माई है यह धरती।

झुंझुनू के प्रतिवेश में स्थित है फतेहपुर, जहाँ के बजरंगलाल लोहिया थे, जो दुर्लभ पुस्तकों की खोज और संग्रह में पागल बने रहते थे। अपने किशोर वय में मैंने उन्हें करीब से देखा था। उनके साथ कलकत्ता के उपनगरों में यात्रा की थी। उनके अभिनन्दन-समारोह में डॉ. सुनीतिकुमार चाटुर्ज्या और पं. हजारीप्रसाद द्विवेदी के पहली बार दर्शन किये थे। फतेहपुर और 'सरस्वती मन्दिर' के दर्शन के लिए मन व्याकुल था। हिन्दी पत्रकारिता के तिलक-युग के कृती पुरुष पं. झाबरमल्ल शर्मा याद आ रहे थे। उनकी जन्मभूमि को प्रणाम करने की सहज

साध। पर भागा-भागी ऐसी कि साध को मन में दबाने के लिए निरुपाय था।

कई दिनों चूरू-प्रवास के बावजूद प्रख्यात विद्या-विभूति श्री गोविन्दजी अग्रवाल के दर्शन नहीं कर पाया। पारिवारिक परिस्थिति के दंश से उनके मन का छन्द इन दिनों अप्रसन्न रहता है, मनस्थ नहीं रहते। इसलिए चूरू के मित्रों ने हम लोगों को उन तक ले जाना उचित नहीं समझा। पर मेरे मन में पछतावा रह गया कि सारे सुख के बावजूद चूरू-यात्रा अधूरी रह गयी। कुछ वैसी ही असन्तोष-पीड़ा कि भागीरथ कानोड़िया, सीताराम सेकसरिया, बजरंगलाल लोहिया और झाबरमल्ल शर्मा के गाँव नहीं जा सका। आधुनिक शिक्षा-अनुशासन का बहुत दूर तक लाभ न उठानेवाले घनश्यामदास बिड़ला, भागीरथ कानोड़िया और सीताराम सेकसरिया ने शिक्षा विषयक अनेकमुखी आयोजन किये हैं। अपने नैसर्गिक विद्या-संस्कार को, व्यावसायिक प्रपंच के बीच रहते, यत्नपूर्वक उन्नत किया है...और उनकी कलम ने उनकी प्रतिभा तथा विशिष्ट शैली का प्रमाण दिया है। भागीरथ कानोड़िया के साहित्यिक अवदान को इतिहास सदा स्मरण रखेगा। बजरंगलाल लोहिया जैसे साधारण मनुष्य की निष्ठा ने विद्या की दुर्लभ समिधाएँ एकत्रित कर फतेहपुर को विद्याव्रतियों के लिए तीर्थ बना दिया है। जन्मभूमि की ऐसी पूजा बड़े-बड़ों से सम्भव नहीं होती। वणिक कुल में जन्मे साधारण शिक्षा-प्राप्त लोगों के ऊँचे संस्कार को स्मरण करते आज के विद्या केन्द्रों से जुड़े नामवर लोगों की रिक्त चरित्रशाला बरबस याद आ गयी और मन खिन्न हो गया कि कैसी अशुभ बयार की गिरफ्त में आ गया है देश का चरित्र। चरित्रहीनता की ऐसी मिसाल इतिहास में खोजे नहीं मिलेगी।

खिन्नता रेवती बाबू के मन में भी थी कि भीड़ के चलते शीर्षस्थ जैन मुनियों से दार्शनिक बतकही न हो सकी। दार्शनिक जमीन को रेवती बाबू ने स्पर्श ही किया था कि आचार्य महाप्रज्ञ के भक्तों की भीड़ जमा हो गयी। व्यावहारिक कठिनाई को देखते सन्तोष करना पड़ा कि गम्भीर सत्संग के लिए प्रवास-स्थल नहीं, मुनि का साधना-केन्द्र लाडनू उपयुक्त जगह है। मगर चूरू में उपलब्ध अभयसिंहजी और उनके आत्मीय पत्रकार रामलालजी के सौजन्य तथा आतिथ्य से और मंसूर साहब के भक्त टोरमल के प्रेम से हमारी भावना इतनी समृद्ध हो गयी थी कि मन में उदासी के लिए जगह नहीं थी।

रेवती बाबू के शहर झुँझुनू के रास्ते पहले ही दिन मुझे पुराने बन्धु-से लगे थे। उसकी गली और मुहल्ले तो मुझे अपने प्यारे शहर बनारस के आत्मीय मुहल्ले जैसे लगे। और जब-तब अकेले गली में निकल जाता, जैसे गली से पुरातन प्रीति है, और इसका भरपूर आस्वाद लेना जरूरी है। मगर मेरे मित्र शंकर माहेश्वरी का जायका मेरे चलते प्रायः रिक्त होता रहा। वे कुढ़ते रहते थे कि राजस्थानी भोजन

का मैं अपनी परहेजी वृत्ति के चलते आस्वाद नहीं ले रहा हूँ। ब्राह्मण भोजनप्रियता के लिए बदनाम हैं, पर मैं भोजनभीरु ब्राह्मण हूँ और मिर्च से तो मेरी जीभ जलने लगती है। राजस्थानी भोजन का सही श्रृंगार मिर्च और घी से ही होता हैं। दाल में रोटी डुबोते ही मेरी उँगलियाँ जलने लगती थीं। और शंकरजी उँगलियाँ चाट-चाटकर भोजन का रस लेते थे। मेरी लाचारी उन्हें चिढ़ाती थी और वे मुँह लटका लेते थे, या फिर अपने मित्र मराठी ब्राह्मण वसन्त पोतदार की भोजनप्रियता का बखान करते उत्तप्त भाषण देने लगते थे, ''कलाकार-साहित्यकार अग्निमुख होता है। वसन्त अंगूर की तरह समान रुचि से मिर्चा खा लेता है। आपसे उसका स्वास्थ्य कमजोर है? सभी रसों का छककर जो रस नहीं लेता, वह क्या साहित्य रचेगा!'' शंकरजी की खोज स्वाभाविक थी। और उनके जैसा सहृदय मित्र लोकयात्रा की विशिष्ट उपलब्धि है; मगर जब अपने पक्ष में तर्क रचने लगते हैं शंकरजी, तो उनके दुराग्रह को झेलना कठिन हो जाता है। ऐसे अवसर पर मैत्री के आग्रह से पराजय स्वीकार कर लेना उचित जान पड़ता है।

सुभाष दा की भौतिक रसलिप्सा और युवा मिजाज की तुलना में मेरी लघुता मित्रों के रस-रंजन का कारण बनती रही और शंकरजी की खीज उल्लास के अतिरेक को सन्तुलित करने के लिए जरूरी थी। भोजन की असुविधा सुभाष दा को भी थी। शाकाहार से उनकी बंगाली रसना ऊब गयी थी। हम दोनों दो अति पर थे, जिसके चलते सहयात्री मित्रों को व्यावहारिक असुविधा हो रही थी। मेरे लिए अंगूर, सन्तरा और पपीते का तथा सुभाष मुखोपाध्याय के लिए मांसाहार का प्रबन्ध कर हम लोगों की ओर से मित्र निश्चिन्त हो गये थे। पर मेरी दुर्बलता के प्रति अत्यन्त संवेदनशील थे हकीम साहब और नन्दू बाबू कि भोजन-प्रसंग को लेकर मेरा रसभंग न हो। हकीम साहब की शराफ़त लाज़वाब है। और नन्दकिशोर खेमका इतने सहिष्णु-सहृदय कि इनके साथ बीहड़ पथ की विकट यात्रा में भी सुख-सम्भावना अक्षत रह सकती है। सहयात्री की रुचि और रुख को समझकर उसके अनुरूप व्यवस्था रचने का पाटव उन्हें सिद्ध है।

एक दिन मित्रों की भोज-यात्रा से जब मैंने अपने को हठपूर्वक विरत कर लिया, हकीम साहब ने मेरे लिए अपने घर खिचड़ी बनवायी और मैं रस लेकर खा सकूँ, इस आग्रह से रेवती बाबू के बैठका में मेरे साथ बैठकर भोजन किया। मोहनसिंहजी मेरी भोजनभीरुता से परिचित हो गये थे, इसलिए उन्होंने मित्रों से भिन्न किस्म का मेरे लिए सादा भोजन बनवाया था, पर बाबू लाल दूगड़ के आग्रह से मैंने भी बाजरे के खिच्चड़ का आस्वाद लिया। बाबू लालजी के स्नेह का जोर न होता तो मैं राजस्थान के एक मूल्यवान आस्वाद से वंचित रह जाता। कलकत्ता

में शंकरजी की गृहिणी दुलारभरे आग्रह से मुझे राजस्थानी भोजन कराती रहती हैं। खिच्चड़ मेरे लिए भी अपरिचित पदार्थ नहीं था, पर गँवई कौशल का स्पर्श अधिक स्वादिष्ट था।

अतिथियों को राजस्थान का सही चेहरा दिखाने के लिए मोहनसिंह में सहज उत्साह जाग गया था। बाजार में घूमते समय उन्होंने मुझे ग्रामीण महिलाओं का प्रादेशिक पहनावा दिखाया, ओमप्रकाश चनाड़िया के मोहक कण्ठ से लोकगीत सुनवाये और रेवती बाबू के समधी मोदीजी की हवेली दिखायी। राजस्थानी हवेली की स्थापत्य गुरुता मैंने अभयसिंहजी की हवेली में रहते करीब से देखी थी। उसकी स्वकीय विशिष्टता है, पर हवेली के भित्ति-चित्रों का साक्षात्कार कर मैं राजस्थान की प्राच्य कला-प्रतिभा से अभिभूत था। भारत की यह अमूल्य कला-सम्पदा है। और बावड़ी का वैशिष्ट्य भी राजस्थानी प्रतिभा की उर्वरता और निजता को रेखांकित करता है। मगर शेखावाटी के गाँव बड़ी तेजी से अपनी स्वकीय पहचान गँवा रहे हैं, यह जातीय पीड़ा मोहनसिंहजी के कण्ठ से मुखर हुई और मुझे अपने गाँव का परिवर्तित चेहरा एकाएक याद आ गया। समयाभाव के कारण हमें मोहनसिंहजी अपने गाँव नहीं ले जा सके, यह पीड़ा भी उनके मन में थी।

मगर हकीम यूसुफ साहब ने आनन-फानन में अपने शायर दोस्त के आँगन में एक गोष्ठी आयोजित कर ली। उनकी सहृदयता का आग्रह था कि मेहमानों का राजस्थानी शिष्टाचार के मुताबिक सम्मान किया जाए। गोष्ठी का एक और उद्देश्य था—हकीम साहब अपने शहर की साहित्यिक समृद्धि का हमें कायदे से परिचय देना चाहते थे। आधी रात तक महफिल जमी रही। वृद्ध सुभाष दा भी अक्लान्त भाव से बैठे रहे और पिलानी-चूरू के मित्र भी। साफाबन्दी से हम लोगों का औपचारिक सम्मान किया गया और महफिल से उठते समय मुझे रेवती बाबू की धारणा सही जान पड़ी कि लखनऊ-रामपुर की शायरी की दुनिया का छोटा-सा हिस्सा झुँझुनू में जीवित है।

2 अप्रैल को सुबह हमें खेतड़ी के लिए प्रस्थान करना था। इसलिए मित्रों से गले मिलकर आधी रात को हमने बिदाई ली। शेखावाटी की माटी के मर्म को समझनेवाले मोहनसिंहजी खेतड़ी तक हम लोगों के सहयात्री के रूप में चले। जंगल की सीमा शेष होते ही खेतों का इलाका शुरू हो गया। चैती फसल की स्वर्णिम आभा से सम्पन्न क्षेत्र। कोख में रस का सागर छिपाये भूमि की रसस्वला विभा चैती फसल के माध्यम से मुस्कुरा रही थी। कितना बड़ा झूठ है कि राजस्थान की माटी में रस नहीं है। केवल एक छोटी-सी पहाड़ी मिली झुँझुनू में, जिसे रस का स्पर्श नहीं मिला है। पेड़-पौधे तो दूर, घास तक नहीं उगती इस पहाड़ी पर।

शहर के एक छोर पर डिठौना के रूप में खड़ी है काली पहाड़ी कि झुँझुनू के रस पर मुद्दई की नजर न लग जाए।

और चूरू से जब हम झुँझुनू लौटे थे, गणगौर का समय था—राजस्थान का विशिष्ट धार्मिक पर्व। धर्म-निष्ठा की उल्लास-सुरभि गली-गली, घर-घर में थिरक रही थी। रेवती बाबू की गली में समूह नारी-कण्ठ से गूँजनेवाले देवी-आराधना के गीत सुनकर मेरा भोजपुरिया गँवई मन अपनी माटी-संवेदना से एकाएक जुड़ गया था। और रेवती बाबू अपनी जन्मभूमि से परदेस के लिए प्रस्थान करते किंचित् उदास हो गये थे। उन्हें साहिर लुधियानवी की पंक्तियाँ एकाएक याद आ गयी थीं :

चन्द कलियाँ निशात की चुनकर, मुद्दतों महव-ए-यास रहता हूँ,
तुझसे मिलना खुशी की बात सही, तुझसे मिलकर उदास रहता हूँ।

श्री रामअवतार शर्मा के कार्यक्रम के मुताबिक हम कॉपर माइन की अतिथिशाला में दोपहर को पहुँचे। भोजन का प्रबन्ध शर्माजी के एक मित्र के घर शहर में था। भोजन के बाद अपराह्न में शर्माजी का कार्यक्रम शुरू हुआ। 'विवेकानन्द स्मृति संरक्षण समिति' और 'मुनीश मेमोरियल ट्रस्ट' के संयुक्त तत्त्वावधान में रामअवतारजी ने अतिथियों के सम्मान में सभा आयोजित की थी, उसी स्थल पर जहाँ स्वामीजी (विवेकानन्द) खेतड़ी राज्य के दीवान के साथ प्रायः शाम को सत्संग किया करते थे। सभास्थल की ओर जाते मैंने उस पथ को शिरसा प्रणाम किया, जिस पथ से स्वामीजी एक वैयाकरण के यहाँ अष्टाध्यायी पढ़ने जाया करते थे। अभिनन्दन के जवाब में हमने कृतज्ञता ज्ञापित की। रामअवतारजी के आग्रह से मित्रों ने कविताएँ सुनायीं। सुभाष दा ने रवीन्द्रनाथ का एक गान गाकर सुनाया :

दूरदेशी सेई राखाल छेले आमार बाटेर बटेर छायाय,
सारा बेला गेलो खेले हाय।
गाइलो की गान सेई ता जाने सूर बाजे तार आमार काने,
बलो देखी तुमराँ की तार कथार किछु आभास पेले।
आमी तारे सुभाई जबे की तुमारे दिबो आनी,
से शुधु कय आर किछु नय तोमार गलार माला खानी।
दी यदि तो की दाम देबे जाय बेला सेई भाबना भेबे,
फिरे एशे देखी धुलाय बाशीटी तार गैछे फेले।

शंकर माहेश्वरी और भारतभूषण की सस्वर गीत की प्रस्तुति बहुत पसन्द की गयी।

शाम को कॉपर माइन के सभा-कक्ष में अध्यात्म और आधुनिक विज्ञान विषय पर रेवती बाबू को वक्तव्य देना था। अपने वक्तव्य की भूमिका उन्होंने स्वामी विवेकानन्द के सन्दर्भ में प्रस्तुत की। मैंने स्वामीजी के सूत्र 'दरिद्रदेवो भव, मूर्खदेवो भव' की व्याख्या करते आज की ज्वलन्त समस्याओं पर संक्षेप में प्रकाश डाला। श्रोताओं को प्रसन्नता हुई कि स्वामीजी के शहर से आये अतिथि स्वामीजी से तो ठीक से परिचित हैं ही, उनके प्रवासक्षेत्र खेतड़ी के प्रति भी उनकी संवेदना सुमुख-संसक्त है।

उल्लसित चित्त से हम कॉपर माइन की अतिथिशाला में लौटे। कॉपर माइन के अधिकारी बड़े उत्साह में थे और एक साथ कई कवियों को पाकर उन्होंने ज्ञानकाण्ड को रसकाण्ड में रूपान्तरित कर दिया। मूल कार्यक्रम को छोड़कर अतिथि-कवियों को उन्होंने मनस्थ होकर सुना और विशिष्ट वक्ता रेवती बाबू से भी कविता सुनाने का आग्रह किया। रेवती बाबू को इतनी कविताएँ याद रहती हैं कि पूरी रात सुना सकते थे, किन्तु सुबह दिल्ली के लिए प्रस्थान करना था और उनके मित्र थक गये थे। खेतड़ी कवितामय लगी। शायद तभी कवि और स्वर-शिल्पी परिव्राजक विवेकानन्द की संवेदना को बार-बार खींचती रही। 'मुनीश मेमोरियल ट्रस्ट' के न्यासधारी के सम्बन्ध में रामअवतार शर्मा ने एक मार्मिक प्रसंग हमें सुनाया था कि इनके पिता जब संसार छोड़ रहे थे, इन्होंने उनकी आखिरी साध जानने की इच्छा प्रकट की थी। अन्तिम साँस लेते पिता ने कहा था, ''यदि सामर्थ्य हो तो कवि और कविता को संरक्षण-प्रोत्साहन देना।'' उनका विश्वास था कि मानव-मूल्यों की रक्षा कविता ही कर सकती है। बेटे पिता के आदेश के प्रति संवेदनशील हैं।

सुबह भारतभूषण ने जयपुर की बस पकड़ ली। हम लोगों को विदा करते मोहनसिंहजी ने अपने आँगन के विद्यारत्न रेवतीलाल शाह को वय-ज्येष्ठता के विवेक और सहज संवेदना के आग्रह से सगुन के प्रतीक के रूप में एक रुपया दिया, तो उसकी सहृदयता के संस्पर्श से रोमांच हो आया। गाड़ी चली तो रेवती बाबू के कण्ठ से फिर साहिर की पंक्ति फूटी—'तुझसे मिलना खुशी की बात सही, तुझसे मिलकर उदास रहता हूँ।'

खेतड़ी को बिदाई-प्रणाम निवेदित करने हम स्वामी सोमेश्वरानन्द के संरक्षण में क्रियाशील रामकृष्ण आश्रम में पहुँचे। उस बैठक में स्वामीजी ने हम लोगों का स्वागत किया, जहाँ राजनर्तकी के अनुरोध से स्वामी विवेकानन्द सूरदास के पद 'प्रभु मेरे अवगुन चित्त ना धरो' के माध्यम से सिद्ध कण्ठ में व्यंजित उसके मनोभाव का साक्षात्कार कर मुग्ध हो गये थे। बाँग्ला के शीर्षस्थ कवि सुभाष मुखोपाध्याय

को अपने आश्रम में पाकर स्वामी सोमेश्वरानन्द बहुत प्रसन्न थे। सुभाष दा ने स्वामीजी को बताया कि उनके माता-पिता रामकृष्ण मिशन में दीक्षित गृहस्थ थे और अपने बच्चों को लेकर प्राय: बेलूर मठ जाया करते थे। स्वामीजी ने आग्रहपूर्वक हमें जलपान कराया। समय कम था। औपचारिक ढंग से कुछ देर इधर-उधर की बातें होती रहीं। राजस्थान की, खेतड़ी की, कलकत्ता की, कविता और अध्यात्म की मुक्त बतकही। रेवती बाबू ने स्वामीजी की आहार विषयक अवधारणा जानने की इच्छा प्रकट की। स्वामी सोमेश्वरानन्द ने रेवती बाबू के प्रश्न का जो उत्तर दिया, वह व्यावहारिक आधुनिक सन्त का उत्तर था, जो रेवती बाबू के अनुकूल होते हुए मुझे तुष्ट करने में अपर्याप्त था। मेरे मन में भी एक प्रश्न घुमड़ रहा था कि 'रामकृष्ण मिशन' अपने को हिन्दू समाज-धर्म से अलग सिद्ध करने के लिए न्यायालय की शरण में क्यों जा रहा है? परमहंस रामकृष्ण देव तो सारे धर्म-सम्प्रदाय को अपने महाभाव में समाहित करने को आग्रहशील थे और स्वामी विवेकानन्द ने हिन्दू धर्म के सनातन औदार्य की महत्ता को बड़े बलपूर्वक रेखांकित किया है। आध्यात्मिक संस्थान में विच्छिन्नतावादी मनोभाव कहाँ तक न्यायसंगत है? पर शिष्टाचार-संकोच में चुपचाप स्वामीजी की बातें सुनता रहा, और मन-ही-मन रामकृष्ण, विवेकानन्द एवं लाटू महाराज की साधना की बातें गुनता रहा। मुझे याद आ रही थी स्वामी विवेकानन्द के उत्तर जीवनकाल की आध्यात्मिक तड़प और सोच रहा था गेरुआ परिधानवालों की राजसिक जीवन-शैली के बारे में। इसी कक्ष में खेतड़ी नरेश स्वामी विवेकानन्द से सत्संग किया करते थे, स्मरण मात्र से मेरी भावना में स्फुरण हुआ। स्वामी विवेकानन्द का प्रवास-कक्ष दिखाने रामअवतारजी और उनके मित्र हमें ऊपरी तल्ले पर ले गये। वह कक्ष देव-मन्दिर में रूपान्तरित हो गया है। प्रणति निवेदित कर हमने स्वामी सोमेश्वरानन्द से बिदाई ली।

हमारा वाहन अरावली उपत्यका के बीच से दिल्ली की राह पर दौड़ रहा था। हम सभी यात्रा-प्रभाव को अपने हिसाब से गुनते चुप थे। यात्रा जीवनप्रियता को समृद्ध करती है, मेरा प्रसन्न मन इसी भाव पर केन्द्रित था। सहृदय चरित्रों की छाप मन पर गहरी थी। एक प्रीतिकर आश्वास-बोध। तभी बीड़ी पीते सुभाष दा ने अपनी कौतुकी मुद्रा से हमारी चुप्पी को टोका, "कृष्णबिहारी, हमने सोचा था कि हम बाँग्ला भूल गया है। स्वामीजी से बात करने से थोड़ा आश्वस्ति हुआ।" सुभाष दा जोर से हँस पड़े और हम सब उनकी मौज में डूब गये।

खेतड़ी में मेरे आग्रह-अनुरोध पर सुभाष दा ने हिन्दी में संक्षिप्त वक्तव्य दिया था। मैंने निवेदन किया था कि "स्वामी विवेकानन्द ने पहले-पहल अल्मोड़ा में हिन्दी में भाषण दिया था और अपनी प्रयत्न-सफलता से बड़े प्रसन्न हुए थे। आप

स्वामीजी की आत्मीय भूमि खेतड़ी से हिन्दी में बोलना शुरू कीजिए।'' रेवती बाबू को मेरा प्रस्ताव असुविधाजनक लगा था, पर सुभाष दा नैसर्गिक बंगाली मौज में थे। हम सहज रूप में जब उनसे बाँग्ला में बात शुरू करते, वे अपनी हिन्दी में जवाब देते। उनकी प्रसन्न मनोभूमि ने मेरी प्रार्थना स्वीकार कर ली थी। ''आपकी हिन्दी विशिष्ट शैली के रूप में हिन्दी जगत द्वारा समादृत होगी, सुभाष दा।'' मेरी बात को मजाक समझकर उसका भरपूर आस्वाद लेते सुभाष दा फिर जोर से हँसे। अपनी ओर से मैंने उन्हें आश्वस्त करना चाहा, ''मराठीभाषी विनोबा भावे हिन्दी के उदार चरित्र की चर्चा करते कहा करते थे कि हिन्दी समाज अहिन्दीभाषी लोगों के व्याकरण-दोष को नजरअन्दाज कर उनकी हिन्दी को विशेष शैली का दर्जा दे सम्मान करना जानता है। भारत की दूसरी भाषा में गैरभाषियों के प्रति यह उदारता नहीं है।'' मैंने लक्ष्य किया, सुभाष दा मेरी बतकही में पूरा रस ले रहे थे। खाते-बतियाते हम दिल्ली के करीब पहुँच गये थे। गुड़गाँव के द्वार पर खड़ी 'मंगल महादेव' की विशाल मूर्ति सुभाष दा को दिखायी और विदाई प्रणाम निवेदित कर दिल्ली की ओर बढ़े।

हम एक पखवारे के बाद अपने घर लौट रहे थे। दिल्ली से सुभाष दा और नन्दू बाबू की राह अलग हो गयी। सुभाष दा ने कलकत्ता के लिए हवाई मार्ग पकड़ा और नन्दकिशोर खेमका ने लखनऊ की राह। रेवतीलाल शाह, शंकर माहेश्वरी और मेरा आरक्षण राजधानी एक्सप्रेस में था। हम लोगों के ठीक बगल की शय्या रेवती बाबू के पुराने परिचित श्री मिलाप दूगड़ और उनकी पत्नी के लिए आरक्षित थी, गाड़ी में पहुँचने पर पता चला। 'बात' पत्रिका के उद्योक्ता दूगड़जी से रेवती बाबू ने हमारा परिचय कराया। श्रीचन्द नाहटा की सूचना के मुताबिक दूगड़जी सरदार शहर में हम लोगों की प्रतीक्षा कर रहे थे। 'गाँधी विद्या सदन' और 'बात' पत्रिका के बारे में बात करते दूगड़जी ने अपने जागरूक संस्कार और विद्यास्पृहा का परिचय दिया। हावड़ा से राजस्थान के लिए जब हमने प्रस्थान किया था, हमारे साथ बाबूलाल दूगड़ थे, लौटते समय मिलाप दूगड़ सपत्नीक। ''सरदार शहर का आंशिक दर्शन हम लोगों ने कर लिया।'' विनोद में मैंने कहा। मगर दूगड़ दम्पती की सहृदयता हमारी वाक्चातुरी से तुष्ट होनेवाली नहीं थी। उसका स्नेह-भरा आग्रह था कि सरदार शहर की स्वतन्त्र यात्रा होनी चाहिए। वे प्रसन्न हुए शंकर माहेश्वरी की कविता सुनकर। थोड़ी निकटता आते ही शंकरजी का संकोच टूट चुका था। पूरी यात्रा में उन्होंने अपने सहज रूप में दूगड़ दम्पती को ही अपनी रचनाएँ सुनायीं। किसी अज्ञात प्रेरणा से वे कुछ अधिक मुखर हो गये थे। चुप्पा की मुखरता अस्वाभाविक होते हुए प्रीतिकर थी।

घर याद आ रहा था। घर, जिसकी देहरी पर बाट जोहती शालीन रोशनी बाहर से लौटने पर अन्तरंग मृदुता से स्वागत करती थी, और जो गुल हो गयी है। क्षण-भर के लिए मन का प्रसन्न छन्द उदास हो गया और फ़िराक़ साहब के शेर एकाएक याद आ गये :

जिससे हम उसको देख लेते थे
आज वह रौशनी कहाँ है मियाँ!
सब वो इक शख़्स की बदौलत थे
अब वो ग़म वो ख़ुशी कहाँ है मियाँ!

गाड़ी हावड़ा पहुँच गयी थी। अपने घर की ओर बढ़ते हम सबके मन में एक ही उल्लसित भाव था कि अच्छे मुहूर्त में यात्रा पर निकले थे।

❑❑❑